JN248967

企業論

第4版

三戸　浩・池内秀己・勝部伸夫［著］

第4版へのはしがき　PREFACE

複雑かつ多面的な現代企業の全体像と課題を，新たな「6つの企業観」により分析するとともに，初学者に必要な企業論の基本的知識・理論をわかりやすく整理した本書『企業論』も，1999年の初版以来，順調に版と増刷を重ね，このたび第4版として改訂する運びとなった。補訂版も含めれば5冊目にあたる，節・項目の追加，データの更新である。これも，新たな企業観を提示した研究書としての問題提起の確かさと，大学生・社会人が企業論の入門書として活用できる明快さが好評のうちに迎えられ，多くの大学で教科書として採用していただいているおかげとして感謝したい。

21世紀の急速なグローバル化とIT化のうねりのなかで到来したメガ・コンペティションの時代。「9.11」「3.11」以降の政治・経済・社会の激変。「資本主義の終焉」が叫ばれるなかで，激動する環境におかれている現代企業の最新動向を読み解くために，第4版では次のような変更を行った。

〈第1章〉「財・サービスの提供機関」としての企業

統計手法の変更や調査自体が中止されたものを除いて，可能な限り最新データに更新した。近年の日本の国際収支が製品の輸出ではなく投資により黒字を保っている点や，AI，IoT，自動化等の新動向については，次の改訂の際にその本質・意味を論じたい。

〈第2章〉「株式会社」としての企業

近年の会社法改正を踏まえて，統治機構の変化とその特徴について新たに説明を加え，データも最新のものに替えた。また最近話題となっている企業の内部留保の実態や，配当政策の動向に関しても，最新データを交えて解説している。

〈第3章〉「大企業」としての企業

最新データへの更新とともに，わが国大企業のコーポレート・ガバナンスをめぐる最近の動向を中心に説明を加えた。コーポレートガバナンス・コードやスチュワードシップ・コード，ESG投資などの新たな流れに関しても言及した。

〈第4章〉「組織」としての企業

企業の組織形態の新たな展開として，超企業組織，超国家企業をコラムで取り上げた。また経営戦略論の系譜について簡単に整理した。

〈第５章〉「家」としての日本企業

「株主主権」と「市場中心主義」が叫ばれるなかでの「家」としての日本企業の性格の変容や，雇用，企業集団の最近の動向について説明するとともに，データを更新した。また働き方改革やブラック企業の問題をコラムとして取り上げた。

〈第６章〉「社会的器官」としての企業

最新データへの更新とともに，新たな項目として，企業と社会の関係としての「地域との関わり」と，CSR の新動向として M. ポーターが提唱した「CSV」（共有価値創造）の２つを追加した。従来の CSR 論が企業（収益性）と社会（公共性）を対立的にとらえる傾向であったのに対し，CSV は企業の収益性の観点から社会的課題（公共性）に取り組む新しい関係（統合）を問題提起する点に意義がある。

本書の第３版では，校了直後に発生した東日本大震災・東京電力福島第一原子力発電所事故を，いち早く企業論の観点から論じた緊急コラムを付録とした（http://yuhikaku-nibu.txt-nifty.com/blog/2011/04/3-b9b9.html）。この原発事故や，最近の企業のデータ改竄などの不祥事は CSR・企業倫理の問題（第６章）であると同時に，日本的経営（第５章）や組織（第４章）をはじめとして，前半の３つの章（財・サービスの提供，株式会社，大企業）にも関わる企業全体の問題である。したがって，その分析と解決には，６つの企業観の関係のなかでの議論が必要であろう。それほど，企業と社会の関係は広範・複雑になっているのである。現代社会と現代企業を，読者自らが考える手引きとして，今後も本書をご活用願えれば幸甚である。

最後に，第４版改訂にあたって，前回に引き続き，有斐閣の長谷川絵里さん，得地道代さんに多大のご支援・ご高配を賜わりました。心より感謝申し上げます。

2018 年 2 月

著 者 一 同

第３版へのはしがき PREFACE

本書の初版は，現代社会における企業および企業が抱える諸問題の全体像を理解するための新たな視点を与える書として，1999年5月に刊行された。その後，新版（2004年10月），新版補訂版（2006年3月）と版を改め，いずれも増刷を重ねており，今また第3版として新たに改訂のはこびとなった。

初版から本書が好評をもって迎えられ，広く受け入れられてきたのは，複雑かつ多面的な現代企業を分析するための視点として，新たな企業観（6つの企業観）を提示するという研究書としての問題提起を行いながらも，他方では，初学者に必要な基本的知識・理論がわかりやすく整理され，入門書としての活用もできる明快さを併せもっているからであろう。その結果，多くの大学で教科書として採用していただいているのはうれしいことである。

だが，企業論として現状に合った有効性を保ち続けるためには，つねにデータを一新するとともに，新たな動向について加筆修正を加え，内容をよりアップトゥデートなものとすることが求められよう。1990年代のバブル経済崩壊以降の「失われた10年」に続き，今世紀に入ってからも，急激なグローバリゼーションやIT化のうねりのなかでさまざまな改革の必要性が叫ばれ，2008年にはリーマンショックによる世界同時不況が発生するなど，企業をめぐる環境は激変している。個人・企業・社会・自然の関係も，新たに問い直されねばならない。これらを背景に，5年ぶりの改訂となった第3版の，各章における主な変更点は次の通りである。

〈第1章〉「財・サービスの提供機関」としての企業

内容的には基本的な変更はないが，コラムを大幅にリニューアルし，最近の事例を多く取り上げた。ただし，近年，統計資料の公表がとぎれたり，集計の仕方が変更されたものなどが多く，図表で最近のデータが使えなかったり，年度の間隔が不揃いになってしまったものもある。

〈第2章〉「株式会社」としての企業

本文の「株式会社の歴史」を全面削除し，代わりにコラムとした。また，M&Aについてのコラムを追加した。株式市場についての最近の資料を追加し，日本企業の近年の配当政策の動向なども少しくわしく論じた。会社の寿命について新規に取り上げ，大企業の倒産についての事例を紹介するとともに，近年話題になっている日本の長寿企業に関しても，その要因などを論じた。

〈第 3 章〉「大企業」としての企業

資料をできる限り最新のものに更新し，日米の経営者報酬などのデータも追加した。コーポレート・ガバナンスに関する最新の動向を紹介し，「会社は誰のものか」に関しても少しくわしく論じた。

〈第 4 章〉「組織」としての企業

旧版から取り上げている組織論・管理論への理解を助けるために，コラムを大幅に追加し，組織設計の原理についての解説も加えた。また，近年の管理の動向について，コラムで問題提起している。

〈第 5 章〉「家」としての日本企業

バブル崩壊以降，日本企業ないし日本的経営の改革が叫ばれるなかで，近年の動向を示すデータを追加・更新するとともに（ただし，意図的に古い資料を残している箇所もある），これらが日本的経営の変容・崩壊とみなせるものかどうかを論じるための視点を与えた。

〈第 6 章〉「社会的器官」としての企業

企業の社会的責任（CSR）が「当然視」されるようになっている現状を受けて大幅に書き足した。また，近年の「企業と社会」論の進展に合わせて，「フェア・トレード」や「社会的企業・事業」などトピックスをコラムで取り上げた。

以上の変更を加えた第 3 版が，旧版にもまして，読者にとって現代企業・現代社会のさまざまな問題に対し自ら考え，自ら答えを得るための良き手引書となることを願いたい。

最後に，第 3 版の企画・編集にあたり，有斐閣の得地道代さん，長谷川絵里さんに，言葉では尽くせぬほどのご支援・ご高配を賜りました。お 2 人の力なくして，今回の改訂はありえません。ありがとうございました。

2011 年 3 月

著 者 一 同

新版へのはしがき　PREFACE

本書の旧版は企業論の入門書として1999年5月に刊行されたが，幸いにも好評のうちに増刷を重ね，多くの大学で教科書として採用されている。本書が広く受け入れられたのは，入門書として初学者に必要な基本的知識・理論をわかりやすく整理しているとともに，研究書的な問題提起を行っているからでもあろう。

旧版は，複雑かつ多面的な現代企業を見る新たな視点として「5つの企業観」を提起し，その観点から企業および企業が抱える諸問題の全体像を理解することを，類書にはない優れた特色としていた。19世紀の古典的企業観の時代から，20世紀・21世紀と企業の性格・構造，役割・機能は大きく変容し，その認識なくして，現代企業・現代社会を論じることはできない。本書が評価されているとすれば，この「5つの企業観」の有効性のゆえであろう。今回，版を改めるにあたって，「5つの企業観」を「6つの企業観」に，「社会的制度」を「社会的器官」にかえるという2つの重要な変更を行っている。本書を，既存の知識の紹介にとどまらず，現代大企業をいかにとらえるべきかのわれわれの研究の成果として了解されたい。

現在，世界的に高い関心を集めている問題のひとつに企業統治がある。この問題は，直接的には企業業績の低迷や不祥事，株主軽視に対する不満を契機としたものであるが，「会社は誰のものか」「いかに統治すべきか」というガバナンスの問題は，旧版で問題提起された大企業化の問題，企業の制度化の問題と無縁ではない。また，日本ではバブル崩壊以降の不況下で，従来の日本的経営が問われ，その変革が叫ばれるようになった。だが，いまだ日本的経営とは何かの共通認識はなく，これを擁護する声も少なくない。本新版は，上の2つの変更点に加え，こうした企業統治と日本的経営の最近の動向について加筆修正するとともに，全体にわたって統計データと参考文献を更新することで，よりアップトゥデートなものを目指した。読者にとって，企業に対する理解を深め，現代企業・社会の諸問題を自ら考えるための良き手引書となることを願ってやまない。

最後に，有斐閣の伊藤真介氏の御尽力に，深く感謝の意を表したい。

2004年9月

著者一同

初版はしがき PREFACE

20 世紀は企業の時代と呼ぶことができるだろう。われわれの生活は企業なしにはもはや成り立たないほど，企業に依存しているのである。企業で働いている人は，全就労者のおよそ 8 割にものぼり，彼らは企業から所得だけではなく社会的地位や生き甲斐・達成感をも得ているのである。そして，われわれの身の回りにあるものはすべてといっていいほど，企業がつくりだし，われわれの手元に届けてくれたものばかりである。遠い外国の食材が食卓を飾るのも，また外国のレストランで食事ができるのも，みな企業活動の結果である。さらに，企業が生み出した富は，4 割以上の若者が大学・短大で学べるほど（日本）社会を豊かにし，教育，医療，警察・消防等々の社会的諸制度を成り立たせているのである。

しかし，その一方で，ダイオキシンや温暖化現象など地球環境の破壊が進行しつつあり，人類のみならず，すべての生き物の生命が危機に瀕しているのもまた事実である。

だが，このような豊かさと危機はほんの半世紀前までは考えられないことであったことに驚かざるをえない。企業は急速に巨大化・複雑化・効率化し，また同時に社会をも大きく変容させているのである。良きにつけ悪しきにつけ，今世紀は企業によってつくりあげられてきたといっても過言ではなかろう。P. F. ドラッカーは大企業をして現代社会の典型的・代表的・基本的な存在である，ととらえている。

「企業論」はそのような，現代社会を理解するのに絶対不可欠な企業を対象とする重要な学問領域である。だが，書店の書棚を見渡したとき，「企業論」というタイトルの本は意外に少ない反面，そこで扱われている領域・問題は実に広範囲にわたっていることに気づくであろう。それは，企業がもつ多面性・複雑性がもたらしたものである。企業を理解しようとすると，その経済的側面だけでなく，法律的側面も，さらに組織的・社会的側面もみていかねばならないのである。

本書を執筆するにあたってわれわれは次のことを心がけ，またねらいとした。

まず第 1 に，重要であるがその複雑性のゆえに簡単にはとらえられない現代企業をできるだけわかりやすく，具体的に解説することを心がけた。そのため，とっつきにくさを配慮して，独占禁止法や市場規制問題など経済学的側面や法律的側面には，あえて十分に触れることをしなかった。

第2に，企業とはどんなもので，どのような構造をしており，またどんな活動をしているか，そしてその企業を分析する理論にはどんなものがあるかを，できるかぎり整理して解説するようにした。ただ，抽象的になってしまう企業理論の説明は必ずしも十分ではない。たとえば，O. E. ウィリアムソン，R. マリス，W. J. ボーモル，等々の企業理論は企業論としては重要であるが，本書では取り上げることをしなかった。

第3に，企業およびその活動の諸側面をただ羅列するのではなく，同時に現代企業の抱える問題も理解できるよう心がけた。現代の大企業は社会的責任や社会的貢献などを要求されるようになっており，また企業統治論などが近年問題にされてきている。これらの問題はきわめて現代的であるとともに，今後よりいっそう重要なテーマとなるであろう。これら現代企業に突きつけられている問題がどこから，そしてなぜ生まれてきたのかを明らかにすること，そして，これらの問題を考えるために必要な，企業は誰のため，何のためにあるのか，という点の理解を重要視した。

そのために，本書では企業を「5つの企業観」というかたちでとらえ，章立てもこの5つの企業観にあわせて構成されている。この流れに沿って学習していくことにより，企業の基本的性格・役割の理解とともに，現代企業が抱える問題を読者が理解できるよう試みている。

以上述べたように，本書はわかりやすさと，現代企業の抱える問題を理解する，という観点を重視することから，「5つの企業観」から企業にアプローチし，整理し，解説するようにしており，類書にない独自なものとなった。しかし，量的なものも含めてけっして十二分なものとなったわけではない。本書では個別の知識だけではなく，企業および企業が抱える問題の全体像を理解してもらおうとしている。したがって，まず本書を学ぶことにより，企業論の基礎と全体が理解できるであろう。そして，そのうえで，そのほかのテキスト・文献を読めば，随分と理解しやすくなるはずである。読者が，多面的で複雑な現代企業の問題を自分で考え，答えを出せるようになることが著者一同の願いである。

最後になったが，本書の企画・編集にあたられた有斐閣書籍編集部の伊藤真介氏に心からの感謝を捧げたい。

1999年3月

著 者 一 同

著者紹介　ABOUT THE AUTHORS

三戸　浩（みと ひろし）

1953年生まれ
1979年，上智大学経済学部卒業
1985年，京都大学大学院経済学研究科博士課程中途退学
現在，長崎県立大学経営学部教授
主著　『日本大企業の所有構造』（文眞堂，1983年），『ひとりで学べる経営学（補訂版）』（共著，文眞堂，2012年），『バーリ＝ミーンズ』（編著，文眞堂，2013年）など
執筆分担　序章，第**1**章，第**6**章

池内　秀己（いけのうち ひでき）

1955年生まれ
1980年，上智大学外国語学部卒業
1986年，慶應義塾大学大学院商学研究科博士課程単位取得満期退学
現在，九州産業大学商学部教授
主著　『ひとりで学べる経営学（補訂版）』（共著，文眞堂，2012年），『ビジネス系大学教育における初年次教育』（共著，学文社，2012年），『グローバル人材育てます』（監修・共著，学文社，2014年）など
執筆分担　第**4**章，第**5**章

勝部　伸夫（かつべ のぶお）

1956年生まれ
1979年，立教大学経済学部卒業
1986年，立教大学大学院経済学研究科博士課程単位取得満期退学
現在，専修大学商学部教授・博士（経営学）
主著　『コーポレート・ガバナンス論序説』（文眞堂，2004年），『コーポレート・ガバナンスの国際比較』（共著，税務経理協会，2007年），『現代企業の新地平』（共著，千倉書房，2008年）など
執筆分担　第**2**章，第**3**章

本書の使い方　INFORMATION

●**本書とは何か**　本書は，企業論をはじめて学ぼうとする大学生や，現代企業の概要を基礎から独学しようとするビジネスパーソンを対象とした，企業論の入門書です。現代の企業は，さまざまな構造や機能のもとで多くの役割を遂行し，実に複雑な様相を呈しています。その全体像を，①「6つの企業観」という新たな視点から，②最新のデータや事例を用いて多面的に描き出した斬新なテキストです。企業論のみならず，経営学の入門書としても最適な内容になっています。

●**本書の構成**　本書は全7章よりなり，序章で新たな企業観を提示し，第1章からは順次，6つの企業観が提示されます。各章は「本章のサマリー」「本章で学ぶキーワード」「本文」「Column」「演習問題」「参考文献」で構成され，企業論の内容が立体的かつ確実に学習できるように工夫されています。

●**サマリー**　各章の冒頭に「本章のサマリー」が付けられています。その章で学ぶ内容の概要や位置づけが的確に理解できます。

●**キーワード**　重要な概念や用語は，本文中ではゴシック体で表示されています。そのなかでもとくにキーワードとなる語は，各章の章扉に一覧が示されています。

●***Column***　各章の本文中に「Column」が挿入されています。本文の内容に関連した論点や事例が解説され，本文の理解を深められるよう工夫されています。

●**演習問題**　各章末に「演習問題」が付けられています。〈BASIC〉はその章の内容の確認に，〈ADVANCED〉はより進んだ学習やゼミなどでの討議課題として利用してください。

●**参考文献**　各章について，さらに学習を進めるための「参考文献」がリストアップされています。読者が入手しやすい必読文献です。

●**索　引**　巻末には，キーワードを中心に基礎タームが検索できるよう「索引」が収録されています。学習に役立ててください。

●**ウェブサポート**　本書のウェブサポートページが，有斐閣ウェブサイトに用意されています（http://www.yuhikaku.co.jp/books/detail/9784641221192）。本書に掲載しきれなかったキーワードや参考文献が公開されており，復習やレポート作成に便利です。

もくじ　CONTENTS

Column 一覧

序章

現代企業をみる視点

6つの企業観

企業は時代とともにその大きさや形態，機能・役割を大きく変え，また，国によってもそのあり方は多様である。その違いや変化は何によって生じるのか。企業は誰のために・何のために存在するのかは，その目的・役割によって決定される。そして，その目的・役割を環境においてどのように達成しようとするかにより，経営の仕方・活動のあり方が異なってくる。

20 世紀は大企業の時代であった。かつてないほどの繁栄を獲得したのは，企業が大規模化し，社会に決定的な影響力をもつまでになったからである。しかし，近年，環境破壊や社会的貢献などの重大かつ新しい問題が企業に突きつけられている。企業は大規模化の過程で，資本家のものから企業関係者全員のものへと変わってきた。そしていま，地域社会や自然環境を含めた社会全体のための企業が求められている。

本章では，以下の章を理解するための前提として，企業がどのように変容してきたかを歴史的に概観する。そして，そこから企業を理解・把握するための6つの企業観を提示する。

SUMMARY 本章のサマリー

KEYWORDS 本章で学ぶキーワード

財・サービスの提供　利潤追求　古典的企業観　大規模化　大企業化　組織　専門経営者　ゴーイング・コンサーン（永続企業体）　私的致富手段から準公的会社への変容　株式会社革命　日本型組織　家　環境　新しい企業像・企業観　社会的器官

はじめに――これまでの企業観

企業とは何だろうか。人によりさまざまなイメージを思い浮かべるに違いない。伝統的な企業イメージである利潤追求などという言葉は，いまの若者たちには思い浮かばないのではなかろうか。たとえ浮かんだとしても，利潤追求は当たり前のことであり，かつてのような否定的なとらえ方はしないのではないだろうか。しかし，かといって利潤追求に代わる何か特定のイメージはなく，トヨタ，ホンダ，NTT，JR，あるいは任天堂，セガといった企業名がただ浮かぶだけではないだろうか。JRA などという回答が返ってくるかもしれない。

辞書を引いてみよう。おそらく「事業を行う営利体」といった意味のことが書いてあるだろう。教科書を開いてみよう。経済学系の教科書だと，「社会的分業の仕組みの一単位として，協業により限られた種類の財・サービスを，経営資源を使って生産する組織」などとされていよう。経営学系の教科書だと，「財・サービスの提供を主な機能としてつくられた，人と資源の集合体で，ひとつの管理組織のもとにおかれたもの」などと書かれているだろう。

企業に限らず，なんらかの対象を分析するにあたっては多様な視点がありうる。人間だって医学的・生理学的視点や心理学的視点から，また社会学的視点からなど，実に多様な視点からみることができる。いや，正確にいうと，科学として分析しようとするかぎり，ある特定の視点からみていくしかないのである。また，ある対象には多数の側面が存在するだけではなく，文化的（国による）相違や時代的相違までそこに加わってくるため，実に多様な視点が存在しているのである。

企業をみる主たる視点は，これまで次のような側面・領域からのものであった。

(1) 所有・出資（公企業・私企業・公私混合企業）

(2) 法律（合名会社・合資会社・株式会社）

(3) 企業規模や活動範囲（大企業・中小企業，多国籍企業・地場企業）

(4) 産業・業種（製造業，卸売業，小売業，金融・保険業，運輸・通信業，サービス業など。繊維工業，輸送用機器製造業，医薬・化粧品卸売業，自動車小売業，飲食店，運送業など）

(5) 組織—管理（職能別組織・事業部制組織・マトリクス型組織，集権制・分権制）

(6) 経済体制（資本主義—社会主義など）

(7) 文化の相違（たとえば，日本的経営など）

そして，これまでの企業論はほとんどが(1)〜(4)の視点から分析され叙述されてきた。すなわち，経済的視点および法律的からである。もちろん，この2つの視点は，企業というものを理解していくためには非常に重要であることは間違いない。だが，この2つの側面だけでは，大規模化・複雑化した現代企業を過去・現在・未来にわたって重層的・構造的にみていくには不十分であろう。

また，20世紀が終わりに近づくにつれ，実にさまざまな要求が企業に突きつけられたのである。社会的責任を果たせ，社会的貢献をなせ，企業も市民であれ，など枚挙にいとまがないほどである。なぜ，そのような要求が出てきたのか，また，それらの要求に従わなければならないのかどうか，21世紀の企業像を探るためにも，新しい視点が必要になってきている。

以上のように，大規模化と激変する外部環境という新たな２つの要素が加わったことにより，経済的視点・法律的視点以外に，組織論的視点（企業の内部はどうなっているのか，どう動かされているのか），社会的観点（企業と社会の関係はどうあるべきか）が「企業とは何か」を理解するために必要となってきているのである。

そこで，本書では，歴史的進展に立脚して，企業を次の６つの視点からみていくことにし，それぞれにおいて示された「企業とは何か，誰のために，どのように動かされるべきか」についての見方・考え方を「企業観」と呼ぶことにしたい。

19 世紀　①財・サービスの提供
　　　　　②株式会社
　　　　　　↓　③大企業化
20 世紀　④組　織
　　　　　⑤「家」
　　　　　　↓
21 世紀　⑥社会的器官

19 世紀の企業観

企業は何をするところかと問えば，それは「①社会・消費者が求める**財・サービスの提供**」をするところである，ということになろう。それが「企業の役割」といえよう。

しかし，財・サービスの提供だけなら，国家や地方自治体という行政体も水道事業や教育，福祉，警察，消防などさまざまに行っている。企業が行政体と異なるのは，誰のために，何のために，という点の違いにある。企業は「②出資者（株主）のため，**利潤追求のため**」に財・サービスの提供を行うのである。

すなわち，企業活動とは「財・サービスの提供」であるが，それは役割であり，手段であって，その目的は「利潤の追求」にある，と把握できよう。

この①②の２つは基本的であると同時に，**古典的企業観**というべきものであろう。この２つの企業観を基本的というのは，企業が財・サービスを提供することは歴史的に不変であり，このことによって企業は社会からその存在を認知されているからである(何もつくらない，生み出さない企業など考えられるだろうか)。しかし，それと同時に古典的というのは，現代の企業は，ただ財・サービスの提供だけを行う以上の貢献を社会から要請され，かつ，株主の私的致富手段として，利潤追求のみを目的とするものとはみなしえなくなっているからである。

20 世紀の企業観——大企業化

19 世紀の企業は小規模であり，つぶれることも，解散することも，また売買されることも当たり前であった。経済学における企業観にみられるように，企業家個人の行為と本質的に差異がなかったのである。だが，アメリカにおいて典型的にみられるとおり，19 世紀から 20 世紀にかけて，一方では鉄道・通信の発達による市場の拡大，他方では部品の規格化・互換性生産とベルトコンベアに代表される大量生産の進展，さらに企業合同などを経て企業はその規模を急速に巨大化させていったのである。

企業の **大規模化** は単なる量的変化にとどまらない。③**大企業化**は質的変化，企業の性格の変容をももたらした。すなわち，次のような変容であった。

(1) 大規模化は莫大な資本を必要とし，資本調達のため株式を発行する。創業者やオーナーは急激に増大する株式を購入し続けることができずに，急速にその持株比率を減らし，支配力を失っていった。

(2) 市場の拡大に対応して，企業は高度で複雑な管理を必要とする④**組織**となっていき，経済・経営・商学系の大学や専門学校の出身者に代表される**専門経営者**により動かされていくようになった。

(3) 組織となったということは，すなわち，企業活動が経済学的な企業家の個人的行為から，複数の人間の組織目的達成のための協働行為になったということである。そこにおいて，経営もヒト・モノ・カネ・情報を集め，結合することから，組織の維持・発展＝管理へと変化した。

(4) 大規模化した企業は，その内部だけを変化させたのではなかった。企業に勤める人の数は増大する一方であり，社会の圧倒的多数の人々が被用者（サラリーマン）となった。企業に勤める人々は企業から収入を得るだけでなく，社会的地位や人間関係，やりがい・生きがいをも得るようになった。

(5) 企業間の取引ネットワークは緊密化・複雑化し，企業が相互に与えあう影響力も巨大になった。

(6) 人々が国家・行政に対してさまざまな要求をする福祉国家は，企業が生み出す富なくしては福祉・教育，防衛・治安などを十分に提供することは難しくなった。

こうして企業は何よりも維持・発展を求められ，つぶれることが許されない制度体となり，**ゴーイング・コンサーン**（**永続企業体**）となったのである。そして，それまでの所有者・株主の私的致富手段であったものから準公的会社となり，企業目的もドラッカー（P. F. Drucker）のいうように，利潤追求から企業の維持・存続＝**顧客の創造**へと変化した。

この**私的致富手段から準公的会社への変容**は，「**株式会社革命**」（バーリ＝ミーンズ）とも呼ばれた。この「静かな革命」により，企業はごく一部の限られた資本家＝大株主のために存在するのではなく，株主・経営者・従業員・消費者・取引先・地域住民などのステークホルダー（利害関係者）全体のために存在するようになったのである。この革命は，それまでの「富むもの（資本家）がますます富み，貧しきもの（労働者）がますます貧しくなる搾取と抑圧の社会」と呼ばれた資本主義社会を大きく変容させ，先進資本主義諸国に起こるはずであった社会主義革命の「代わり」となったととらえることができよう。

この大規模化した企業＝大企業こそ20世紀を特徴づけたものであった。専門経営者に率いられた人的体系と科学・技術による機械体系との合体物である大企業は，衣食住において次々に新しい商品を生み出して，生活スタイルを10年，20年ごとに変えてきたのであった。そして，ただ豊かさや便利さをもたらすだけでなく，世代間にライフスタイルの差を生み出すことにより，世代間のコミュニケーションに決定的な影響を与えているのである。着ているもの，食べているもの，使っているもの，住まいのあり方など，何をとってもすべてといってよいほど，親の世代と子の世代では大きく異なっている。祖父母の世代のものや生活の仕方などは，もはやまったく理解ができないほど変わっているのである。また，自動車や飛行機を生み出し，運用することによって，かつては何日も何カ月もかかっていたところに人間やモノをその日のうちに到着させ，人々の世界観・人間観を激変させるに至らしめているのである。わずか数世代前，半世紀少し前までは，隣近所からせいぜい隣の町・村が主要な活動世界であったものが，マイカーと高速道路により，数百キロの自由な移動が人々に与えられた。さらに，外国の出来事や様子など，わずかに見聞できたものが，日常的にテレビや雑誌でみることができ，アフリカや南極であろうと比較的容易にいくことができるようになった。こうしたことを人々は当たり前と受け止め，驚かなくなっているのである。

大企業における組織・管理の重要性——組織としての企業

大企業の時代である20世紀は，組織と管理の時代でもある。現代の主要な社会的行為は，企業・官庁・地方公共団体・学校・病院・軍隊・宗教団体・スポーツ団体など，いずれも巨大なピラミッド型組織により営まれている。現代人は誰もがなんらかの組織に属し，その一員として管理されるとともに，そのサービスを受けながら生きていくしかない。

とりわけ，大企業はその規模の大きさ，活動領域の広さ，事業・商品の豊富さから，高度・複雑な管理を必要とし，専門経営者によって動かされる組織としての側面をもつ。組織としての企業は，絶えざる環境の変化に適応し，自らを存続させなければならない。

現代企業の組織としての基本的な構造は官僚制である。ビューロークラシー（＝事務所による現場の支配・管理）を中核とし，規則・専門化・階層制を3要素とする管理体系をもった官僚制は，近代の機能的組織一般の特徴であり，合理的側面とともに，非合理的側面をもつ。官僚制には，大規模・大量の定型的な業務を遂行する際の正確性・迅速性・継続性・統一性などの点で機能的である一方，未知の課題や例外的な案件の処理は十分でないとのイメージがもたれている。しかし，官僚制の適正な運用のうえに，企業の長期戦略の策定やイノベーションの創発を可能とする基盤が提供される。

こうした官僚制的な構造を基本としながらも，企業は環境の多様性と変化に適応し存続するために，さまざまな組織変革を行う。集権的職能別組織・分権的事業部制組織・マトリクス型組織など多彩な組織形態の展開は，その露頭である。さらに現代企業では組織が企業の境界を越えて活動すると同時に，企業も複数の組織との協働において事業を遂行している。他方で，国家の枠を超えた企業・組織の活動がある。超企業組織・超国家企業がそれであり，いっそう高度・複雑な管理が必要とされる。

組織の維持・存続をはかる機能を管理という。大企業が社会の存続に決定的な役割を果たすとともに，その動向や企業内外の諸個人の生活を決定し，社会や国家のあり方をも左右する現代社会においては，管理のもつ意味はきわめて重大である。本書ではテイラーの科学的管理より始まる管理論・組織論の流れを概観するが，これらは組織とは何か，管理とは何かの問題を提起するものでもある。このとき，組織目的達成の機能性と，メンバーの自律性や動機満足をいかに統合するかが，重要な論点となる。

とりわけ，企業による大量生産・大量流通・大量消費体制が地球規模の環境破壊をもたらしている現在，組織の目的達成だけでなく，「随伴的結果」をも視座に入れた複眼的管理が何よりも必要である。

日本型組織――家

その社会その社会にそれぞれ異なった文化があるように，企業（組織）のあり方もまた国ごとに違いをみせる。日本の企業は日本的経営という言業が存在するように，欧米などの諸外国の企業と異なるあり方，異なる経営の仕方をしているといわれる。

日本的経営の特徴といえば，「三種の神器」と呼ばれる終身雇用・年功制・企業別労働組合が通説とされていた。終身雇用・年功制は高度経済成長期の一時的現象であり，一部の大企業の男子正規従業員にのみ当てはまるものでしかなかったかもしれない。しかし，ほとんどの日本企業ではアメリカ企業のように株主の利益のためにレイオフをすることなど考えられもしなかった。たとえ窓際であったり，出向であったりしてもレイオフを望ましいものとはせずに，雇用の確保に努めていたのは事実である。また，従業員もすべてでないにしても，過労死に及ぶこともあるほどのサービス残業や，単身赴任を当然のこととして受け入れていた。契約によって職務の範囲と勤務時間が明確に定められている欧米企業にはみられない「無限定職務・無制限労働時間」が行われているのである。

他方で，日本企業の独自性はこうした人事システムのみならず，企業結合や株式会社のあり方など企業全体に及んでいることも見逃せない。

企業集団や系列と呼ばれる日本に特有とみられる企業間関係が存在する。また，株主を排除しようとしたり，総会屋に利益供与するなど，やはり日本企業独自といえる株式会社の行動様式が存在する。この独自性は，どこから，どのようにして生まれたのか，また，それをどのように把握したらよいのか。この点についてはこれまでさまざまに議論されてきたが，明治30年代から徐々に形成されはじめ，準戦時体制・戦時体制において確立し，戦後もそのまま維持・発展させられてきたこの日本独自の組織すなわち

日本型組織を，本書では「⑤**家**」と呼ぶことにしたい。

日本の家は，何よりも家自体の維持・繁栄をその目的とし，そのために家族を構成する者を血縁だけに限定せず，かつ，能力を重要視するなど，多くの点で諸外国の家族・ファミリーとは異なった側面を有している。この日本独自の家のあり方ゆえに，近代化の過程においても家は解体せず，企業をも家の原理に立脚したものとして形成したのであった。家の繁栄は家族の繁栄であるがゆえに，家族（社員）は滅私奉公（無限定職務・無制限労働時間）をする。会社が大きくなることにより，給与・ボーナスが増えるだけでなく，課長・部長・重役のポストも増えるのである。家族であるのだから終身雇用は当然であるし，中途採用者は好まれない。長期雇用のもとで人材の育成が重要な戦略とされ，また安定的な人的ネットワークが形成されることから，イノベーションの創出や，技術の継承・蓄積も可能となる。こうした基幹的な正社員とともに，会社の繁栄をわが繁栄としない非家族的成員（非正規従業員）を抱える多就業形態も，家と共通する日本的経営の特質である（非正規従業員は，終身雇用・年功制の適用外である）。

さらに，本家・分家の関係のように親会社と子会社はつながり，庇護（ひご）と統制の関係（恩情と専制の親子関係）が，後者の支援・育成とともに，前者の競争力を支える。また，家であるのだから，株主という他人に口出しされるのを好まず，親しい間柄の企業間で株式を持ち合ったり，総会屋に頼んだりする。こうした日本的な株式会社のあり方が，株主への高配当ではなく，低配当・高内部留保（設備投資・研究開発）という企業成長に適した利益分配政策を可能にした。

このような日本的組織（経営体）＝家により，日本企業は世界で最も優秀で高いパフォーマンスをあげていると賞賛された。しかし，1980 年代後半に入ってから，日本的経営は内外からの批判を浴び，90 年代になると，解体の方向に向かう動きをみせていった。アメリカからはアンフェアと呼ばれ，市場開放・構造改革が迫られた。国内ではサービス残業・過労死という言葉が生まれ，会社の繁栄を自分の繁栄・喜びとして働くことに懐疑的・否定的な見方が広がった。バブル経済崩壊後は，リストラの掛け声により，これまで守りとおそうとしてきた雇用確保を放棄し，能力主義の旗のもとに年功制を否定しはじめた。

1990 年代以降のグローバル市場の中で企業が生き残りを賭けるメガ・コンペティションの時代になると「株主主権」と「市場中心主義」が正義とされ，従業員は株主価値の実現と会社の存続のために有効利用すべき「人的資源」として扱われ，「家族」としての性格を失った。しかし，雇用や昇進・昇給の保証は消えても，無制約職務・無制限労働そのものはなくならない。日本的経営の根幹である新規学卒一括採用は健在であり，OJT とローテーション人事によりキャリアアップする人事システムは全くといっていいほど変わっていないのである。そこに，長時間労働や過労死・過労自殺が社会問題化し，ブラック企業という言葉が生まれた背景がある。そして，非正規従業員の大幅な増加は，社会に大きなひずみをもたらしている。かつて信じられていた「会社の繁栄＝社員の繁栄，社会の発展」の関係が成り立たなくなったのである。

他方で，現場レベルで日本的経営の優秀性を評価する声もいまだ根強い。

社会的器官――進歩から調和へ

大企業がかつての王侯貴族にも匹敵するほどの豊かさと快適さを人々に与えることができるようになったのは，出資においても，また，技術・商品開発，製造においても組織的に企業活動を行うようになったからである。特定個人の出資では現代大企業の資本はとても賄えないし，特定個人の能力に頼っていては絶え間ないイノベーションや新商品開発，大量生産も不可能である。規模においても能力においても個人の制約から脱した大企業は，その生命においても個人に縛られることなく無限の命を獲得したのであった。

しかし，この個人を超えた組織となった大企業は，20 世紀も終わりに近づくにつれ，その有効性が逆に重大な問題を引き起こしはじめたのである。

大企業＝組織が維持・発展していくためには，**環境**に適応していかなければならないのは生物と同じである。企業の直接の環境とは市場であり，それは企業の性格がどう変わろうとも，企業活動が財・サービスを提供して，利潤を獲得することを活動内容とするかぎり，変えようにも変わりようがないことである。企業は市場なしには存在しえず，また，市場を自らつくりだし，拡大させていくことにより成長を続けてきた。その市場という環境は，人間の環境である地域・社会や人間とその他の生物の環境である自然環境・生態系という限りあるものとはまったく異なるのである。

20 世紀には，この市場を生きる場として生まれた企業が，個人の制約を脱することにより，その市場という環境に単に流され，浮き沈みするだけにとどまらずに，組織としてよりいっそう環境に適応しつつ，その環境＝市場を拡大・創造することにより，大きな「進歩」を遂げてきた。しかし，企業が個人の制約から脱却することにより，無限の成長の可能性を獲得したことが，環境破壊と地域・コミュニティの崩壊をもたらし，企業が成長していくこと自体に懐疑・制約を生むに至っているのである。人間が自分一人ではとても達成しえないこと，豊かさを可能にしたのは組織＝企業である。だが，個人を生産者と消費者に分離し，その両者を無限に自由であらしめようとするのは，人間の社会的存在と生物的存在の両側面を無視したものであったといわざるをえないであろう。

旧ソ連や東欧の社会主義体制の崩壊と相前後して急浮上してきた環境問題は，社会を進歩・発展させてきた企業に突きつけられた重要課題である。そしてまた，企業に要請されはじめたものはそれだけではない。社会的貢献，企業倫理・経営倫理，企業市民，企業統治など，これらはすべて市場とともに成長・発展してきた企業＝組織が自ら生み出した問題であり，解決を迫られているものにほかならない。

21 世紀に要請される **新しい企業像・企業観** は，市場だけを環境とするのではなく，それと同時に，地域・コミュニティと自然環境という 2 つの環境にも適応する⑥**社会的器官** でなければならないであろう。

企業は財・サービスを市場をとおして社会に提供することをその主たる活動とし，法制度上は株主を所有者とする株式会社であり続けてはいる。だが，誰のために，何のために企業は存在するのかについては，時代や環境の変化とともに変容し，また，その経営・活動のあり方も大きく変貌するのである。とくに 20 世紀が終わりに近づいた頃，世界的な議論を巻き起こしたコーポレート・ガバナンス論は，あらためてそのことを問うものであった。

むすび

社会の発展と企業の大規模化は企業を大きく変容させた。たしかに，企業が財・サービスを提供すること，市場における経済活動を行うこと，そして，株式会社制度をとっていることは，いまでもまったく変わっていない。

だが，誰のために企業はあるのか，何のために企業はあるのかという面において，企業はまったく別ものとなった。株主・所有者だけのものであったものが，従業員や消費者，地域住民，そして，社会全体の生活・人生に決定的といってよいほどの影響を与える存在となった。かつて，企業は所有者の私有財産であるがゆえに，その所有者の私的致富手段であり，企業目的は利潤追求であった。それが，大規模化によって，収入のみならず社会的地位や生きがいなどを企業に求める人々が大量に生み出されたばかりでなく，企業が生み出す富により，社会の健全なる繁栄のために必要な教育・福祉・治安などの充実が可能になっている。そしてついには，その富を生み出す活動のあまりの大きさにより，地域社会の崩壊と自然環境の破壊に至る状況にまでなっているのである。

20 世紀は企業の時代であったといえよう。企業がもたらした物質的豊かさ，企業に集まっている富，人，情報。企業は社会の重要な構成単位となった。そのなかでもとくに日本企業は大きな成果をあげたといえよう。だが，地域や国家，伝統や文化に代えて，市場という場で自由と進歩を価値とすることにより獲得した成功のつけも，また，大きなものとなっている。

企業はどのようにあればよいのか，求められる企業像はどんなものであるのだろうか。近年の環境問題や社会的責任論などと調和・統合する，新しい企業像がいま求められているといえよう。

本書は，その新しい企業像を探る手がかりを求める試みでもある。次章から，以上で概観してきた6つの企業観から企業について検討していくことにしよう。

EXERCISES Introduction 演習問題

〈BASIC〉

1 あなたが企業（会社）という言葉を聞いたときに浮かぶイメージはどんなものだろうか。そして，それらのイメージは6つの企業観のどれに当てはまるだろうか。

〈ADVANCED〉

1 6つの企業観を3つのグループに分け，その推移を述べてみよう。

REFERENCES Introduction 参考文献

アマトーリ，F., A. コリー（西村成弘・伊藤健市訳）［2014］『ビジネス・ヒストリー——グローバル企業誕生への道程』ミネルヴァ書房。

伊丹敬之・加護野忠男・伊藤元重編［1993］『リーディングス日本の企業システム』全4巻，有斐閣。

斎藤毅憲編，ISS研究会著［1994］『新次元の経営学』文眞堂。

三戸公［1994］『「家」としての日本社会』有斐閣。

第1章

「財・サービスの提供機関」としての企業

豊かな社会と企業の成長

企業の基本的機能は「財・サービスの提供」である。日本企業はこの財・サービスの提供において比類なき成功をおさめ，高度経済成長，そしてバブル経済へと発展し，日本社会と日本人の生活をまさに一変させた。

企業の生き残り，そして成長は，どのようにして商品を開発し，製造・販売するかにかかっている。企業の栄枯盛衰は産業の盛衰とその商品のライフサイクルに決定的に依存する。いかにして商品のライフサイクルを延ばしていくかが重要になる。企業はそのために多角化し，さまざまな製品戦略をとり，そして宣伝・広告を行う。また，国内市場を越えて海外に企業が進出するのは必然ともいうべき傾向であり，企業は否応なしに多国籍企業化する。企業の産業・市場を越えた生き残りは，多角化・国際化・ソフト化などによって達成されているといえよう。

SUMMARY 本章のサマリー

KEYWORDS 本章で学ぶキーワード

サービス化・情報化　大企業　寡占化　市場占有率　脱本業・多角化　製品の寿命　製品戦略　広告活動　企業の海外進出　多国籍企業

はじめに

われわれはかつてないほど「豊かな生活」を享受できるようになった。それはひとえに企業が提供する財・サービスのおかげといってよい。企業は商品を提供するだけでなく，その商品を買うための資金を生み出し，与えてくれているのである。

企業とは何か。企業の基本的な機能は，市場における財・サービスの提供である。われわれが欲するものをつくりだすことで，企業はより大きくなっていく。本章では，企業がどのように商品を生み出し，提供しているのかをみていくことにしたい。

1 経済発展と生活の変化

●豊かな社会の出現

戦後の奇跡的な経済発展

日本は戦後の荒廃から立ち直って奇跡的な経済発展を遂げ，1980 年代にはアメリカに次いで世界第 2 位の経済大国となった。その奇跡的といわれる発展ぶりを GNP（国民総生産）の伸びでみてみよう。1946 年では 4740 億円であったものが，2002 年には 506 兆 3000 億円となり，約 60 年の間におよそ 1000 倍にまで増大したのである（戦後の混乱期も過ぎた 1955 年と比較しても 50 倍以上の増加となっている）。また日本の 1 人当たり GNP では 3.6 万ドルと，アメリカの 3.5 万ドルと並んで世界有数の経済大国となった。

この経済成長は日本人の生活を豊かにし，大きく変えた。サラリーマンの収入（都市勤労者世帯の月平均収入）も 1948 年では 1 万円ほどであったものが，20 世紀末には 50 万円以上にまで増えた。われわれの身の回りにはモノが溢れるようになり，欲しいもの，見たいもの，やりたいことなど，なんでも手に入れることが可能となったといっても過言ではないだろう。以下，いくつかの具体例から，日本経済の変貌ぶりを確認してみることにしよう。

変わる生活

1953年にテレビ放送が開始されたが，国産テレビは同年にシャープ（当時の社名は早川電機）が売り出したのが最初である。このテレビと洗濯機，そして冷蔵庫を揃えることが昭和30年代（1955〜64年）の日本人の夢であり，「三種の神器」と称された。この年は「電化元年」とも呼ばれ，家電メーカー各社は猛烈な宣伝・広告を始めるようになったのである。この夢を達成するのに，それほど長い時間は必要としなかった。白黒テレビは1964年に，洗濯機は70年に，冷蔵庫はその翌年の71年にはそれぞれ普及率が90%を超えた。最初の夢「三種の神器」は5年から10年で達成され，続いて「3C」と呼ばれた乗用車，クーラー，カラーテレビが新しい「夢」とされた。

昭和40年代以前には普及率が10％にも満たなかった乗用車は，1959年に日産自動車が発売したダットサン・ブルーバード以降，次々に一般勤労者が手を出せる価格で販売されるようになり，マイカー，ファミリーカーなどという言葉の登場とともに乗用車の普及率は上がり続け，現在では80%の普及率を実現している（50年前には年間2万台しか生産されなかった乗用車がいまでは年間およそ1000万台も生産されるようになっており，これは毎日3万台以上が工場から出荷されていることになる。当時の日本には14万台しかなかった乗用車は2010年では実に5800万台にもなり，マイカーは夢からまさに現実のものとなった。ちなみに，二輪車は約1300

万台，トラックは約1500万台である)。クーラーもその普及率を70％以上にまで伸ばしているし，カラーテレビに至っては発売の1966年からわずか10年で90％を超す普及率を記録している。

近年では，IT化の波に押され，デジタル家電が大きな伸びをみせ，プラズマテレビ，DVDレコーダー，デジタルカメラが「新・三種の神器」と呼ばれている。

サービス化，情報化

このようにわれわれは欲しいものを次々に手に入れることができるようになったわけだが，モノ以外にも情報の面でもサービスの面でもその成長はすさまじいものがあり，**サービス化・情報化**が著しく進行した。1950年では出版点数約700点，発行部数約3億部であった雑誌が，2002年には約3400点，46億部となっている。また，飲食産業全体で店舗数約50万店，年間販売額は10兆円を軽く超えている。なかでも外食産業の成長は著しく，たとえば外食チェーン店第1位の日本マクドナルドの店舗数は3700店を超え（世界では118カ国，約3万店），売上高は5000億円を超えている。海外旅行もほんの20～30年前まではごく一部の人だけのものであったが，ここ十数年では1500万人を超す人々が渡航するまでになっている（数値はいずれも2009年のもの）。

モノは通常，1つ（1台，1冊，1セット）所有すれば満足する。したがって，普及率というものが存在し，一定に達すると飽和化する。また，収納スペースの点からも限界がある。だが，情報・サービスに関しては（時間を無視すれば）無限といえる。こうした情報・サービス以外にも，現在，われわれのまわりに溢れかえる，結婚情報サービスやさまざまな専門学校・カルチャーセンターの盛況，インターネットや携帯電話の急速な普及などをみるとき，企業は

Column ❶ 「安い」にはワケがある
―― 価格破壊とデフレーション

バブル経済崩壊後の日本経済は，なかなか不況から本格的に脱出することができず，コストダウンによる低価格競争を強いられている。バブル経済崩壊以降，不況による供給過剰，円高による割安な輸入品の増加，逆輸入やNIEs諸国など新たな供給者の登場，各種商品におけるディスカウント・ストア，アウトレット商店・商品の出現など流通業界の変化などによって生じた「デフレーション」(物価水準が持続的に低下する現象）が続いている。

100円マックや200円台の牛丼，寿司も「回る」ほうが普通，「ヒャッキン」(百円ショップ）も当たり前すぎる存在となり，遂にLCCなる低価格運賃の航空会社まで登場するに至った。かつての「『安い』にはワケがある」というときの「安い理由（ワケ)」はたいていの場合，品質が劣っているからであった。だが，近年の「安い理由（ワケ)」は，流通過程の合理化によるものである。たしかに低価格化は，中国や東南アジアの安い労働力にも依存してはいる。だが，マクドナルドや吉野家の低価格化は地球レベルでの原材料調達によるものであるし，回転寿司も生産者からの直接仕入れなどによるものである。また，最近急速に出回ってきた「ワケあり商品」も，流通過程の見直しや，通販・ネット販売などがあってのことであろう。つまり，かつての「安かろう悪かろう」から「安いが品質は保証」=「お値打ち」(reasonable）へと変わったのである。

低価格化は新しいブランドも次々に生み出している。スーパーが独自に開発したプライベート・ブランド（PB）である。別名「ストアブランド」，日本語では「自主企画商品」と和訳される（その先駆けは「無印良品」であろう)。

トップバリュ（イオングループ，ダイエーなど)，グレートバリュー（西友)，セブンプレミアム（セブン＆アイ・ホールディングスなど)，バリューライン（ローソン，SHOP 99など)，東急エクセレントおよび東急セレクト（東急ストア）などが，その代表的なものである。
「安く」なるのは大歓迎であるが，「財布に優しい」といって喜んでばかりはいられない。流通過程の合理化に限界がきたとき，できることは人件費のカットである。いや，まず人件費のカットによる利益の捻出はこの十数年間で当たり前となっている。賃金・収入は上がらず，リストラをして非正規従業員へ置き換えるなどの経営のやり方は消費の減退をもたらし，その消費の冷込みがまたコスト・ダウン＝低価格化を必要とする。すなわちデフレ・スパイラルである。企業の生き残りをかけた努力が，企業自身の首を絞め，デフレーションからの脱却を難しくしているのである。

われわれが希望・欲望として意識していたものばかりでなく，無意識なものまで形にして提供することにより，われわれのライフスタイル・価値観を変えつつ，自己の成長，経済成長を達成していることに気づかされる。

2 大企業の実態

●大規模化の優位性

企業はわれわれの欲望に応え，われわれの望む生活や社会をつくってきた。しかし，企業といってもそこにはさまざまな種類のものがあり，また，規模の大きさも多様である。企業の種類については次章で説明することにして，ここでは大企業について財・サービスの提供という観点から説明することにしよう。戦後，日本に生活の豊かさをもたらした経済成長の担い手は，何といっても大企業だったからである。

大企業の規模

何をもって**大企業**というのだろうか。企業規模の目安としては資本金額や従業員数，上場企業など多様に使われている。なかでもよく用いられるのが売上高であるが，**表1-1**はその売上高（連結決算）と従業員数（企業単独）でみた日本の大企業ベスト10である。売上高トップのトヨタ自動車は単独決算で11兆4763億円と，国家予算（一般会計歳出）の1割を優に超し，また東京都の一般・特別会計11兆3717億円にも匹敵するほどである。従業員数でみてみると，地方都市の人口に匹敵するほどの人々がひとつの会社に雇われていることになる。このことからわかるように，現代大企業の存在・影響力はきわめて大きい。

大企業のウェイト

このような大企業が全企業に占める割合を次にみてみよう（2010年度）。日本には企業がおよそ280万社も存在している。そのうち，大企業（資本金10億円以上の企業の数）は5345社であるが，これは全企業数の約0.2%にしか当たらない。しかし，そのわずか1000分の2を占めるにすぎない大企業が，その売上高では全企業の3分の1以上を占め，また大企業に雇用されている従業員の数も全企業のそれの約6分の1を占めているのである（**表1-2**）。

市場占有率

企業規模の巨大化はさまざまな優位性をもたらす。石油，化学，鉄鋼，電力などの装置産業では大規模であることが必要だが，それ以外の産業においても規模の巨大化は，次のようなメリットをもたらす。

(1) 何よりもまず，一定以上の大量生産によりコスト・ダウンが可能となり，強い競争力をもちうる。

(2) 原材料の購入において，また，流通業者・販売業者に対し

表 1-1　売上高・従業員数による日本企業上位 10 社

売上高が大きい日本企業トップ 10（2017 年 4 月）

	企業名	売上高
1 位	トヨタ自動車	28 兆 4031 億円
2 位	ホンダ	14 兆 6012 億円
3 位	日本郵政	14 兆 2575 億円
4 位	日産自動車	12 兆 1895 億円
5 位	NTT	11 兆 5410 億円
6 位	日立製作所	10 兆　343 億円
7 位	ソフトバンク	9 兆 1535 億円
8 位	JXTG	8 兆 7378 億円
9 位	イオン	8 兆 1767 億円
10 位	豊田通商	8 兆 1702 億円

従業員数が多い日本企業トップ 10（2017 年 3 月）

	企業名	従業員数
1 位	ヤマト運輸	16 万 1081 人
2 位	トヨタ自動車	7 万 2721 人
3 位	パナソニック	5 万 5937 人
4 位	JR 東日本	4 万 8894 人
5 位	デンソー	3 万 8489 人
6 位	日立製作所	3 万 5631 人
7 位	三菱電気	3 万 3321 人
8 位	東京電力	3 万 2440 人
9 位	日本通運	3 万 2094 人
10 位	JR 西日本	2 万 6555 人

（注）売上高は連結決算，従業員数は単独決算。
（出所）売上高は日本経済新聞ウェブサイト「売上高ランキング」（https://www.nikkei.com/markets/ranking/page/?bd=uriage）より作成。従業員数は各社のウェブサイトより作成。

表 1-2　全法人企業に占める大企業の地位

	1960 年	1970 年	1980 年	1990 年	2000 年	2010 年
企業数						
全法人	492,206	874,692	1,567,764	2,020,455	2,548,399	2,761,144
大企業	415	1,185	2,020	3,805	5,472	5,345
割合%	0.08	0.14	0.13	0.19	0.21	0.19
従業員数						(単位：1000 人)
全法人	14,216	22,087	27,962	34,537	39,226	40,549
大企業	2,262	4,323	4,639	6,666	6,913	7,503
割合%	15.9	19.6	16.6	19.3	17.6	18.5
売上高						(単位：10 億円)
全法人	45,511	213,946	819,819	1,428,181	1,435,028	1,385,742
大企業	12,362	75,273	292,821	518,819	526,967	542,492
割合%	27.2	35.2	35.7	36.3	36.7	39.1

（注）　金融保険業を除く。
（出所）　財務省『法人企業統計年報』より作成。

て強い交渉力をもち，有利な取引を可能とする。

(3)　研究開発や宣伝・広告において，売上高に占める割合が同じであったとしても，絶対額が大きくなる。

(4)　従業員の募集，資金の獲得において知名度が働き，有利となる。

このような経済的優位性，競争上のメリットがあるかぎり，企業家・経営者としての成功・満足という点からしても，企業は大規模化を志向して激しく競争し，また，同業他社を買収し，吸収・合併をはかる。市場規模には一定の限界があるので，その産業は**寡占化**・独占化の方向に進むのは必然といえよう。しかし，寡占

表1-3 市場占有率（2009年） （単位：%，カッコ内は対前年度伸び率）

❶ 1社の占有率がきわめて高い

●炭素繊維●		●ポータル・検索サイト●	
東　レ	71.9（ 3.0）	ヤフー	70.1（▲5.2）
三菱レイヨン	14.9（▲2.4）	グーグル	10.6（ 3.4）
東邦テナックス	13.2（▲0.6）	マイクロソフト	3.7（ 0.7）
3社合計	100.00	3社合計	84.4
国内出荷額	524億円（▲27.6）	閲覧合計（家庭用PC）	3129億頁

❷ 上位3社の集中度が高い

●家庭用ゲーム機●		●携帯電話●	
任天堂	56.5（▲0.1）	NTTドコモ	50.0（▲0.8）
SCE	40.4（▲0.4）	KDDI（au）	28.4（▲0.3）
マイクロソフト	3.1（ 0.5）	ソフトバンクモバイル	19.5（ 0.3）
3社合計	100.00	3社合計	97.9
国内販売台数	1062万台（▲13.5）	年度末の契約数	1億1218万台（▲27.1）

●自動二輪車●		●衣料用合成洗剤●	
ホンダ	46.5（ 3.5）	花　王	40.8（ 0.5）
ヤマハ発動機	27.0（ 6.0）	ライオン	32.7（ 0.4）
スズキ	21.8（▲1.1）	P&G	26.0（ 0.0）
3社合計	95.3	3社合計	99.5
国内販売台数	38万台（▲27.1）	国内出荷額	1759億円（▲0.8）

（出所）　東洋経済新報社『会社四季報 業界地図2011年度版』。

化・独占化は競争を妨げ，市場の調整機能を無効にして財貨の適正配分を損ねるために国は独占禁止法を設けている。

大規模化がもたらすメリットを享受しつつ，かつ，寡占化がもたらすデメリットを解消するために，新製品の開発による市場の

❸ 上位3社の集中度が低い

●マンション●	
大　京	5.1 (0.9)
住友不動産	5.0 (2.4)
藤和不動産	4.5 (1.1)
3社合計	14.6
新規発売戸数	7万9595戸 (▲18.8)

●ホテル●	
プリンスホテル	9.8 (▲0.6)
東急グループ	4.8 (0.2)
阪急阪神第一ホテルグループ	4.4 (0.2)
3社合計	19.2
国内売上高	1兆5230億円 (▲13.0)

●婦人服●	
ワールド	3.1 (▲0.1)
オンワード樫山	3.0 (0.1)
クロスプラス	2.3 (▲0.1)
3社合計	8.4
国内販売額	5兆3940億円 (▲13.6)

◎婦人下着（参考）◎	
ワコール・ホールディングス	29.4 (▲0.8)
トリンプ・インターナショナル・ジャパン	12.9 (0.2)
グンゼ	3.9 (▲0.4)
3社合計	46.2
国内販売額	3640億円 (▲8.1)

❹ 上位企業の間に差がない

●洗濯機●	
東芝ホームアプライアンス	26.3 (0.2)
パナソニック	21.6 (0.1)
日立アプライアンス	20.4 (1.4)
3社合計	68.3
国内出荷台数	429.7万台 (▲5.4)

●電子マネー●	
ナナコ	25.9 (▲3.8)
スイカ	22.2 (▲2.5)
ワオン	21.4 (10.1)
3社合計	69.5
決済件数	15.5億件 (34.7)

拡大・活性化，事業の多角化，海外に市場を求める国際化などがはかられている。ここではまず，市場の集中度をみることにしよう。

イノベーションによって新しい市場を生み出した企業は独占状況となる（表**1-3**①参照）。競争企業が登場してきても，技術面などで参入障壁が高いと，寡占化状態で落ち着く。

市場占有率が高い（上位3社で90％以上），すなわち寡占化している業種を**表1-3**の②でみてみると，先行企業の優位性をみてとることができる。また，携帯電話，家庭用テレビゲーム機のような新しい業種・製品も目立っている。しかし，新しい業種の対前年度の市場の成長度，および各社のシェアの増減をみてみると，きわめて大きく，この状態はけっして安定的・固定的なものではないことが推測される。

逆に，市場占有率が低い業種（上位3社で30％未満）は，古くからある業種・製品であることがわかる。また，上位3社の間でシェアの差がきわめて小さい業種・製品に共通してみられる特徴は，機能面において比較的成熟した製品であり，もはや革命的な新商品は期待できないこと，または，流通経路・販路が確立していることであり，過去のさまざまな競争の結果として落ち着いた状況となっていることがみてとれるであろう。

3 企業の長期戦略

●企業の多角化と製品戦略

社 名 変 更

以下に示したのは，近年，**社名変更**をした会社の一例である。とくに，1980年代後半にCI（corporate identity）活動として，社是・社訓，シンボル・マーク，シンボル・カラーなどの制定とともに社名の変更がブームとなった。

久保田鉄工→クボタ，パイロット萬年筆→パイロット

保谷硝子→HOYA，津村順天堂→ツムラ

日魯漁業→ニチロ，三菱金属→三菱マテリアル

東亜燃料工業→東燃，東洋曹達工業→東ソー

近畿電気工事→きんでん，立石電機→オムロン

北日本食品工業→ブルボン，三楽→メルシャン

かつて企業の名前のつけ方にはある法則があった。企業名はこれまで多くの場合，属している産業名や，製造・販売している製品名の前に次のようなものをつけることによりできていた。

(1) 創業者の名前（三井住友銀行，トヨタ自動車，カシオ，松下電器産業など）

(2) 親会社の名前（日立家電販売，日産ディーゼル工業，富士通など）

(3) 地名（東洋紡，日本電気，九州電力，東京建物など）

(4) 理念（大成建設，協和発酵，三洋電機，大同特殊鋼など）

しかし，前にあげた社名変更した例をみていくと，このルールに当てはまらないことに気づく。麒麟麦酒→キリンビールのように，難しい漢字の使用を避けて，親しみやすく馴染みやすいものに変える例もあるが，何よりも目につくのが，下についていた産業名・商品名を取ってしまったものが多いことである。その理由は，**脱本業・多角化**にある。このことが指し示すことは，これまでの企業は事業のためにあったのだが，産業名・商品名を落とすということは，これまで目的であった事業が手段と化し，手段であった企業が目的化していることを象徴しているのである。

企業の栄枯盛衰

表1-4は，日本の巨大企業の売上高トップ10の戦後の変遷を示したものである。1973年から2010年までの間は，10社中5社までが同じであり（たとえ10位以内に入っていなくても，20位までには入っている），

表 1-4　日本の巨大企業売上高トップ 10

（単位：億円）

	1973 年	1983 年	1998 年	2010 年
1 位	新日本製鐵 ▼鉄鋼 16,633	トヨタ自動車 ▼自動車 48,927	トヨタ自動車 ▼自動車 77,695	トヨタ自動車 ▼自動車 85,978
2 位	トヨタ自販 ▼商業 13,626	日本石油 ▼石油 35.226	NTT ▼通信 63,223	新日本石油[3)] ▼石油 50,894
3 位	日産自動車 ▼自動車 12,506	東京電力 ▼電力 34,838	東京電力 ▼電力 52,523	東京電力 ▼電力 48,044
4 位	トヨタ自工 ▼自動車 12,384	日産自動車 ▼自動車 31,877	松下電器産業 ▼電機 48,745	NTT ドコモ ▼通信 43,989
5 位	日立製作所 ▼電機 9,239	新日本製鐵 ▼鉄鋼 27,244	日立製作所 ▼電機 40,780	パナソニック[4)] ▼電機 39,265
6 位	松下電器産業 ▼電機 9,188	松下電器産業 ▼電機 24,735	NEC ▼電機 40,757	東　芝 ▼電機 33,828
7 位	三菱重工業 ▼造船 8,437	日立製作所 ▼電機 23,333	東　芝 ▼電機 37,000	KDDI ▼通信 32,113
8 位	日本鋼管 ▼鉄鋼 7,751	関西電力 ▼電力 18,915	日産自動車 ▼自動車 35,461	ソニー ▼電機 29,360
9 位	東京電力 ▼電力 6,919	丸善石油 ▼石油 17,981	富士通 ▼電機 32,291	日産自動車 ▼自動車 28,991
10 位	東　芝 ▼電機 6,807	東　芝 ▼電機 17,731	本田技研工業 ▼自動車 30,774	出光興産 ▼石油 28,647

（注）1）商社は除く。
2）単独決算の数値。
3）新日本石油は，2010 年 7 月 1 日より社名を「JX 日鉱日石エネルギー」に変更。
4）松下電器産業は，2008 年 10 月 1 日より社名を「パナソニック」に変更。

（出所）1973, 83 年は『ダイヤモンド企業ランキング』，1998, 2010 年は東洋経済新報社『会社四季報』より作成。

戦前からの企業であり，かつ自動車・電機という一部の産業に集中していることがわかる。だが，この様相は 1950 年まで遡ると違ってくる。1950 年の上位 10 社は繊維産業と鉄鋼業・鉱業に

表 1-5　上位 100 社にみる産業構造の変化

	鉱業	輸送用機器	電機	化学	繊維	水産・食品	土木・建設	その他
1896 年	7	2	1	4	57	10	1	18
1933 年	9	5	8	9	27	16	0	26
1960 年	8	16	11	7	17	10	0	31
1982 年	1	15	20	11	4	6	14	29

（出所）　日経ビジネス編［1989］『会社の寿命』新潮社。

よって占められていた。1973 年ではまだ鉄鋼業は新日本製鐵と日本鋼管の 2 社が残っているが，繊維も鉱業も姿を消し，2010 年になるともはや鉄鋼業すら消え 1 社も残っていない（もちろん，倒産したわけではない）。

日本経済新聞社の調べたところによると，明治以来 100 年の間の 10 年ごとの上位 100 社を対象にしたところ，延べ 413 社がそのリストに名前を連ねたが，そのうち 8 割の企業は 30 年以内に上位 100 社から脱落しており，1 割弱の 40 社が 50 年間上位 100 社入りを続け，そして 100 年の間，その地位を保ち続けたのはわずか 3 社でしかない（**表 1-5** 参照，日経ビジネス編［1989］『会社の寿命』新潮社）。

これらの変遷は企業経営の失敗に起因するというよりも，産業構造の変動によるものである。企業が経済界のなかで一定以上の地位を占め続けていくためには，自社が属する産業や自社の製品の寿命には必ず衰退期がくるのであり，それにどう対処していくかが要求されるのである。そして，この事情はけっして日本企業だけに当てはまるわけではなく，**表 1-6** にみられるようにアメ

表 1-6 アメリカの巨大企業売上高トップ 10

（単位：億ドル）

	1970 年	1990 年	2010 年	2015 年
1 位	GM ▼自動車 243.0	GM ▼自動車 1269.7	ウォルマート ▼商業 4082.1	ウォルマート ▼商業 4821.0
2 位	エクソン ▼石油 149.3	フォード ▼自動車 969.3	エクソン ▼石油 2846.5	エクソン ▼石油 2462.0
3 位	フォード ▼自動車 147.6	エクソン ▼石油 866.6	シェブロン ▼石油 1635.3	アップル ▼電機 2337.0
4 位	GE ▼電機 84.5	IBM ▼電機 634.4	GE ▼電気 1567.8	バークシャー・ハサウェイ ▼投資 2108.0
5 位	IBM ▼電機 72.0	GE ▼電気 552.3	バンク・オブ・アメリカ ▼金融 1504.5	マクケッソン ▼医薬品 1812.4
6 位	クライスラー ▼自動車 70.5	モービル ▼石油 509.8	コノコ・フィリップス ▼石油 1395.1	ユナイテッド・ヘルス・グループ ▼保険 1571.0
7 位	モービル ▼石油 66.2	アルトリア・グループ ▼食品・煙草 390.7	AT&T ▼通信 1230.2	CVS ヘルス ▼薬局 1532.9
8 位	テキサコ ▼石油 58.7	クライスラー ▼自動車 361.6	フォード ▼自動車 1183.1	GM ▼自動車 1523.5
9 位	ITT ▼通信 54.7	デュポン ▼化学 352.1	JP.モルガン・チェース ▼金融 1156.3	フォード ▼自動車 1495.5
10 位	ガルフ・オイル ▼石油 49.5	テキサコ ▼石油 324.2	HP ▼電機 1145.5	AT&T ▼通信 1468.0

（出所） Fortune500 より作成。

リカ大企業でもまったく同じである（以上は「大企業」の話である。中小企業のなかには100年を超すものも多く，日本では約2万社も存在し，世界のなかでも格段に多い）。

製品の寿命

会社の繁栄は産業の栄枯盛衰，**製品の寿命**により大きな影響を受ける。製品にもライフサイクルが存在する。製品が市場に登場し（導入期），しだいに普及していき（成長期・成熟期），やがて，市場から消えていく（衰退期）。このサイクルの長さや形は製品によりさまざまであり，一時的に爆発的に売れ，あっという間にピークを迎え，飽きられてしまうものもあれば，数十年もの長い寿命をもつものもある。

しかし，新製品を開発してもその多くは販売にまで至らなかったり，たとえ売り出されても，数カ月で店頭から消えてしまうものもけっして珍しくない。スナック菓子などはその典型的な例であり，年間数十から200～300の新製品を開発しても，そのうち翌年まで残るのは1割にも満たないといわれる。

そのような貴重な新製品であるから，その寿命を少しでも長いものにするために，以下の4点のような努力により，成熟期→衰退期をできるかぎり引き延ばしたり，再び成長期を迎えさせたりするさまざまな工夫がなされる。また，その新しい工夫を考え出し，成功した企業はライバル他社に大きなアドバンテージを獲得し，シェア争いに勝ち，業界順位を逆転させることに成功することもけっして珍しいことではない。

(1)　新しい使用方法の発見

(2)　擬制的な製品変更（本質的には変わらない，品質・スタイル・外見などの変更）

表 1-7　市場占有率の盛衰

●ビール・発泡酒●

	1985 年	1989 年	2001 年
キリンビール	61.2 ①	48.1 ①	35.8 ②
アサヒビール	9.6 ③	24.9 ②	38.7 ①
サッポロビール	19.7 ②	18.7 ③	15.0 ③
3 社　合計	**90.5**	**91.7**	**89.5**
	約 500 万kℓ	約 600 万kℓ	約 712 万kℓ

●CD プレイヤー●

	1985 年	1989 年	2001 年
ソニー	28.0 ①	47.0 ①	42.1 ①
松下電器産業	14.0 ②	9.0 ②	40.0 ②
ケンウッド	7.0 ③	—	5.6 ④
3 社　合計	**49.0**	**56.0**	**87.7**
	95 万台	146 万台	265 万台

●携帯音楽プレイヤー●

	2009 年
アップル・ジャパン	51.5 (▲4.6) ①
ソニー	35.4 (6.9) ②
クリエイティブメディア	2.3 (0.9) ③
3 社　合計	**89.2**
国内出荷台数	665 万台　(▲0.1)

(注)　CD プレイヤーの 2001 年度の 3 位はアイワ (7.7%)。
(出所)　『日経産業新聞』1997 年 7 月 8 日付，2002 年 7 月 12 日付。

(3)　新市場の開発

(4)　全体需要の増大

室内でしか聴けなかった CD を屋外でも聴くことを可能にした

携帯CDプレイヤーの開発は，その好例といえるだろう。だが，その音楽を聴くツールも携帯CDプレイヤーから，現在では携帯音楽プレイヤーに取って代わられている（表**1-7**参照）。

製品戦略

製品をどのように消費者に購入させるかは，次のような **製品戦略** によりなされる（図**1-1**を参照）。

(1) **製品差別化戦略**　この戦略は，自社製品を他社製品とは違うのだと消費者に知覚させ，自社製品を選択させるようにするものである。この差別化が成功してブランド化すると，価格競争を軽減することが可能となり，自社製品の多少の値上げや他社製品の値下げによる売上げの減少から免れることができるとともに，新規参入者に対する障壁にもなる。

何によって差別化を行うかについてはいくつかの種類がある。まず，製品本来がもつ品質・機能面における差に基づく「①基本的差別化」がある。食品における美味しさであったり，歯磨き粉における歯を白くするはたらきであったり，自動車の乗り心地，ボールペンの書きやすさなどで，他社製品とは絶対的に違うと思わせるものである。また，スタイル，カラー，ラベル，パッケージなどの違いに基づく「②外面的差別化」がある。たとえば，日産スカイラインのリアライトのデザインや，サントリーオールドのボトルなどはその好例といえよう。

そのほかの差別化のやり方としては「③イメージの差別化」がある。これはテレビCMなどにより，消費者の心理上で差別化を生じさせるものであり，そのためにどのようなタレントや音楽を使うかが非常に重要になってくる。この3種類の差別化はどれかひとつだけによって行われるのではなく，2種類ないし3種類を

図 1-1　製品戦略のパターン

製品戦略	(1) 製品差別化戦略	① 基本的差別化 ② 外面的差別化 ③ イメージの差別化
	(2) 市場細分化戦略	
	(3) 計画的陳腐化戦略	④ 機能的陳腐化 ⑤ スタイルの陳腐化 ⑥ 品質の陳腐化

併用し補強しあうようにしているのが通常である。

業界に先駆けて，その製品の開発・販売を始めたことにより，自社の商品名がその製品一般の呼び名になってしまったものも存在する。おそらく多くの消費者は次の製品名が特定の会社のブランドであることを知らないであろう。

・ファミコン（家庭用テレビゲーム機）
・ウォークマン（ヘッドホン・ステレオ）
・マジックインキ（フェルトペン）
・サランラップ（合成樹脂フィルム）
・ホッチキス（ステープラー）
・宅急便（宅配便）
・エレクトーン（電子オルガン）

これほど圧倒的なブランドの確立ではなくとも，ファッションのグッチやシャネル，自動車のフェラーリ，ベンツ，ボルボ，あるいはスニーカーのナイキなど，強力な差別化に成功した企業が存在する。

しかし，この差別化・ブランド化も絶対的・永久的なものではない。かつて，ビールといえばなんといってもキリンビールであ

Column❷ テレビゲーム

1983年に任天堂が発売した「ファミリーコンピュータ」は，85年の「スーパーマリオブラザーズ」の大ヒットにより急速に普及し，家庭に定着した。

その後，8ビット機の「ファミコン」から16ビットの「スーパーファミコン」へと発展させ，任天堂は花札，トランプをつくる地味な会社から一躍有名企業となった。だが，1994年には3次元の画像処理に十分な性能をもつ32ビットCD-ROM機である「セガサターン」がセガから，「プレイステーション」がソニー・コンピュータエンタテインメント（SCE）から相次いで発売されることにより，任天堂の牙城は崩れることとなった。巻き返しをはかった任天堂は1996年に一挙に64ビット機を投入したが，SCEの勢いは止められず，2002年の国内総出荷台数504万台のシェアをみると，

①SCE　78.2%（前年比　5.0ポイント・アップ）
②任天堂　17.9%（前年比　3.1ポイント・ダウン）
③マイクロソフト　3.9%（前年比　0.7ポイント・アップ）

と，ソニーの独り勝ちの状況であった。

セガは「湯川専務」というキャラクターのCMで注目を集め，128ビット機「ドリームキャスト」を投入したが革命を起こせず，新規参入したマイクロソフトの「Xbox」にも抜かれ，ついにはゲーム機の製造を中止することになった。

その後，日本の家庭用テレビゲーム機は，任天堂とSCEの2社により熾烈な争いがなされている。2009年の市場占有率は，任天堂56.5%対SCE 40.4%となっているが，ゲームの世界はハードの性能以外のところで大きく左右される。2006年暮れにSCEがPS3，任天堂がWiiという後継機をそれぞれ発表した。SCEのPS3が販売台数の累計500万台超に対して，任天堂Wiiが1000万台超という差のつく結果となっている。この2機種の性格をみると，両社のゲーム機に対する認識の違いをみることができる。PS3は，ブルーレイ・ディスクとハイビジョン・

テレビに対応しており，ゲーム機以外にＡＶ機器としての機能をもたせているが，ゲーム機としてはPS 2の延長線上にあるといえるだろう。

一方，任天堂Wiiは，テレビゲームの概念を覆すことをねらったと思われる。ニート，引きこもりなどが社会現象として問題とされ，ゲームが，子ども・若者たちを一人きりで部屋に閉じこもらせるようにさせている，運動不足で不健康にし，他者とのコミュニケーション能力の形成に支障を来たしている，という批判を受けるようになっていた。しかしWiiは，リモコンをラケットのように使うなどして実際に体を使って遊ぶゲーム機であり，またリモコンを2～4台同時使用することにより他者と一緒にプレーすることができるようにしてあった（ネーミングもwe，ouiに由来している。Wii Sports，Wii Fit，Wii Partyといったソフトは200～300万本を売り上げている）。そのおかげで，30, 40代のファミリー層が10代と並ぶ所有者となり，また男女の比率もほぼ半々となったのである。ゲーム設置場所も子ども部屋からリビングへと移った（他社も同様な体感型，コミュニケーション型のゲーム機能をつけてくるようになっている）。

また，携帯ゲーム機としては，2004年にSCEがPSP（累計，国内1000万台超，世界5000万台超）を，任天堂がDS（累計，国内3000万台超，世界1億3000万台超）を登場させ，据置型との互換性をもたせてどこでもゲームを楽しむことができるようにした。両機とも，ワイヤレス通信や赤外線通信機能を装備し，他者との協力ゲームや対戦ゲームを可能にしたのは共通であるが，ここでも任天堂はゲームを子どもだけのものではなく，中高年向けのソフトを立て続けに発売，ヒットさせ，ゲーム機を子どもだけのものから開放したのであった。野際陽子などの大人の俳優をＣＭに起用し，『脳を鍛える大人のDSトレーニング（脳トレ）』は500万本，『英語が苦手な大人のDSトレーニングえいご漬け』が200万本，『大人の常識力トレーニング

DS』『しゃべる！ DSお料理ナビ』各100万本などの売上げでわかるように，ゲーム機を大人にもたせることに成功した。また，学校教育や新人研修にも使用されるなど，一部から受けていた「反社会的」な評価を解消させたのである。

この「携帯」「対戦・協力」という性格をもつゲーム機・ソフトの登場は，ケータイ電話をゲーム機にし，ゲーム機メーカーの競争者を生み出した。2004年に登場したGREEは，ベッキーやナインティナインなど若い世代に人気があるタレントをCMに起用し，利用者1500万人（2009年9月現在）を数えるに至っている。また，2006年2月に登場したモバゲータウンも，CMに木梨憲武や時任三郎・柳沢慎吾・麻生祐未を起用することにより大人層を獲得し，利用者数1000万人を超すに至っている。これらいわゆる「モバゲー」は，これまでのゲーム単体の存在としてではなく，SNS（social networking service）として，ブログやチャット，ミクシィなどと同様の位置づけをすべきかもしれない。

り，3本飲まれるビールのうち2本までがキリンであった時代が戦後長く続いていた。このビール業界において「生」ビールの競争，「樽」容器競争など，基本的差別化や外面的差別化をねらった競争が繰り広げられたが，キリンの牙城を突き崩すことには成功しなかった。だが，アサヒビールのスーパードライにより，ついにキリンのラガービールはトップ・ブランドの座からすべり落ちることとなった。ビールといえばラガー，ラガーならキリンという神話は生ビール競争などではびくともしなかったが，ついに「ドライ」で崩れ去った。キリンもキリンラガーは「生」ですと言い出すようになり，基本的差別化によるブランド力を失ってしまったのである。また，ラガーの凋落をカバーするために多様な商品を販売するフルライン戦略をとり，地域限定ビールや季節限定ビール，そして，ついには価格競争戦略としてビールより安価な発泡酒・新ジャンル（第3のビール）をビールそっくりのデザインで発売するという，サントリーが得意とするイメージの差別化をとるようになっているのである。

近年では，それまでの商品ブランドとは別に，企業ブランドを重要視したり，新たに創り出したりするようになってきている。その代表的事例がPanasonicである。松下電器産業はナショナルとパナソニックという2つのブランドをもっていたが，社名も一緒にPanasonicに統一した。

(2) **市場細分化戦略**　消費者はけっして均質ではなく，性別・年齢・職業・地域などにより，その需要・好みは異なっているのが現実である。その違いによって市場をいくつかの部分市場に分割して，その部分市場ごとに適した製品を開発・販売することをマーケット・セグメンテーションという。その典型例が自動車産業である。日本にはトヨタ，日産，ホンダ，三菱，マツダ，ダイハツ，富士重工業，いすゞ，スズキと9社も乗用車メーカーが存在し，熾烈な競争を展開している。しかし，同じ乗用車といっても，軽自動車，大衆車，小型車，中型車，大型車，スペシャリティ・カーなどの製品の差別化によるサブ市場が形成されている。そして，近年ではさらにRV（レジャー用多目的用途車）というジャンルが生まれ，このRVというサブ市場で成功した業界第3位のホンダが，そこでヒット商品を開発できなかった業界第2位の日産自動車を逆転したことがあった（最近になって，徹底した経営・生産の効率化により，日産自動車が業界第2位の地位を取り返したが，ホンダのRV市場での成功は，市場細分化戦略のひとつの例である）。

(3) 計画的陳腐化戦略　多くの人々が欲しいと思う新製品を次々と開発できないという理由だけではなく，開発した新製品の開発・製造コストを回収するためにもとられるのが，消費者に買い替えさせる陳腐化戦略である。

これには，新しい付加機能をつけて，消費者にいまもっているものがまだ使えるにもかかわらず欲しいと思わせる「④機能的陳腐化」(カラーテレビからプラズマテレビへ，高性能パソコンなど)や，買替え需要が80%を超える乗用車産業に代表される，モデルチェンジによりスタイル・デザインを変えて新商品を買いたいと思わせる「⑤スタイルの陳腐化」をあげることができよう(前掲図**1-1**)。このような陳腐化は，壊れてもいないものを捨てさせたり，押入や納戸にしまわせたりして，ゴミ問題・環境問題からの批判もあろう。「まだ使えるのに，もったいない」というのは製品の基本的機能面からの考え方であるが，経済成長により獲得した豊かさにより，自分の気に入ったスタイルやデザインのものをもつことに対する満足感や新商品を買う楽しさなど，社会や人々のものに対する考え方が変容してきているのである。

商品の物理的寿命を短くしたり，耐久性を落としたりして買い替えさせる「⑥品質の陳腐化」は耐久消費財と呼ばれるものにも採用されているが，機能的陳腐化やスタイルの陳腐化により，消費者が商品の買替えをするようになってきたとき，一定以上の耐久性を与えることは逆に無駄であり，価格も高くなってしまうことになる。そういうなかで，電池や電球などは機能的陳腐化やスタイルの陳腐化が効かない商品であり，多くの商品のなかで珍しく寿命を長くすることにより価値を高めている。

企業の広告活動

●企業と消費者を結ぶもの

これまでみてきたさまざまな戦略を成功させるためには，消費者に製品をどう認知してもらうか，いかに魅力的にアピールするかが絶対に不可欠である。そのために行われるのが，**広告活動**である。

広告費の推移

1990年代の一時期を除き，戦後ほぼ一貫して増大し続けてきている企業広告費は，ここ40年の間に約10倍（1955年と比較するとおよそ110倍）に増加し，2000年以後はおおよそ6兆円を超すまでになってきている（図**1-2**）。

広告はマスコミ4媒体と呼ばれる新聞・雑誌・ラジオ・テレビとその他の媒体（ダイレクト・メール，折込，屋外，交通，POP，電話帳，展示・映像など），そして，ニューメディア広告（インターネット広告など）に分類されている。

かつてはマスコミ4媒体が8割近くを占めており，そのなかでも全広告費の半分以上を占める新聞広告が圧倒的であり，ラジオ広告がそれに次いでいた。だが，テレビの登場はたちまちのうちにラジオ広告を5%程度に縮小させ，また，新聞広告も3分の1以下にしてしまったのである。雑誌広告は1980～90年代の雑誌の発行点数・部数の激増とともに，広告がそのまま読み物などの記事になっている雑誌などの登場もあって，そのウェイトを高めたが，近年の雑誌販売不振にともない，頭打ちの状況である。そのほか，通信販売のダイレクト・メール，スーパーマーケット

図 1-2　総広告費および伸び率の推移

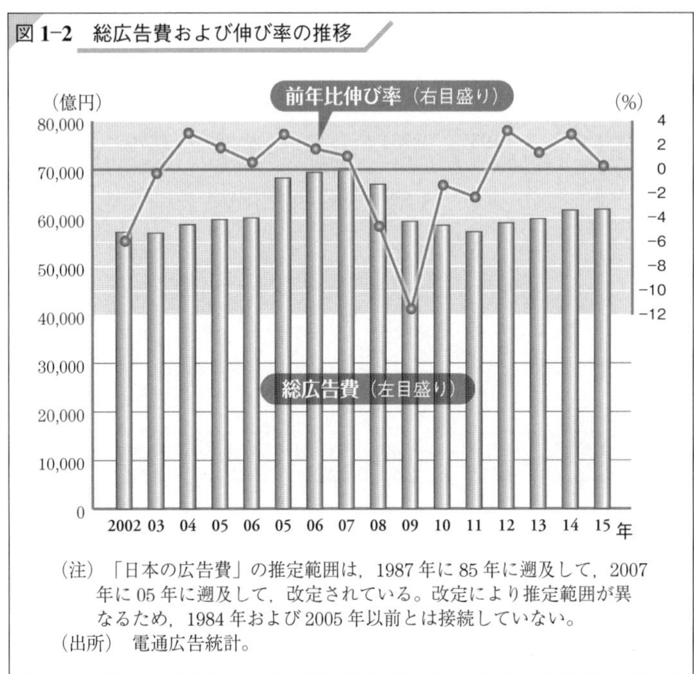

（注）「日本の広告費」の推定範囲は，1987年に85年に遡及して，2007年に05年に遡及して，改定されている。改定により推定範囲が異なるため，1984年および2005年以前とは接続していない。
（出所）電通広告統計。

やディスカウント・ストアなどの折込チラシ，電話帳広告などは，新聞・ラジオの広告費が伸びないのに対して，一貫して増加し続けてきた。

近年の特徴としてテレビの割合の低下（1996年33.2%→2015年31.3%）がある。その背景には，若者のテレビ離れとともに，宿泊施設やレストランなどの情報収集や通販の利用においてインターネットを使うようになった（1996年0.0%→2015年18.8%）ことがある（表 **1-8** を参照）。

業種別広告の状況

マスコミ4媒体は，新聞・雑誌という印刷媒体とテレビ・ラジオという電波媒体

表 1-8　媒体別広告費

（単位：億円，％）

	1951 年	1966 年	1976 年	1986 年	1996 年	2016 年
マスコミ4媒体	**595 (79.9)**	**2,964 (77.4)**	**11,144 (76.5)**	**23,229 (76.2)**	**37,795 (65.6)**	**28,596 (45.5)**
新　聞	405 (54.4)	1,337 (34.9)	4,550 (31.2)	8,784 (28.8)	12,379 (21.5)	5,431 (8.6)
雑　誌	40 (5.4)	211 (5.5)	797 (5.5)	2,097 (6.9)	4,073 (7.0)	2,223 (3.5)
ラジオ	130 (17.4)	169 (4.4)	704 (4.8)	1,577 (5.2)	2,181 (3.8)	1,285 (2.1)
テレビ	20 (2.7)	1,247 (32.6)	5,093 (35.0)	10,771 (35.3)	19,162 (33.2)	19,657 (31.3)
その他の媒体	**150 (20.1)**	**867 (22.6)**	**3,424 (23.5)**	**7,286 (23.9)**	**19,904 (34.5)**	**4,284 (54.5)**
インターネット	— (—)	— (—)	— (—)	— (—)	16 (0.0)	13,100 (20.8)
合 計	745 (100.0)	3,831 (100.0)	14,568 (100.0)	30,515 (100.0)	57,699 (100.0)	2,880 (100.0)

（出所）『電通広告年鑑』，電通ウェブサイトより作成。

に大別できる。全業種平均では，次のようになっている。

新聞（25.1％），雑誌（12.3％）→印刷媒体（37.4％）

テレビ（57.9％），ラジオ（4.7％）→電波媒体（62.6％）

図 1-3 でみるように，業種（商品）によって用いる媒体は大きく異なっている。

8 割から 9 割までが新聞広告で占められている案内・その他や出版ほどではなくても，ほとんどの業種では印刷媒体としては新聞を中心としているが，ファッション・アクセサリーや化粧品・トイレタリーのような価格よりイメージ・ブランドが重要であるものは雑誌広告を重要視していることがわかる。

図1-3　業種別広告費の媒体別構成比（2008年）

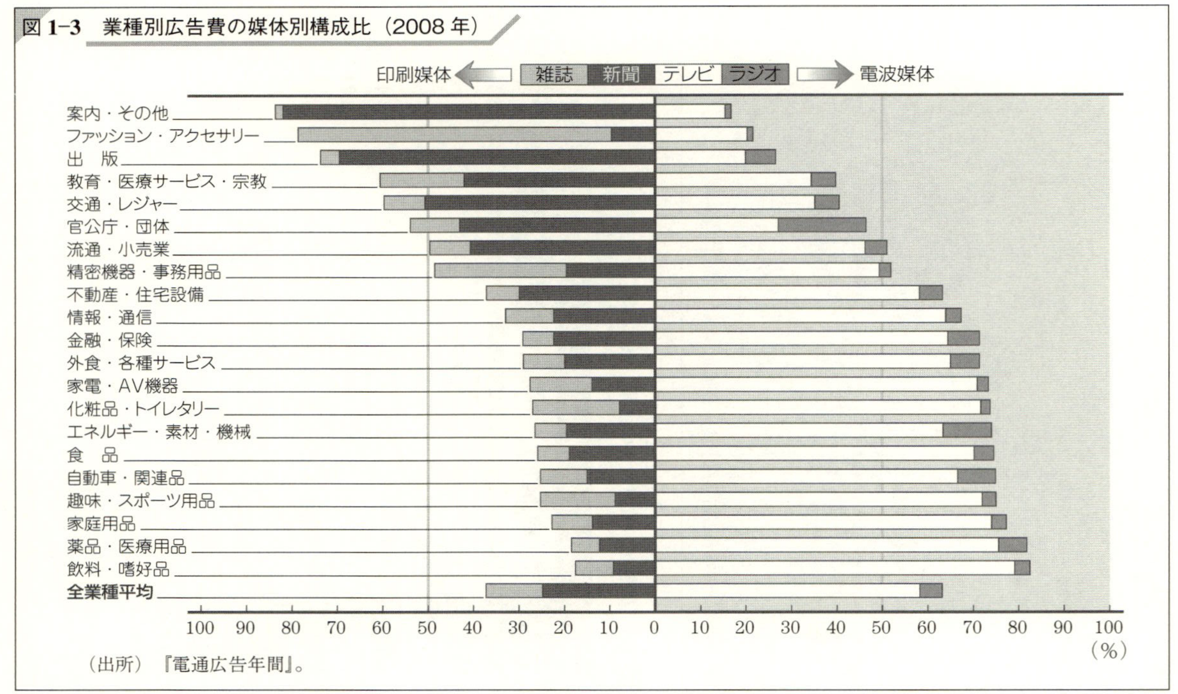

（出所）『電通広告年間』。

図 1-4　業種別にみたテレビ CM の状況（2008 年）

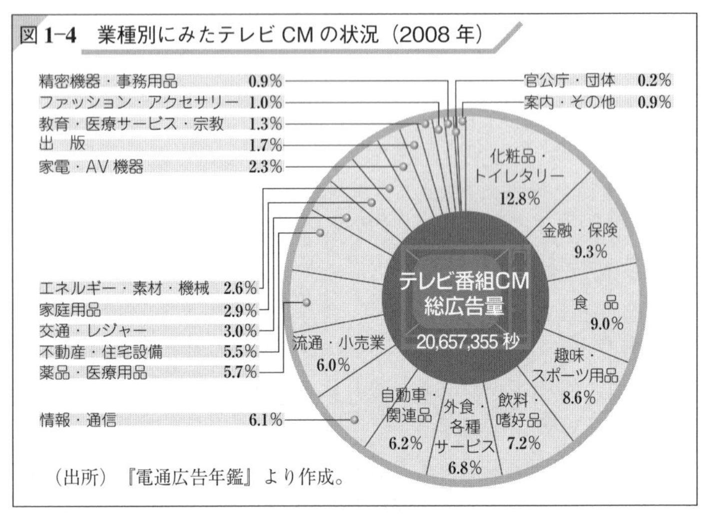

（出所）『電通広告年鑑』より作成。

表 1-9　広告宣伝費が大きい企業（2014 年度）

広告宣伝費が大きい日本企業トップ 10　（単位：億円，%）

	企業名	業　種	広告宣伝費	対売上高比率
1 位	ソニー	電気機器	4,444	5.41
2 位	トヨタ自動車	自動車	4,352	1.6
3 位	日産自動車	自動車	3,368	2.96
4 位	イオン	小売業	1,722	2.43
5 位	セブン&アイ HD	小売業	1,656	2.74
6 位	ブリヂストン	ゴ　ム	1,243	3.38
7 位	マツダ	自動車	1,225	4.04
8 位	武田薬品工業	医薬品	1,132	6.37
9 位	サントリー HD	食　品	1,088	4.43
10 位	NTT	通　信	1,012	0.91

（出所）日経広告研究所ウェブサイトより作成。

テレビ広告が大きなウェイトを占めている業種は，化粧品・トイレタリー（12.8%），金融・保険（9.3%），食品（9.0%），趣味・スポーツ用品（8.6%），飲料・嗜好品（7.2%），などである（図 **1-4** を参照）。また，広告宣伝費の大きい企業トップ10をみると，自動車や小売業の有名企業が目立っている（表 **1-9** を参照）。

CMの新しい形

広告のなかで最もウェイトが高いのがテレビCMであるが，近年新しい傾向をみてとることができる。

CMが商品を売るための手段であることはあらためていうまでもないことだろう。しかし，近年のテレビCMは少々様子が違ってきている。CM自体が独立した作品として認知されるようになり，シリーズものの連作CMが相次いで制作され，CMをみることが楽しみとなり，CMが話題となり，CMのコンクール・コンテストが内外で開催され，話題になるようになった。CMは非常に有名になりはしたものの，肝心の商品自体はそれほど売れなかったというケースまで生じている。しかし，そのスポンサーである企業がまったく無駄なことをし，損をしたのかというと，必ずしもそうともいえないようである。

かつて，商品の広告のためにつくられていたCMだが，近年ではリクルートのため，また，一般的に知名度を上げるために企業本体を宣伝広告するCMがつくられるようになっている。重厚長大型産業の典型，かつ，代表的存在である鉄鋼業は，経済団体の会長を輩出するなど日本産業界のエリートとして君臨していたが，軽薄短小型（ソフト化，サービス化）産業の隆盛のなかで，いつのまにか人気企業ではなくなっていた。そこでつくられたのがリクルートCMであった。企業のイメージを上げるためにCMがつくられるようになれば，たとえ商品の売上げに直結しなくても大きな話題となるなら，企業のイメージアップに十分貢献するのである。

もうひとつCMの大きな変容がある。CMで用いられるタレントも映像も音楽もすべて，その商品のイメージを高め，より多くの視聴者を惹きつけて消費者になってもらうための手段であるはずである。最近，CMに使われた音楽・アルバムに高い人気が出て，そのCDの売上げが増大することがけっして珍しいことでなくなり，CMに使われている曲を紹介する雑誌記事まで登場するに至っている。また，タレントもCMにより視聴者に顔と名前を知ってもらい，売れるようになることも随分と多くなってきている。このように，有名タレントや有名な音楽を使って，その力で商品を売ろうとするやり方以外に，CMという作品をとおして，タレントや音楽を認知させることにより，商品に対する認知やイメージを高めるやり方になってきているようである。CMは商品だけを視聴者に提供する時代から，タレントや音楽などを同時に視聴者にアピールさせるという大きな力をもつような状況になっている。

5 企業の国際化

●市場は国家を超えて

企業の海外進出

企業が大規模化する，すなわち大量生産を行うようになってくると，国内市場はそのうちに飽和化する。国内市場で勝ち抜くために大量生産による低コストを追求せざるをえず，国内市場から溢れる商品は海外

表 1-10　日本の輸出入の推移

（単位：10 億円）

	1970 年	1980 年	1990 年	2000 年	2010 年	2015 年
輸出　総額	**6,954**	**29,382**	**41,457**	**51,654**	**67,400**	**73,093**
アジア	2,172	11,192	14,143	22,319	40,098	42,669
北　米	2,554	8,610	15,065	17,809	13,860	16,892
ヨーロッパ	1,211	5,704	9,683	9,254	9,385	9,301
輸入　総額	**6,797**	**31,995**	**33,855**	**40.938**	**60,765**	**85,909**
アジア	1,999	18,282	14,157	22,392	37,972	54,529
北　米	2,479	6,969	9,233	9,094	7,426	9,466
ヨーロッパ	920	2,853	6,744	6,172	8,074	11,953
貿易収支　総額	**157**	**▲2,613**	**7,602**	**10,716**	**6,635**	**▲12,816**

（出所）　総務省『日本統計年鑑』より作成。

市場にそのはけ口を求める。また，より安い原材料・労働力・資金などを獲得するために，海外にそれらを求めるようになる。当初は輸出入で海外市場とかかわっているだけであっても，そのうちに**企業の海外進出**の必要が出てくるのである。上着，セーター，シャツ，ブラウスなどは紳士物も婦人物もともに 70％程度は海外でつくられたものであり，大きく輸出に依存している自動車ですら逆輸入自動車が数多く売れているのである。加工品であろうと素材のままであろうと，食品の多くは海外からやってくるようになっている。われわれの生活は海外から輸入されているもの抜きではとうてい成立できなくなっており，また，企業も海外市場と無関係にはその存続が不可能になってきているのである（**表 1-10**，**表 1-11** 参照）。

表 1-11　日本企業の海外進出状況（製造業）

順位	1973 年 海外関係会社数		1983 年 海外子会社数		2003 年 現地法人数		2016 年 現地法人数	
1	東　レ	46	松下電器産業（パナソニック）	80	松下電器産業（パナソニック）	289	パナソニック	255
2	松下電器産業（パナソニック）	45	三菱電機	61	ホンダ	141	ダイキン工業	177
3	三洋電機	28	三洋電機	59	ソニー	105	ホンダ	127
4	吉田工業（YKK）	27	吉田工業（YKK）	52	トヨタ自動車	100	デンソー	123
5	三菱電機	26	川崎製鉄	44	キヤノン	99	住友電装	103
6	帝　人	25	神戸製鋼所	42	東　芝	97	三菱電機	101
7	東洋紡績	25	日立製作所	38	三菱電機	93	コニカミノルタ	100
8	東京芝浦電気（東芝）	22	東　レ	37	ＹＫＫ	89	住友電気工業	97
9	日立製作所	20	川崎重工業	27	大日本インキ化学工業（DIC）	88	日立製作所	92
10	三菱重工業	18	住友金属工業	26	オムロン	86	矢崎総業	91
10	ユニチカ	18					日産自動車	91

（出所）　東洋経済新報社『海外進出企業総覧』。

多国籍企業

企業が自国市場だけでなく他国の市場に進出するようになったのは，けっして近年の目新しい現象ではない。19 世紀後半より徐々に大量生産体制が確立しはじめたアメリカ企業は，ヨーロッパ市場に進出を開始し，工場を設立しはじめた。その代表例がシンガー社であり，また 1900 年前後に登場した自動車産業も生産開始後 20 年もたたないうちに海外市場を求めたのである。

しかし，近年いわれるような国際化・多国籍企業化の進行は 1950 年代以降のことであり，**多国籍企業**という言葉が定着したのも60年代からで，アメリカ企業でも本格的な多国籍企業化は60年代から70年代にかけてのことである。多国籍企業の定義はけっして統一をみているわけではないが，「数カ国に生産拠点をもち，世界市場を対象に戦略を立てて事業活動をしている企業」であり，もう少し具体的に表現するなら，「5カ国以上の海外の生産拠点をもち，連結財務諸表において海外生産高が25％以上を占める企業」という理解がわかりやすい。その代表的企業名をあげてみよう。

IBM（アメリカ／コンピュータ），ゼロックス（アメリカ／事務機器），3M（アメリカ／化学），コカ・コーラ（アメリカ／食品），ネスレ（スイス／食品），フィリップス（オランダ／電機），ICI（イギリス／化学），バイエル（ドイツ／医薬品），ソニー（日本／電機），パナソニック（日本／電機）

多国籍企業の成立要因

企業はなぜ多国籍化するのか。かつて，日本の大企業が国内の環境規制が厳しくなったためにアジアに工場を移転して「公害輸出」と非難されたこともあったが，企業が国際化・多国籍化する理由としては次のような点があげられる（**表1-12**参照）。

(1) 国内市場が小さかったり，自国に強力なライバル企業が存在するために，海外市場に活路を求める。

(2) 海外市場で現地生産することにより，輸送コストが低減される。

(3) 安価な経営資源，原材料や労働力などを自国よりも低コストで調達するため。

(4) 現地の技術・金融・マーケティングについての情報の直接的・即時的収集。

(5) タックス・ヘイブンと呼ばれる税制上の優遇措置をとる国・地域へ（バハマ，ケイマン諸島，バミューダ諸島など）。
(6) 貿易摩擦を回避するため。

日本企業の海外進出の特徴としては，次の諸点を指摘できる。

(1) 地域的にみると，欧米の比率は低下傾向にあり，発展途上国，とくにアジアが急増している（**表 1-13** 参照）。
(2) 商業関係が多く，製造業が少なかったが，製造業も徐々に増えてきている。
(3) 欧米諸国では大企業が圧倒的だが，日本では中小企業がかなり多い。
(4) 現地の安い労働力を求めてという理由から，貿易摩擦の回避のため，そして，グローバル市場における戦略の観点からという理由に変化してきた。

海外進出のプロセス

企業活動の国際化は，次のような **海外進出のプロセス** を経て進展していく。

(1) 生産は国内で，製品を輸出
  ① 商社（とくに総合商社）の手で輸出
  ② メーカーが直接販売拠点を海外に設立（販売を海外移転）
(2) 海外・現地で直接生産
  ① 現地生産子会社の設立（生産を海外移転）
  ② 現地地域統括組織の設立（経営管理を海外移転）
  ③ 現地子会社での研究・開発（研究・開発を海外移転）

企業の海外進出といっても，どのような形で海外で事業を展開していくかによって，いくつかの **海外進出のパターン** がある（**図 1-5** 参照）。

(1) 完全所有子会社――自社で 100％出資して現地法人を設立

表 1-12　業種別にみた投資目的（2016 年）

（単位：%）

	全産業	農林水産	鉱 業	建 設	製 造	商 業	金融・保険
資源・素材の確保	1.7	24.8	29.9	1.0	1.6	1.2	1.4
労働力の確保	7.4	5.9	0.0	9.2	10.8	2.3	1.9
国際的な生産・流通網の構築	29.5	22.8	9.1	7.4	39.6	24.1	3.1
現地市場の開拓	30.6	25.7	2.6	49.4	25.2	40.8	34.4
第三国への輸出	3.9	5.0	1.3	0.3	4.5	4.7	0.7
日本への逆輸入	3.3	1.0	0.0	1.0	4.6	2.5	0.5
資本調達・為替リスク対策	0.6	1.0	1.3	0.6	0.3	0.6	4.8
情報収集	7.9	1.0	2.6	9.2	3.2	12.1	18.1

（出所）　東洋経済新報社『海外進出企業総覧 会社編 2016 年版』より作成。

表 1-13　日本企業の海外進出先

（単位：法人数，%）

	2000 年以前	2001〜03 年	2007〜09 年	2013〜15 年
全世界	**13,203**	**2,846**	**1,644**	**2,421**
アジア	56.0	70.7	66.7	69.7
中近東	0.5	0.7	1.3	1.2
ヨーロッパ	16.8	12.6	14.8	9.1
北　米	18.6	10.9	10.0	9.0
中南米	4.4	3.3	5.4	8.6
アフリカ	0.7	0.5	0.4	0.8
オセアニア	2.9	1.3	1.4	1.6

（出所）　東洋経済新報社『海外進出企業総覧』より作成。

図 1–5　海外進出のパターン

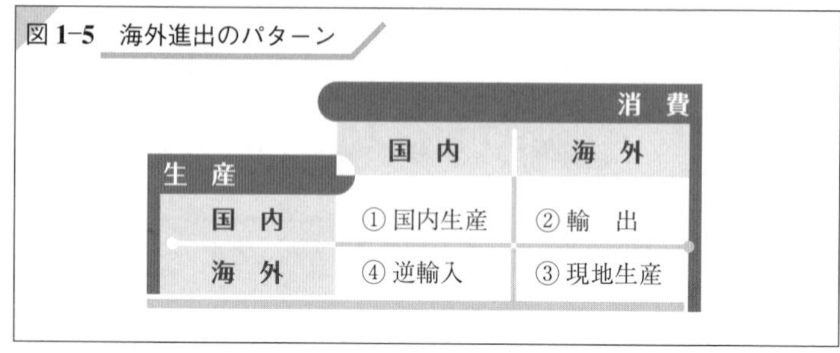

消　費
国　内
海　外
生　産
国　内
① 国内生産
② 輸　出
海　外
④ 逆輸入
③ 現地生産

するやり方（アメリカの多国籍企業に多い）。

・メリット：経営・管理を自社の思うとおりにできる。

・デメリット：多額の資金を自社だけで賄うため，失敗したときのリスクが大きい。現地とのコンフリクトが生じる恐れがある。

(2)　合弁企業――進出先の現地企業との共同出資により現地法人を設立する。出資比率により，過半数所有，対等所有，少数所有に分けられ，所有比率が小さいほど思うとおりの経営はできない（日本の中小企業に多い）。

・メリット：経営資源や消費者など現地の情報をパートナーから入手しやすい。資金が比較的少なくてすみ，リスクが小さくなる。現地から反発を受けることが少ない。

・デメリット：自社の思うとおりのやり方で事業・経営ができない。パートナーとの関係を良好に保つことが難しい。

(3)　現地企業の M&A ――新たに現地法人を設立するのではなく，現地企業を買収・合併して事業を開始（国内では企業買収を避ける傾向にある日本企業も外国企業の買収は行う。バブル期にはアメリカの有名企業の買収が目立った）。

・メリット：営業網・従業員・ノウハウなど既存の経営資源を

そのまま使える。

・デメリット：現地での感情的反発。

6 むすび

●欲望と消費生活

これまでみてきたように，企業はわれわれの望むものを次々に製品化・商品化し，提供してきた。また，提供するサービスはわれわれの生活をより便利に，より快適に，より楽しくするという方向で変化してきたといえよう。

企業はわれわれに商品（財・サービス）を売ることにより利潤を得，維持・発展していく。その商品のライフサイクルや産業構造の変化がその企業の盛衰に直結するかぎり，企業は自らの維持・存続のために実にさまざまな工夫と努力をする。企業の多角化や国際化，マーケティング活動はまさにその結果といえよう。

企業はわれわれの必要としているものを察知し，提供するだけでなく，眠っている，まだ本人すら自覚していない欲望を掘り起こして，その欲望を満足させる商品を生み出している。さらに，使わなくても，商品を買うことやもつことだけで満足させられるようにわれわれはなってきている。

モノに対する直接的な欲望には限界がある。商品を使用することで得られる欲望には限りがある。しかし，商品のもつ機能が満たしてくれる欲望ではなく，商品そのものを買う・もつ満足は限りがないといえよう。聴くための CD なら聴くことができる時間の限界内で CD を買うであろうが，コレクションとして購入するならその限界はない。空腹を満たすだけでなく，できるだけ健康になるものを食べたい，より美味しいものを食べたいと人々が思うほうが企業の売上げは上がる。今日は中華，明日はフレンチ，その次は流行りのエスニックに行こう，と人々が思ってこそ，新商品は売れる。まだ乗れるからといって，人々が10年以上も同じ車に乗り続けたら，企業の売上げは半分以下になってしまうだろう。バブル経済になったこと，ブランド・ブームが起こっていること，産業廃棄物の捨て場に困っていることなどは，当然すぎるほど当然のことであり，企業によってつくられ，支えられているわれわれの生活・生き方が生み出しているといえよう。

企業はわれわれに財・サービスを提供することを通じて，健康や快楽，快適さや便利さなどを提供してくれている。そして，われわれの価値観・生き方にまで大きな影響を与えている。また，その活動の大きさは地球環境にまで多大の影響を与えるに至っている。

この企業の基本的機能である「財・サービスの提供」を企業は誰のため，何のために行っているのか，どのように経営され，どのように管理・運営がなされているのか，また，どのような問題を抱え，どの方向に向かっていっているのかは，非常に興味を惹かれる問題であり，以下の章で論じていこう。

EXERCISES Chapter 1 演習問題

〈BASIC〉

1 あなたが商品を買うとき，広告を参考にするだろうか。情報はテレビ，雑誌，ネット，何から得ているだろうか。購買活動と広告・情報とメディアの関係を，①ものを買う，②食事をする，③旅行，スポーツ，コンサートなどでどうしているか，書き出してみよう。

2 36ページの製品はどの会社のものか。調べてみよう。

3 新聞・雑誌などに出ている新製品から数点選び，どのような製品戦略がとられているかを議論してみよう。

〈ADVANCED〉

1 ① PPM（プロダクト・ポートフォリオ・マネジメント）とはどういうものか調べてみて，特定の企業活動に当てはめてみよう。②ポーター（M. Porter）の「5 Forces」とはどういうものか調べて，特定の企業活動に当てはめてみよう。

2 インターネット・雑誌などから，日本企業の海外進出の状況（成功例、失敗例，進出先の変化等々，テーマは自由）を取り上げた記事を3点選び，以下のようにまとめてみよう。①テーマを選んだ理由，②記事を選んだ理由，③まとめ，④感想。

REFERENCES Chapter 1 参考文献

青木昌彦・小池和男・中谷巌［1989］『日本企業グローバル化の研究――情報システム・研究開発・人材育成』PHP研究所。

石井淳蔵［1999］『ブランド――価値の創造』岩波書店（岩波新書）。

内橋克人［1982～］『匠の時代』1～12，講談社（講談社文庫）。

漆原直行［2008］『なぜ毎日コンビニで買ってしまうのか？』毎日コミュニケーションズ（マイコミ新書）。

嶌信彦［2009］『日本の「世界商品」力』集英社（集英社新書）。

スローン，A.P.，Jr.（田中融二・狩野貞子訳）［1967］『GMとともに――世界最大企業の経営哲学と成長戦略』ダイヤモンド社。

田中洋［2002］『企業を高めるブランド戦略』講談社（講談社現代新書）。

ポーター，M. E.（土岐坤・中辻萬治ほか訳）［1985］『競争優位の戦略——いかに高業績を持続させるか』ダイヤモンド社。

ポーター，M. E. 編（土岐坤・中辻萬治ほか訳）［1989］『グローバル企業の競争戦略』ダイヤモンド社。

鷲巣力［2006］『宅配便 130 年戦争』新潮社（新潮新書）。

第2章 「株式会社」としての企業

株式会社制度の理論と現実

企業にはさまざまな種類があるが，そのなかでも代表的な企業形態は株式会社である。株式会社制度の発明によって，資本主義社会は大きく発展し，今日みられる高度に産業化した社会をつくりあげることができたといってもよいだろう。

本章では，株式会社制度の本質をなす資本集中機構のメカニズムと特徴を整理・検討する。ただし，このような株式会社の制度的な把握だけでは十分とはいえず，実態がどうなっているかを知っておくことも不可欠である。したがって，日本の株式会社の現状を紹介するとともに，その問題点にも光を当てて分析する。

SUMMARY 本章のサマリー

KEYWORDS 本章で学ぶキーワード

株式会社　持分会社　上場企業　資本集中機構　擬制資本
指名委員会等設置会社　取締役会　長寿企業

1 株式会社の機能と構造

●資本集中機構としての株式会社制度

株式会社の機能と特徴

株式会社が歴史にはじめて登場してからすでに400年になる。株式会社なくして現代の経済社会はありえなかったと断言できるくらい，株式会社というシステムが社会に与えた影響ははかりしれないものがあったといってよいであろう。

では，株式会社はどのような理由から考え出されたシステムであり，その目的は何だったのであろうか。また今日，株式会社はいかなる役割を果たしているのであろうか。

これらの問いに答える前に，その大前提となっている企業とは何かという点からまず確認しておこう。企業とは読んで字のごとく，「業」を「企」てる，すなわち事業を起こすことを意味している。「事業」を行うことは人類の歴史とともに古くからあった。たとえば，古代において事業は自給自足的なものであり，中世の封建時代にあっては家業（生業）という形態で展開されてきた。家業というのは家計（＝消費）と経営（＝生産）が未分離で，この事業の特徴は何よりも生活を充足することに目的があった。すなわち，近代以前の家共同体にあってはそれを維持・存続していくだけの生産が行われていればよく，生活に必要な生産を超えた余剰生産の展開，つまり営利の追求は本格的には行われなかったのである。したがって，企業というものは近代以前においてはみることができない。しかし経済の発展は家共同体を解体し，「家計と経営の分離」を促進させた。そして資本主義経済のもとではじめ

Column ❸ 株式会社の誕生とその発展

株式会社制度は，先進諸国をはじめとして世界のどの国でも一般的にみることができる企業形態である。株式会社の登場によって大規模な資本の集中がはじめて可能となり，今日みられるような経済的繁栄がもたらされることになった。したがって株式会社制度は，「近代における最大の発明」とまでいわれている。

世界で最初の株式会社は，1602 年に設立されたオランダ東インド会社である。それは，この会社が，①出資者全員の有限責任制，②会社機関のひとつである取締役会の設置，③資本の証券化，④永続企業，といった今日の株式会社の基本的要件を一とおり備えていたからである。出資者のリスクを有限責任として限定し，多くの人から資金を集めて継続的にビジネスを行うという画期的な会社形態がここに誕生することになった。

株式会社制度はしだいに広まっていくことになるが，本格的に普及・拡大していったのは 19 世紀になってからである。イギリスでは産業革命を経て，鉄道事業を皮切りに他の産業へと株式会社形態は浸透していくことになった。そして，1862 年に会社法が制定されることで近代的な株式会社制度は完成する。同じく，大陸のドイツやフランスでも株式会社の法整備が行われた。

株式会社が大きな発展をみせたのがアメリカである。19 世紀末から 20 世紀にかけて起こった企業の M&A（合併・買収）によって，アメリカでは大企業が次々に誕生した。いわゆるビッグ・ビジネスの時代が到来したのである。こうした巨大株式会社の登場によって，アメリカは大量生産と大量消費を推し進め，世界経済の中心的な位置を占めるようになった。20 世紀はアメリカの世紀であったと同時に，「株式会社の世紀」でもあった。

では，その誕生から 400 年経った現在，株式会社は一体どこに向かおうとしているのであろうか。巨大化した株式会社はありあまるほどの富を人々にもたらしたが，その陰で地球環境は危機的状況に陥っている。株式会社のありようが，人類の未来にとって決定的なものになろうとしている。

て企業と呼ばれる営利の追求を最大の目的とした事業が生み出されることになるのである。企業とは資本主義社会において登場した事業体で，それは何よりも営利追求のための事業体という性格をその出発点からもっていたのである。

さて，企業が誕生すると営利を目的として事業が展開されることになった。最初は個人がその元手を出して経営を行う個人企業から出発した。個人企業はその名のとおり個人が出資して経営するため単独資本という形態である。しかし，さらなる利益の追求のためには個人の資金量ではおのずと限界がある。そこで考え出されたのが，**会社**というシステムである。会社とは複数の出資者から資金を集めて設立・運営されるため，結合資本と呼ばれる。多くの出資者から資金を集めれば会社はそれだけ大規模化することができる。そしていうまでもなく会社が大規模化すればさまざまな点で市場の競争では有利である。すなわち規模の巨大化によって，より大きな利潤の獲得が可能になるのである。

会社形態にはいくつかの種類があるが，わが国ではこれまで**合名会社**，**合資会社**，**株式会社**，**有限会社**の4つを一般的に会社と呼んできた。しかし，2006年施行の会社法で有限会社は廃止され，株式会社に統合されることになった。既存の有限会社は株式会社に移行するか，あるいは「特例有限会社」として存続することも可能である。その一方で，**合同会社**（日本版LLC = Limited Liability Company）が新たに会社形態の仲間入りをした。合同会社は，法人格を有し，全社員の有限責任制をとる点では株式会社と同じであるが，出資比率とは異なった利益分配を定款で自由に決めることができ，また取締役会や監査役会などの設置義務がなく会社の内部関係は自由に決められるという特徴をもつ。この合同会社と合名会社，合資会社の3つを総称して **持分会社** と呼ぶ。またこの4つの会社形態とは別に，保険会社（生保・損保）のみに適用される **相互会社** という形態もある。これらの会社はそれぞれが独自の機能と特徴をもっている。このうち資金調達の機能に優れ，大規模化するのに最も適しているのが株式会社なのである。

ここで，株式会社とはどのようなものか，その特徴をまず列挙しておこう。

(1) 全社員の有限責任制――資本を出資した人のことを会社法では **社員**（一般的には従業員のことを指して「社員」と呼んでいるが，これは通俗的な用法である）というが，株式会社では全社員＝株主が有限責任である。すなわち社員は自己の出資額を限度として会社の負債に責任を負えばよく，それを超えた部分に対してはいっさい責任を負わない。たとえば，ある会社に1000万円を出資した株主は，会社が万一倒産した場合でもその1000万円をあきらめればすむのであり，それ以上の追加的な負担を求められることはない。したがって，出資者は一定の自己責任のもとで，安心して資金を出すことができるのである。

(2) 等額株式制と株式譲渡の自由――株式会社はその名のとおり，株式を発行して株主から資金を調達する。株式とは，社員の地位を均等に細分化した割合的単位のことである。つまり会社に対する法律上の地位が株式であり，会社を経営したり，配当をもらったりする株主の権利（株主権）の総体である。こうした権利を目にみえる形で紙片に表示したのが株券である。日本ではかつて20円，50円，500円，5万円といった額面株式があったが，現在は会社の発行する株式はすべて **無額面株式** である。また，2009年には上場企業の株券をいっせいに電子データ化する **株券**

電子化（株式のペーパーレス化）が実施され，従来の紙の株券は未上場企業のそれを除いては流通しなくなった。現在，株式は証券保管振替機構（ほふり）により一元的に管理されている。いずれにしろ株式はいつでも自由に譲渡することができ，株主は自分の出資した資金を回収する場合には，株式を市場で売却するだけでよい。そのためには株式を売買する株式市場が整備され，株式の流通性が確保されていることが前提となる。

ただし，実際には，大多数の株式会社（未上場企業）は定款で株式の自由譲渡に制限を設けている。こうした会社は **株式譲渡制限会社** と呼ばれ，すべての株式の譲渡について会社の承認を必要とする。つまり取締役会の承認を得なければ，自分の株式といえども勝手に売買することは許されていないのである。これに対して，株式譲渡の自由が認められている会社は，「公開会社」（株式譲渡会社）と呼ばれている。

⑶　会社機関の設置――会社は法人であるため，実際に意思決定を行い業務遂行するのは自然人または自然人の集まりである。そうした法人の行為を担うものを会社機関という。具体的には，株主総会，取締役，取締役会，代表取締役，監査役，監査役会，会計参与，会計監査人などを指す。このうち株主総会は株主によって会社の最高意思決定を行う機関である。取締役会は株主総会で選任されたメンバーで構成され，株主の意を受けて会社の経営にあたる。取締役会で選任され，会社の業務執行の決定権をもつ機関が代表取締役である。監査役は会社経営が健全になされているかをチェックする機関で，会計監査と業務監査を行う。また，会計参与は計算書類（貸借対照表，損益計算書など）の作成を行う機関であり，公認会計士（または監査法人）もしくは税理士

(または税理士法人) が担当する。会計監査人は，計算書類などの監査 (会計監査) をする機関であり，公認会計士 (または監査法人) が担当する。

では，上記のような特徴をもつ株式会社の本質とは何であろうか。それはすでにみたように，株式会社がより大きな利潤を獲得するために考案された **資本集中の機構** だということである。株式会社というシステムの発明によって，現代社会では株式会社が国家にも比肩できるような規模にまで成長して，巨大な経済力を保持するようになった。株式会社は20世紀の社会で，歴史上これまで達成されたことがない高い生産力を実現し，21世紀の今日も先進諸国の豊かさと繁栄を支える主役の座を占めている。

株式会社の資本構造

会社が活動するには何よりもまず元手となる **資本** が必要である。その資本を広く株主から調達するのが株式会社というシステムであるが，では株主の出した資金は株式会社のなかでどのような位置を占めているのであろうか。

まず株式会社の資本をみてみると，大きく分けて自己資本 (owned capital) と他人資本 (borrowed capital) の2つで構成されている。自己資本とは，まさに自分が所有している資本であるのに対し，他人資本とは，利子を払って他人の貨幣を一定期間使用する権利を買い取ったものである。具体的には，自己資本は資本金，資本剰余金，利益剰余金 (内部留保) などからなり，他人資本は社債，借入金からなっている。このうち社債は会社が債券を発行して調達した資金であり，借入金は銀行などの金融機関から調達した資金である。返却の必要がない自己資本とは対照的に，他人資本である社債と借入金は将来，元本に利子をつけて貸し手に返却しなければならないものである。会社が活動するにはまず自己資本がなければならないが，それで足りなければ利子を払って他人資本が導入されるのである。

では，株主から調達された資金は，会社の資本のどの部分に該当するのであろうか。一般的には，株主の出資がその会社の**資本金**となる。つまり株式会社の資本金は，原則としてその発行済株式の発行価額の総額（発行価額×発行株数）だということになる。たとえば，1000円の株式を1万株発行して設立されたのであれば，その会社の資本金は1000万円ということになろう。厳密には，そうならない場合（例：株主の出資のうち2分の1を超えない額を資本準備金に組み入れることができる）もあるが，主として資本金は株主の出資に基づいているとみてよい。では，この資本金はどのような意味をもっているのであろうか。それは株式会社が全社員の有限責任制をとっているため，もしも会社に問題が生じたときには，資本金が会社債権者を保護するために最低限維持されなければならない会社財産だということである。株式会社は**物的会社**と呼ばれるように，会社財産こそが信用と社会的評価の基礎であり，資本金はその最低限の目安ということになる。

株式会社の経済構造

株式会社の本質が，市場の投資家から広く資金を調達して資本の集中を行い，大規模な事業を営むことを可能にした点にあることはすでにみた。では，株式会社はいったいどのようなメカニズムによって巨額の資金を集めることに成功したのであろうか。株式会社の経済構造とは何かを探ってみよう。

図2-1は，ヒルファーディング（R. Hilferding）が主張した**現実資本**と擬制資本の運動を表す図である。これは株式会社の経

図 2-1　現実資本と擬制資本の運動

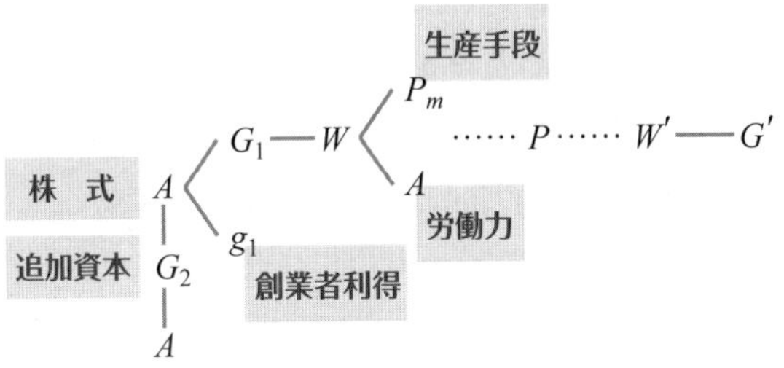

			生産手段 P_m	
		$G_1 - W$		$\cdots\cdots P \cdots\cdots W' - G'$
株　式	A		A 労働力	
追加資本	G_2	g_1 創業者利得		
	A			

（注）労働力を表す A はドイツ語の Arbeitskraft，株式を表す A は同じくドイツ語の Aktie である。

済的メカニズムとは何かを非常に簡潔に表現している。まず図のなかの $G_1 - W - G'$ は現実資本の運動といわれる。これは株式会社に限らないのであるが，資本の運動体である企業が利潤追求を行うプロセスを示している。この図で，G_1 は投資家が出資した貨幣＝企業の資本である。これを元手に企業は工場施設や原材料などの生産手段（P_m）と労働力（A）を購入し，実際に生産（P）を行う。生産過程から生まれた財・サービスすなわち商品（W'）は市場で販売され，企業の手元には最初に投下された資本を上回る貨幣 G'（図中の $G' = G_1 + \alpha$）が戻ってくる。この α が企業の利潤である。したがって現実資本の運動とは企業活動そのものであり，財・サービスの生産を通じて利潤が獲得されていくのである。

では，実際の企業活動のための元手である資本はどこから，どのように調達されるのであろうか。それを示すのが $A - G_1$ である。株式会社にあっては企業の資本 G_1 は，会社が発行する株式（図中の A）を市場（発行市場）で投資家に売却することによって調達する。会社に払い込まれた貨幣は，生産のための資本として

機能する部分 G_1 と，創業者利得として企業活動に加わらない部分 g_1 に分かれる（創業者利得については次節で詳述する）。そして会社は資本となる貨幣 G_1 を手にする代わりに，投資家は会社への出資を証明する紙片である株式を手にするのである。ただし，株式は単なる紙片ではない。株式はそれをもっていることで企業活動の果実である利潤のなかから配当をもらうことができるため，株式はそれ自身が価値をもっている有価証券である。そのため投資家の手に渡った株式は，価格がつけられて市場（流通市場）で売買されることになる。実際に株式が流通するためには追加的貨幣 G_2 が必要であるが，図中の $A-G_2-A$ はそれを示したものである。これを**擬制資本**（fictious capital）の運動という。擬制資本は，本来は資本と呼ぶべきものではないが，株主に配当をもたらしてくれるため，株価に相当するだけの資本の実体があるとみなされているのである。したがって擬制資本は架空資本とも呼ばれる。

さて，株式会社はその経済構造を，上記のような現実資本と擬制資本という二重の運動としてとらえることができるのであるが，資本を広く集めるためのシステムである株式会社にとっては，これはきわめて重要な意味をもっている。それは次のような点である。

(1)　企業は現実資本の運動体として絶え間ない利潤追求のための生産活動を展開しているのであるが，株式と交換にいったん株式会社に払い込まれた資本（これを株主資本という）は株主に返還する必要がいっさいなく，企業に永久に固定化される。株主である投資家が株式を頻繁に売買してもそれによって企業の資本の増減はまったくなく，したがって株式会社の生産活動（すなわち現実資本の運動）にはなんら支障が生じないのである。

(2) 一方，株式を購入した投資家が出資者であることをやめる場合には，会社に対して現在使用している資本からその出資分を直接返還するよう要求するのではなく，所有する株式を市場で売却することによって直ちに現金化することができるのである。これを **資本の動化** という。現在使用している資本のなかから出資者が **持分** を直接返還してもらうシステムになっている持分会社とは異なり，株式会社（上場企業）の出資者は会社とはいっさいかかわりをもたず，市場を通じていつでも容易にその出資分を取り戻せるということである。

以上のように，株式会社というシステムは，企業にとっては資本の集中を推し進め，しかもその資本を分散させることなく永続的に運用していくことができる点で非常に優れている。また他方，出資者にとっては株式が少額の単位に分けられているため，自己の資金量に応じて好きなだけ購入することが可能であり，しかも株式が換金性に優れているという点で出資者には非常に便利なシステムなのである。

株式会社の組織構造

会社はひとつの組織体であるが，株式会社も組織体としての固有の構造をもっている。とくに会社の出資（所有）と経営がどのような連関になっているかによって，株式会社としての組織構造も決まってくる。先に述べた株式会社の特徴のひとつである会社機関を中心にして，株式会社の組織とその役割がどのようになっているかみておこう。

ここでは日本の伝統的なタイプである監査役会設置会社を例に，会社機関の相互関係をみていこう。まずすべての株式会社組織の頂点には最高意思決定機関である **株主総会** がある。株主総会は株主をその構成員とし，株主には原則 1 株につき 1 票の議決権が付与される。株主総会は最低年１回開かれることになっており，そこでの決定は多数決原理によってなされる。したがって，一般的には，主権者である株主のうち過半数（50％以上）の株式を所有する大株主の意見が総会ではとおることになる。つまり，会社の支配権を掌握するのは株主総会を制する大株主であり，他の中小株主はその決定に従わねばならない。支配者である株主の考えが優先されるのである。この株主総会での審議事項は，①定款の変更，解散，合併，営業譲渡，②役員（取締役・会計参与・監査役）および会計監査人の選任・解任と役員報酬，③決算書の承認と利益配当の決定，などが中心的なものである。これらの審議内容は会社の経営のあり方を決める最も基本的な事項であり重要である。ただし，年に１回開かれる程度の総会では会社の日常の業務執行に関する意思決定まではなしえないことも確かである。

そこで，株主総会で選任された取締役によって構成されるのが**取締役会**（取締役会設置会社）である。取締役会は３人以上の取締役で構成される（取締役会設置会社でない場合は１人でも可)。取締役会とは業務執行に関する意思決定を行う機関で，①代表取締役の選任・解任，②管理職などの選任・解任，③新株・社債の発行，④重要な財産の処分および譲渡，などの会社の運営をめぐって重要な意思決定を行う。取締役会の役割は，このような業務に関する意思決定を行うことと，取締役会が選任した代表取締役を監督することがあげられる。任期は２年である。

このうち①の取締役会によって選任される代表取締役とは，取締役会が決定した方針に従って業務を執行する機関である。代表取締役はその意思決定と行動が，会社を代表して行ったものだと対外的にみなされる代表権をもつ人である。つまり代表取締役はいわば会社の顔であり，その人の決定が最終的な会社の決定と認められることになる。一般的に，会社のトップは「社長」であるがこの呼称は社内での職階を示すものであり，法的には代表取締役がいればよいのであって，「社長」は必須というわけではない。会社法には「社長」の呼称は出てこない。

このように株式会社は，取締役会およびそのなかから選出された代表取締役に会社の業務執行を任せることによって，迅速かつ円滑な会社経営を実現できるようにしている。

これに対して，監査役は，取締役の業務監査を行う機関であり，また会計監査も行う。監査役は，取締役会に出席し，意見を述べることができるが，取締役会メンバーではないので議決権はない。監査役会は，3人以上で構成され，その半数以上は社外監査役でなければならない。また1名は必ず常勤の監査役でなければならない。任期は4年である。

このほかにも取締役と共同して計算書類を作成する会計参与（設置は任意）や，計算書類などを監査する会計監査人（大会社と監査等委員会設置会社，指名委員会等設置会社では必須）といった会社機関がある。

ところで，日本では2006年の会社法の施行を機に，機関設計の自由度が大幅に増大し，実に39とおりもの機関設計が可能になった。これは，同じ株式会社という類型であっても巨大企業から中小・零細企業までがそのなかに含まれるため，それぞれの会社の性格の違いを反映した機関設計が自由にできるようにしたからである。このうち最もシンプルな機関設計は，株主総会と取締役のみを設けたタイプである（株主総会と取締役はすべての株式会社に必須の機関）。これに対していわゆる大企業（大会社かつ公開会社）の場合は，現在，監査役会設置会社，指名委員会等設置会社，監査等委員会設置会社，の３つのタイプから選択することができる。このうち監査等委員会設置会社は2015年に新たに創設されたものである。またこれに合わせて従来の委員会設置会社の名称は指名委員会等設置会社に変更された。

図2-2は，これら３タイプの機関設計を図示したものである。すでにみたとおり監査役会設置会社は，日本の伝統的な機関設計のタイプであり，現在も最も多く採用されている。株主総会を頂点にして，取締役会，代表取締役，監査役会，会計監査人があり，こうした機関相互の関係は国の司法，立法，行政（3権分立）をイメージすると理解しやすい。次に，**指名委員会等設置会社**は，アメリカの制度に倣って2005年に委員会等設置会社として導入され，06年の会社法で委員会設置会社と名称変更された後，さらに上記のとおり名称変更されたものである。このタイプの会社は次のような特徴をもつ。①取締役会のなかに３つの委員会が設けられており，指名委員会は取締役の選任・解任の提案，報酬委員会は取締役，執行役等の報酬の決定，監査委員会は取締役，執行役等の監査と監査報告の作成を行う。②各委員会のメンバーとなる取締役は３人以上で構成され，またその過半数は必ず社外取締役でなければならない。③取締役会は監督機能を担い，取締役会とは別の機関である執行役（複数も可）が取締役会によって選任され業務執行を担う。監督と執行は分離されており，会社を代表するのは代表執行役である。④取締役も執行役も任期は１年である。

これに対して新しく登場した監査等委員会設置会社は，次のような特徴をもつ。①取締役会の中に監査等委員会が設けられてお

図 2-2　株式会社の統治機構

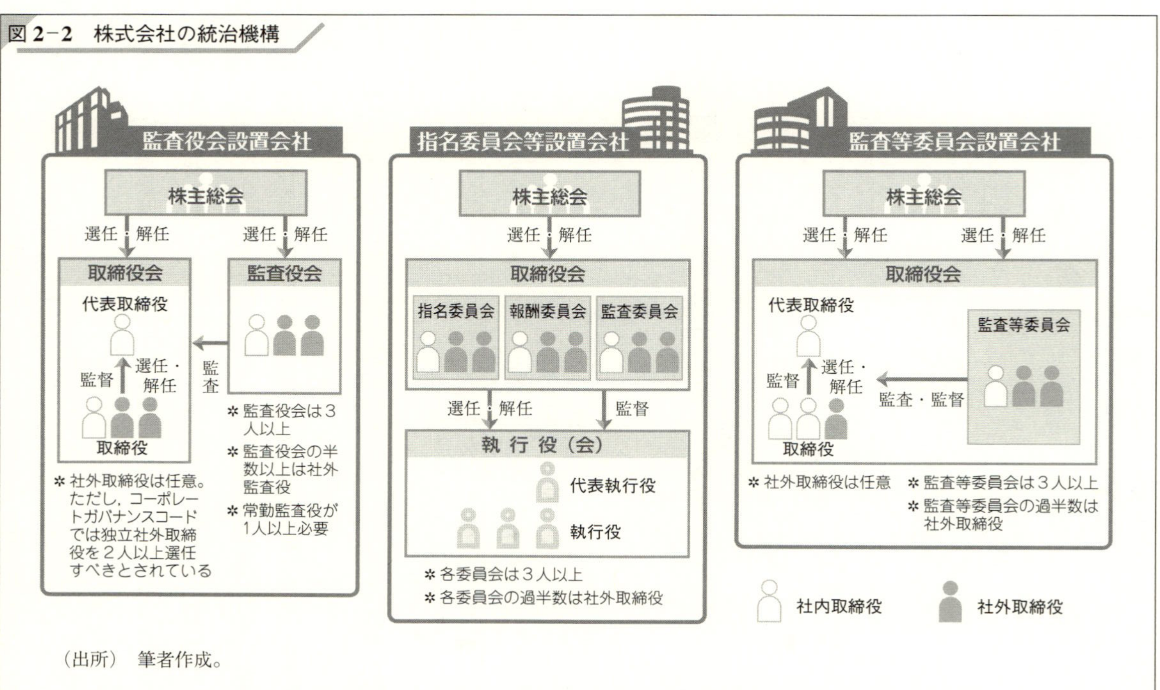
監査役会設置会社
株主総会
選任・解任
選任・解任
取締役会
代表取締役
監督
選任・解任
取締役
監査役会
監査
＊監査役会は３人以上
＊監査役会の半数以上は社外監査役
＊常勤監査役が1人以上必要
＊社外取締役は任意。ただし，コーポレートガバナンスコードでは独立社外取締役を２人以上選任すべきとされている
指名委員会等設置会社
株主総会
選任・解任
取締役会
指名委員会
報酬委員会
監査委員会
選任・解任
監督
執 行 役（会）
代表執行役
執行役
＊各委員会は３人以上
＊各委員会の過半数は社外取締役
監査等委員会設置会社
株主総会
選任・解任
選任・解任
取締役会
代表取締役
監督
選任・解任
取締役
監査等委員会
監査・監督
＊社外取締役は任意
＊監査等委員会は３人以上
＊監査等委員会の過半数は社外取締役
社内取締役
社外取締役

（出所）　筆者作成。

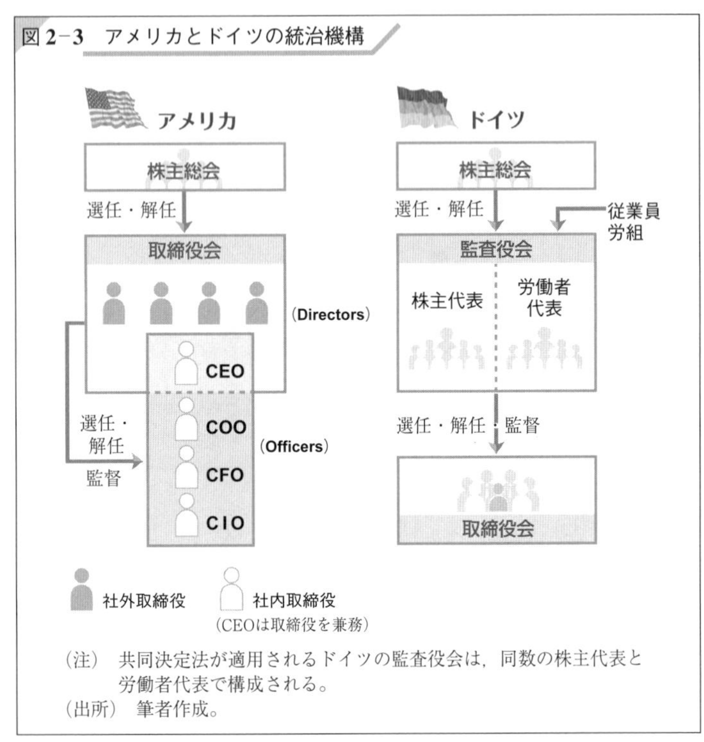

(注) 共同決定法が適用されるドイツの監査役会は，同数の株主代表と労働者代表で構成される。
(出所) 筆者作成。

り，取締役の職務執行の監査と監査報告の作成を行う。②監査等委員会のメンバーとなる取締役は3人以上で構成され，その過半数は必ず社外取締役でなければならない。③監査等委員である取締役の任期は2年であるが，その他の取締役は1年である。

これら3つのタイプのうち監査等委員会設置会社と指名委員会等設置会社に共通する特徴は，監査役（監査役会）がいないことである。

ところで，会社機関による統治機構は，日本とアメリカ，そしてドイツでは違いがみられる（図**2**-**2**，図**2**-**3**参照)。まず，アメ

Column ❹ 株式会社とバブル

資本主義社会とは，人間の労働力も含めてあらゆるものが商品として売買される社会である。商品は市場の需給関係を反映して価格が決まるため，時には大きく変動する。それを利用して商品の短期的な売買によって利益を得ることを投機というが，これは株式市場などでは日常頻繁にみられる現象である。18世紀に起こった「南海の泡沫事件」も，人々の株式に対する投機熱によって引き起こされたバブルであった。このとき，万有引力の発見で有名な，かのニュートン（I. Newton）も大損をしたといわれている。

しかし，株式ばかりが投機の対象になったわけではない。16世紀半ばにヨーロッパに紹介されたトルコ原産のチューリップは，オランダにおいて変種づくりが流行することで，1630年代になると価格が急上昇した。球根1個が「新しい馬車1台，葦毛の馬2頭，そして馬具一式」と交換されるまでに暴騰したというから愚かというほかないが，いったんこうしたユーフォリア（陶酔的熱病）に陥ると，人は冷静な判断ができなくなるようである。オランダではチューリップに続いてその約100年後，今度はヒヤシンス狂事件が起こったというからあきれてしまう。

ところで日本では1980年代後半からの金あまりを背景に，株と土地に資金が大量に流れ込み，バブル経済による「繁栄」を謳歌した。カジノ資本主義ともいわれたように，投機が投機を呼び，常識では考えられないような価格で株や土地が取引された。その宴が終わってみたら，資金を湯水のごとく貸し付けた金融機関は膨大な不良債権を抱え，日本経済は底なしの不況に陥ることになった。忘れてならないのは，こうした金融機関救済のために，最後は国が巨額の公的資金（税金）の注入をせざるをえなくなったことである。私的企業とはいえ，金融というインフラを担う重要な「社会的器官」であることの自覚を銀行経営者はもたねばならない。そうしたことへの真摯な反省がないかぎり，バブルはまた同じように繰り返されるであろう。

リカの株式会社では，取締役は社外および社内から選任され，取締役会が経営計画を決める等の役割を担うと同時に最高経営責任者（CEO）を含む執行経営層を監督・選任するようになっている。つまり監督と執行は分離されている。社外取締役が多数を占める取締役会には監査委員会等の各種委員会があるが，日本のような監査役は存在しない。これに対してドイツでは，監査役会が大きな権限をもっており，1976年制定の共同決定法が適用される従業員数2000人以上の株式会社では監査役の半分は株主によって選出されるが，残りの半分は従業員によって選出される仕組みになっている。監査役会の人数は従業員数によって決まり，たとえば2万人超の株式会社では株主代表，従業員代表各10人ずつの計20人で構成される。そしてこの監査役会が取締役を監督・選任しているのである。ドイツでは伝統的に従業員の経営参加が認められてきており，それがこうした背景にある。このように統治の仕組みは各国で異なっているが，それはその国の文化や伝統を反映したものだといってよかろう。

さて，以上みてきたように株式会社の組織構造は，所有者である株主が頂点に位置し，株主の利益を実現することを目的に，意思決定とチェックのための機関を配置するようになっている。株主が直接会社の経営にタッチしたり意思決定しなくても，代わって専門の経営者が会社を経営してくれるのであり，しかもその行動をモニターし，チェックすることで健全な運営が行われるようになっている。

株主の権利と利益

株式を購入すれば誰でも会社の株主になれるが，株主が会社に対してもっている法的な権利のことを **株主権** という。株主権は社員権とも呼ばれ，株主が会社から経済的利益を得ることができる自益権と，会社の管理や経営に参加することができる共益権に分けられる。自益権には，①利益の分配を受ける権利（利益配当請求権），②会社の解散時に残った財産の分配を受ける権利（残余財産分配権），③会社に対し，自己の保有する株式の買い取りを請求する権利（株式買取請求権）などがある。共益権には，④株主総会に出席して議決に加わり，会社の経営に参加する権利（議決権），⑤総会に議案を提出する権利（株主提案権），⑥役員を辞めさせることを請求する権利（役員解任請求権），⑦会社の帳簿書類を閲覧する権利（会計帳簿閲覧請求権）などがある。なお，1単元（単元の説明は後述）の株式をもっていれば行使できる権利を単独株主権といい，自益権のすべてと共益権のうち④などがそれに該当する。他方，一定数以上の株式をもっている株主のみが行使できる権利を少数株主権というが，たとえば共益権のうち⑤は全株式の1%以上，⑥⑦は3%以上をもっていることが条件とされる。

また株式会社ではかつて1株＝1議決権を原則とし，売買も1株単位で行われていた。しかし，現在は一定株数をまとめて1単元とする**単元株制度**がとられており，投資家は単元株単位で株式を購入する。これまで会社によって1単元は100株や1000株など8種類が混在していたが，2018年10月にはすべての上場企業が1単元＝100株に統一される予定である。これは投資単位を100株に集約することで投資家にとっての利便性を向上させるとともに，個人投資家にも購入しやすい価格帯（望ましい投資単位として5万円以上50万円未満を想定）になることをねらったものである。

ところで株主は利益を得るために株式に投資するが，実際にどのような利益を手にすることができるのであろうか。株主の手にする利益には，大きく分けてキャピタル・ゲイン（capital gain）とインカム・ゲイン（income gain）の２つがある。前者は株式の値上がりによる利益で，後者は配当による収入のことをいう。会社の業績が順調な場合は，株主は値上がり益と配当の両方を手にすることも可能であるが，逆に業績の悪い会社の場合は，無配となって株主に配当が支払われず，しかも株価が下落したところで売却すると値下がり損＝キャピタル・ロス（capital loss）となる可能性もある。

株式は元本に利子がついて返ってくる社債などとは違って，ハイリスク・ハイリターンの商品である。それは株式が流通市場における需要と供給によって価格が決まるからである。株式の価格（株価）は，理論的には配当を利子率に若干の危険率を加えたもので資本還元した額である。しかし，現実には株価はさまざまな要因によって変動する。大きく分けると外部要因と内部要因があり，とくに前者は景気・金利・為替といったマクロ要因と，企業業績などのミクロ要因に分けることができる。たとえば，外国為替市場で相場が大幅な円高に振れたとすれば，日本の輸出関連企業にとっては輸出にブレーキがかかり業績悪化が見込まれるため，こうした企業の株価は一般的に下落するであろう。あるいは夏の猛暑でエアコンや清涼飲料が爆発的に売れたとすれば，高い業績を好感されて家電や食品メーカーの株価は上昇するであろう。このように株価を動かす「材料」は多様であり，そのときの社会・経済情勢や企業業績を敏感に反映したものとなる。つまり，個別企業の株価は，その時々の当該企業の経営状況を映す鏡のようなものだといってよかろう。

図 2-4　日経平均株価の推移

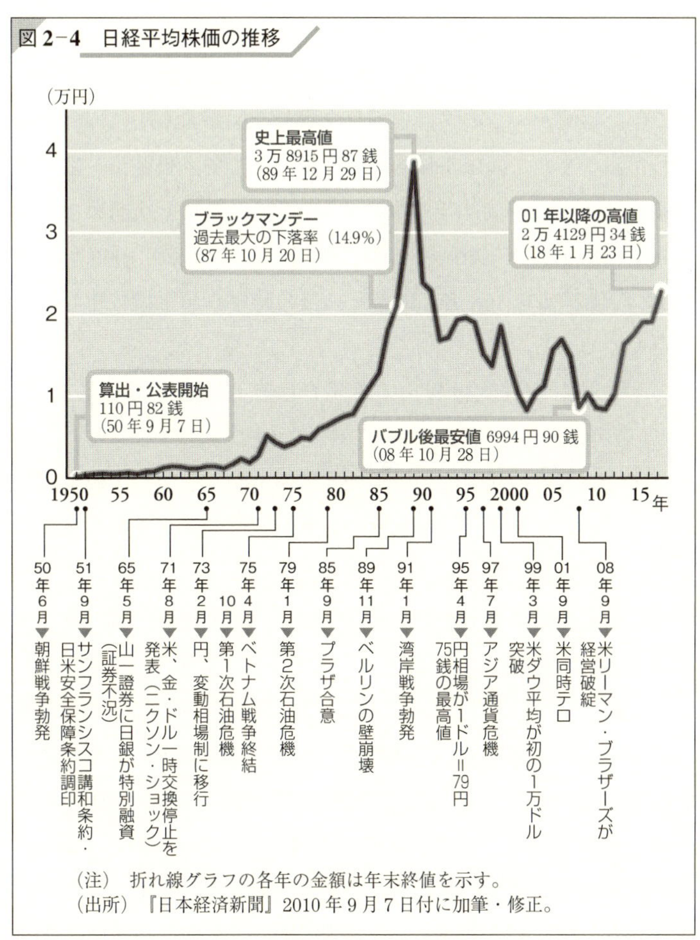

（注）折れ線グラフの各年の金額は年末終値を示す。
（出所）『日本経済新聞』2010 年 9 月 7 日付に加筆・修正。

また図 **2-4** は，**日経平均株価** の現在までの推移を示したものである。この指標は，東証第一部上場企業のうち，日本を代表する企業 225 社（流動性が高い銘柄で，業種のバランスも考慮して選定）の平均株価を修正して算出される。日本経済全体の動向を知るうえで最も有力な指標のひとつである。戦後右肩上がりの経済成長を謳歌してきた日本が1980年代後半のバブル経済で頂点に達し，90年代に入りバブル崩壊で長期にわたる景気低迷で苦しんできた状況が，この株価の推移を示した図からも手に取るようにわかる。またこのほかにも有力な指標として，東証第一部上場企業の全銘柄の時価総額（株価 × 発行済株式数）を銘柄数で割って算出した**TOPIX（東証株価指数）**がある。これは，1968年1月4日の時価総額を100として，その後の時価総額を指数化して示したものである。

いずれにしろ株式投資をする場合に忘れてならないことは，100％確実に儲けることのできる株式投資の手法はないということである。市場の状況によって株式は値上がりしたり，値下がりしたりするのであり，投資家はリスクを覚悟で株式を購入するしかない。したがって，株式市場で利益を得るということは，個々の投資家の判断で値上がりしそうな会社の株式を買って，高くなったところで首尾よく売却することである（これとは逆に，高くなったところで買って，安くなったところで売却することで利益を得る信用取引という投資手法もある）。また，近年はコンピューターが株価や出来高などに応じて自動的に売買するアルゴリズム取引が行われており，これと連動したHFT（high frequency trading）と呼ばれる株式の高頻度取引が一定の比重を占めるようになってきている。HFTは超高速取引とも呼ばれ，1秒間に数千回の取引を行うことが可能である。さらに，株式投資でもいまやAI（人工知能）が導入され売買で積極的に活用されている。今後市場において大きな位置を占める可能性がある。

また市場の裏をかいて，一般の投資家が知らない内部情報をもとに株式を売買し，不正な利益を上げるケースもある。そうした不正取引を**インサイダー取引**というが，株式市場では厳しく禁じられている。

2 株式会社の現実

●株式会社における制度と実態の乖離

株式会社の数・規模・活動領域

表 2-1 は，日本企業の会社形態別の会社数と資本金額を示したものである。この表から明らかなのは，約 260 万社ある日本の会社は，ほとんどが株式会社で占められているということである。これは，株式会社が出資者全員の有限責任制をとっていることを考えれば，当然の結果であろう。そして元々は，会社形態のなかで最も資本の集中に適しており巨大化（大企業化）することが想定されているはずの株式会社の多数が，実は資本金 1000 万円以下の中小企業だという事実である。なぜ日本では株式会社でありながら規模の小さい会社がこれほど多く存在するのであろうか。

規模が中小あるいは零細であるにもかかわらず株式会社化されている最大の理由は，いわゆる「**法人なり**」のメリットによって説明することができる。「法人なり」とは個人企業を法人組織に変更することをいうが，それによるメリットとしては，①有限責任，②資金調達，③事業の永続性，④税法上の特典，⑤社会的評価などがあげられる。個人企業が株式会社化することで税制上の特典を得たり，あるいは株式会社という名前が企業名につくことによって社会的信用が高まりビジネスがうまくいくというのは，中小あるいは零細企業にとっては大きなメリットである。しかし，

表 2-1　組織別・資本金階級別法人数

区分（組織別）	1000万円以下	1000万円超1億円以下	1億円超10億円以下	10億円超	合計
	（社）	（社）	（社）	（社）	（社）
株式会社	2,133,099	335,551	16,135	5,694	**2,490,479**
合名会社	3,690	181	5	−	**3,876**
合資会社	17,728	619	−	2	**18,349**
合同会社	49,334	390	69	14	**49,807**
その他	58,529	19,278	1,024	506	**79,337**
合計	**2,262,380**	**356,019**	**17,233**	**6,216**	**2,641,848**
構成比	(85.6％)	(13.5％)	(0.7％)	(0.2％)	(**100.0**％)

（出所）国税庁長官官房企画課［2017］「平成27年度分 会社標本調査——税務統計から見た法人企業の実態」。

株式会社は当初から中小・零細企業のために設立されることを想定していたわけではない。むしろ株式会社設立のためのハードルが実際には異常なまでに低かったことが「株式会社の乱造」を許すことになったのである。そこで，1990年の商法改正では債権者保護の観点から，株式会社の最低資本金は新設・既設に関係なく1000万円に大幅に引き上げられた。それ以前は35万円だったので，資金力のない中小企業にとってはきわめて高いハードルとなった。またこの改正で，出資者が1人の一人（いちにん）会社が認められることになった。

Column ❺ 公企業の民営化

かつて三公社と呼ばれ日本を代表する公企業であった日本国有鉄道，電電公社，専売公社は民営化され，それぞれJR，NTT，JTという株式会社に生まれ変わった。このうち1987年に株式を公開したNTTは，これまで株式などにまったく縁のなかった人々をも巻き込んで「NTT株フィーバー」と呼ばれる現象さえ生み出した。これに続いてJR東日本（1993年），JT（94年），JR西日本（96年），JR東海（97年）と，次々に上場企業が誕生した。このうち完全民営化したJR3社などは業績好調で，本業の鉄道以外に「駅ナカ」ビジネスなどを積極的に展開し，いまや巨大流通企業という顔をもつようになっている。また経営が厳しい「三島会社」のひとつであるJR九州も，2016年に上場を果たした。

では，公企業はなぜ民営化されたのであろうか。その理由はいろいろあるが，まず第1に，公企業が設立されたときの目的と役割を成し遂げ，その歴史的使命が実質的に終わってしまったことである。第2に，公企業よりも民間企業のほうが効率性に優れ，むしろこれまでよりもより高品質で安価な財・サービスを提供できるはずだという考え方が一般的に支持されるようになったことである。第3に，公企業を民営化することによって国の財政負担を減らす（株式の上場による売却益の国庫納入）といった目的である。そして第4に，国鉄のように巨額の借金を背負って実質的に破綻している公企業を，もはや放置できなくなったことである。

ところで一連の公企業民営化の掉尾（ちょうび）を飾ったのが，130年の歴史をもつ巨大官業組織・郵政3事業（郵便，貯金，保険）の民営化（2007年）である。小泉純一郎首相（当時）の執念がそれをさせたのだともいえる。民営・分社化の後，2012年からは持株会社である日本郵政株式会社（以下，日本郵政）のもとに3つの事業会社が活動している。2015年には日本郵政を含む3社が上場した。民営化によって提供されるサービスが向上し，国民の支持が得られるようになったのか。換言すれば,「社会的器官」たりうるか否かが問われている。民営化の成否はまさにその点にかかっているといえよう。

ところが,2003年に施行された中小企業挑戦支援法の特例では,一転して資本金1円で株式会社を設立することが可能になった。そして最終的には2006年施行の会社法で,最低資本金制度は完全に撤廃された。したがって,現在では資本金1円,出資者1人の零細な株式会社を設立することが可能である。こうした大幅な制度変更の背景には,資本金に関するハードルをいっさい取り除くことで新規創業を促し,経済を活性化することが理由としてあげられる。しかしその一方で,資本の充実,債権者保護といった視点が後退してしまったことは否めない。

こうした株式会社をめぐる法制度の変更によって,日本では現在,巨大なものから中小・零細なものまで,同じ株式会社形態のもとで事業が行うことが可能となっている。

ではこうしたなかで,「株式会社らしい株式会社」は日本にはいったいどれくらいあるのであろうか。資本集中機構という株式会社の特性からみるならば,「株式会社らしい株式会社」とは何よりもまず資本を集中した大企業ということになる。**表2-1**でみるならば,とりあえず資本金10億円以上の規模をもつ約5700社がそれに該当するといってもよかろう。しかしもう少し厳密にみるならば,本来株式会社の意義は市場での株式の発行を通じて広く大衆から資金を調達する点にあるため,大企業のなかでも証券市場で自由な株式の売買が可能な **株式公開会社** こそが「株式会社らしい株式会社」と呼ぶに値しよう。株式公開会社は，その会社の発行する株式を証券取引所で公開しているためそう呼ばれるが，具体的には **上場企業** のことを指している。日本には上場企業が3700社ほどあり，これらが資本集中機構としての株式会社の内実をもっているといってよかろう。

上場企業と株式市場

さて上場企業は，会社の発行する株式が証券取引所に **上場**（listed）されているためそう呼ばれる。こうした株式の上場は，会社が希望すれば自由にできるというものではなく，証券取引所に申請して審査を受け，決められた基準を満たしていることが確認されてはじめて承認される。東京証券取引所の上場審査基準では，市場ごとに株式数，株主数，そして利益額までクリアーすべき基準が詳細に定められている（表**2-2**参照）。会社としてこれを充足させることはけっして簡単なことではない。つまり，実際に株式を上場するためのハードルは高いのである。このような基準を設けているのは，何よりも投資家を保護することが目的である。したがって上場した後も会社の業績などはすべて情報開示（ディスクロージャー）することになっている。また上場企業になっても，もしその後基準を満たさなくなれば上場廃止となってしまう。すなわち上場企業は常にその基準をクリアーし続けることが求められている。

現在，日本の証券取引所は全国に4カ所（東京，名古屋，福岡，札幌）ある。これまで何度か取引所間の統廃合が行われてきたが，とくに2013年に業界トップの東京証券取引所グループと2位の大阪証券取引所が持株会社である㈱日本取引所グループのもとで経営統合が行われ，株式の売買は東京証券取引所（以下，東証）

表 2−2　東証上場審査基準

項　目	市場第一部	市場第二部	マザーズ
株 主 数	2,200 人以上	800 人以上	200 人以上
流通株式			
流通株式数	20,000 単位以上	4,000 単位以上	2,000 単位以上
流通株式時価総額	10 億円以上	10 億円以上	5 億円以上
流通株式比率	35%以上	30%以上	25%以上
公募又は売出し等の実施	—	—	公募 500 単位以上
時価総額	250 億円以上	20 億円以上	10 億円以上
事業継続年数	3 年以上		1 年以上
純資産額（連結・上場時見込み）	10 億円以上		—
利益の額（連結）又は時価総額	次の ⓐ 又は ⓑ に適合 ⓐ 経営利益の額が最近 2 年合計 5 億円以上 ⓑ 時価総額 500 億円以上，直前期売上高 100 億円以上		—

（出所）　東証ウェブサイト（http://www.jpx.co.jp/equities/listing-on-tse/new/basic/01.html）より一部抜粋。

に集約されることになった。東証は上場企業数，株式売買高などで 9 割以上を占めるまさに日本を代表する市場である。持株会社である㈱日本取引所グループはそれ自身の株式を傘下の東証に公開している上場企業である。なお，名古屋証券取引所（以下，名証）は未上場の株式会社であり，福岡証券取引所（以下，福証），札幌証券取引所（以下，札証）は証券会員制法人である。

証券取引所の市場にはいくつか種類があり，東証と名証には第

表 2-3　上場企業数（2018 年 1 月）

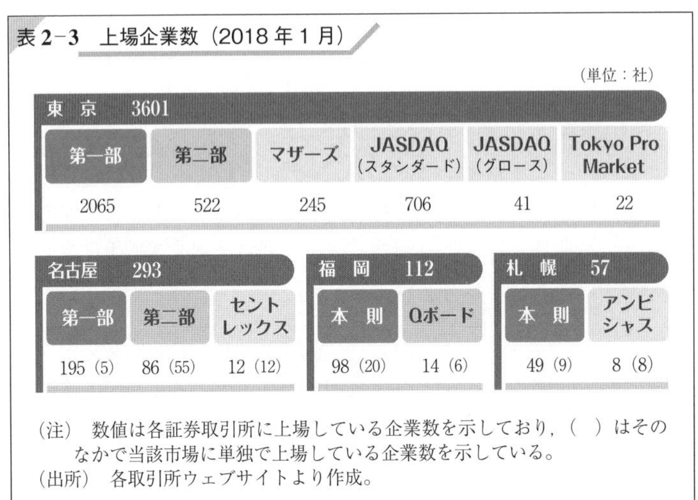

（単位：社）

東京　3601					
第一部	第二部	マザーズ	JASDAQ（スタンダード）	JASDAQ（グロース）	Tokyo Pro Market
2065	522	245	706	41	22

名古屋　293		
第一部	第二部	セントレックス
195（5）	86（55）	12（12）

福岡　112	
本則	Qボード
98（20）	14（6）

札幌　57	
本則	アンビシャス
49（9）	8（8）

（注）数値は各証券取引所に上場している企業数を示しており，（　）はそのなかで当該市場に単独で上場している企業数を示している。
（出所）各取引所ウェブサイトより作成。

一部市場，第二部市場がある。上場基準は第一部市場のほうが第二部市場よりも高いハードルを設定しており，有力な大企業はほとんどがこの第一部市場に上場している。第一部，第二部を問わずこれらの市場はある程度歴史もあり，一定の実績を積んできた企業を対象としているといってもよいであろう。これに対して新興・中堅企業向けの市場もある。東証にはマザーズ，JASDAQ といった有力市場があり，創業間もないベンチャー企業などにも短期間で株式公開する環境が整えられている。名証にはセントレックス，福証にはQボード，札証にはアンビシャスが設けられている（表 **2-3** 参照）。

では基準をクリアーして晴れて上場できた会社にとっては，どのようなメリットがあるのであろうか。まず上場できる会社はそれだけの実績と内容がなければならないため，上場企業になれば，①株式に対する信頼感が高まることがあげられる。続いて，②

Column ❻ ライブドア事件と日本のM&A

弱冠32歳の若さで起業家として700億円もの財を築いて日本の大富豪ランキング（日本版『フォーブス』誌，2005年）に登場したといえば，これはもうジャパニーズ・ドリームの代表格といっても過言ではなかろう。その人の名は堀江貴文，通称「ホリエモン」である。彼は，知人から借りた600万円を元手に1996年にライブドアの前身オン・ザ・エッヂを創業，会社はその後ライブドアと名前を変え，インターネット関連企業として2000年には東証マザーズに上場した。企業買収を重ねることでライブドアは企業規模を急拡大していき，2005年にニッポン放送株35％を買い占めて世間をアッといわせた。実はこのとき，ニッポン放送はフジテレビの大株主であり，もしニッポン放送の買収に成功すれば，それはそのままフジテレビの経営権奪取につながるものであった。この買収劇は結局成功しなかったが，その見返りにライブドアは1473億円もの「和解金」を手に入れた。「金で買えないものはない」と豪語していた「ホリエモン」であったが，2006年にはついに証券取引法違反容疑で逮捕され，「塀の中」の人になったことは周知のとおりである。

M&A（企業の合併・買収）は日本でもすでに日常茶飯事に行われており珍しいことではない（図**2-5**を参照）。ただし，安定株主に守られた日本企業は，乗っ取りのような企業買収の脅威からは長く無縁でいられた。ところがライブドアのような企業が突然，敵対的買収を仕掛けてきて，しかももう少しで成功しそうなところまでいったことは，日本の企業社会にとっては衝撃的な出来事だったといえよう。安定株主構造が崩れてくるとともに，「物言う株主」である村上ファンドや外資（投資ファンド）による大量の株式保有なども次々に起こるようになり，企業側は新たな買収防衛策で対抗する動きを強めることになった。日本では現在でも敵対的買収の成功例はほとんどないが，ライブドア事件はこうした乗っ取りがいつでも起こりうることを日本社会に強く印象づけたことは間違いない。

一時はTOB（株式公開買付け），ホワイト・ナイト（白馬の騎士），クラウン・ジュエル（焦土化作戦）といったM&Aの専門用語が，テレビの解説を通じて日本のお茶の間でも頻繁に聞かれたが，日本人ははたして会社を単純に売り買いできる商品とみるようになったのであろうか。日本の企業社会とは何かが，いま，あらためて問われている。

図 2−5　形態別企業合併・買収（M&A）件数の推移

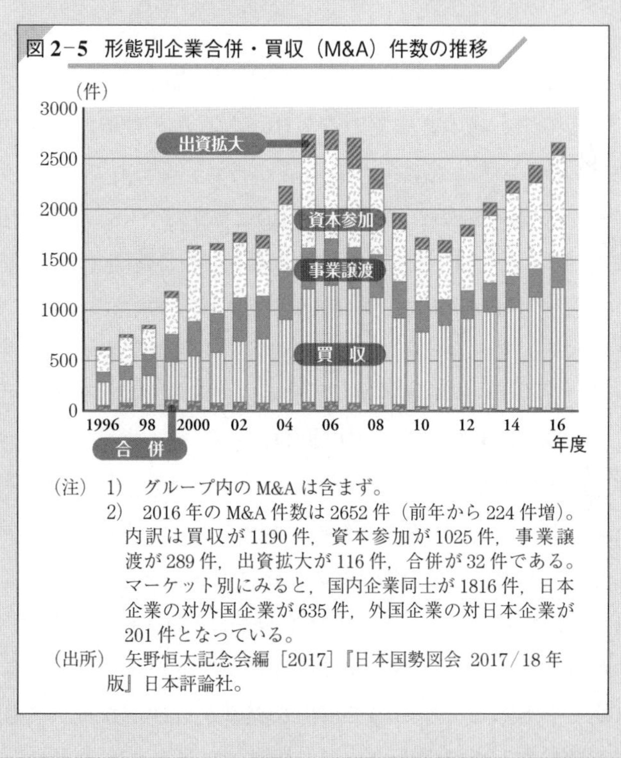

（注）1）グループ内のM&Aは含まず。
2）2016年のM&A件数は2652件（前年から224件増）。内訳は買収が1190件，資本参加が1025件，事業譲渡が289件，出資拡大が116件，合併が32件である。マーケット別にみると，国内企業同士が1816件，日本企業の対外国企業が635件，外国企業の対日本企業が201件となっている。

（出所）矢野恒太記念会編［2017］『日本国勢図会 2017/18年版』日本評論社。

会社の社会的評価が高まる，③株式を市場で売却（時価での換金）することが容易になる，④資金調達（増資，起債，借入など）が容易になる，などの点が指摘できる。このように上場会社になることによって会社はさまざまな経済的利益を手にできると同時に，上場はその会社の社会的名声を上げることにもなり，名誉なことだといってよいであろう。

ところで上場企業が一定の基準を満たした株式公開会社なのに対し，残りの大部分の株式会社はその基準に達していない中小・零細の未上場企業である。ただし，こうした未上場企業のなかにも，会社の業績や規模からいって十分に上場できるにもかかわらずあえて未上場のままでいる会社があることも忘れてはならないであろう。たとえば，サントリー・ホールディングス（ホールディングスは持株会社の意。以下，HD と略記），YKK，竹中工務店，JTB，ヤンマー HD，日本 IBM，読売新聞，朝日新聞，毎日新聞（商法の特例で日刊紙には株式の譲渡制限があり，株式は非公開）といった日本を代表する企業が株式を公開していない。その主な理由は，上場しなくても資金調達が可能であることや，逆に上場してしまうと外部の株主から経営に干渉されたり，短期利益の追求に走らざるをえなくなるといった問題点をあげることができる。また未上場であれば敵対的買収の脅威に晒（さら）されることもない。

ところで近年は，上場企業のなかにも株式を非公開化して未上場企業になるゴーイング・プライベートという動きもある。こうすれば敵対的買収は不可能になるし，株主からの短期的な要求を聞く必要もなくなるので自由な経営が可能となる。また，不採算企業などは経営再建などを機動的に進められるメリットもある。とくに経営者などが当該会社の株式を購入して独立することを MBO（マネジメント・バイ・アウト）というが，この手法でアパレル大手のワールド（2005 年），外食産業のレックス HD（06 年），すかいらーく（06 年），サンスター（07 年）といった企業が株式の公開を止めて未上場企業となった。このうち投資ファンドと組んでMBOを実施したすかいらーくは，経営改革を進めた結果，2014年に株式の再上場を果たしている。

いずれにしろ，株式会社のなかではやはり上場企業こそが代表格であり，経済力の観点からみても日本経済を牽引する中核的な存在であることは間違いない。

株式公開と創業者利得

今日，大企業として名前を知られている会社も，その創業時にはいずれも規模の小さい株式会社として出発したことは明らかである。意欲のある起業家＝創業者がその才覚と資金をもとに事業を興し，それに賛同する人々の資金を取り込んで株式会社は設立・運営される。事業が順調に発展していくとさらなる事業規模の拡大をめざして資金の調達がなされなければならないが，株式会社といっても規模の小さいうちは一般的に未上場企業であるため，投資家から広く資金を集めることはできない。したがって銀行などから他人資本（借入金）が導入されるとともに，主として創業者一族や取引先企業，取引銀行などがさらなる株式を購入することで資金は調達される。この時点での会社の主要株主はやはり創業者およびその一族であることが多い。会社は創業者にとってはまさに「マイ・カンパニー」（自分の会社）である。

しかし，株式会社が成長しある程度の規模になってくると，より大規模な資金を調達してさらなる飛躍をめざして会社は株式新規公開（IPO：initial public offering）を考えるようになる。創業者にとっては，株式公開は自分が育てて大きくした会社を，やっと一人前になったところで株式市場という「世の中」に送り出すことを意味する。公開した株式は市場で見ず知らずの多数の投資家に買われていくが，それはこれまで閉鎖的に維持してきた会社の所有権の一部を他人に譲り渡すことである。つまり株式公開は会社が不特定多数の株主のものになるということであり，これまで「マイ・カンパニー」だったものが「ユア・カンパニー」（みなさんの会社）になるということである。しかし，それと引換えに巨額の資金が市場を通じて会社に入ってくることはいうまでもない。

ところで株式の公開は，会社の資金調達だけではなく，これまで会社を育てて大きくしてきた創業者をはじめとする社員の苦労が報われるときでもある。その報酬にあたるのが**創業者利得**である（図 **2-1** 参照）。これは未公開の時代に購入した株式が，上場などの公開時にプレミアムがついて購入価格よりもかなり高い値段で売れることによって手にする利益である。将来成長が見込まれるような有望な株式が公開されると市場では高値で取引されるため，それまでもっていた株式を売却した創業者などの株主が，一日にして「億万長者」となることも珍しくない。

従来は企業が市場で株式を新規公開（IPO）するまでに 20〜30 年かかるのが一般的であったが，マザーズをはじめとする新興企業向けの市場が整備されることによって，創業後わずか数年で株式を公開する企業も登場するようになった。企業家精神に溢れたベンチャー企業などの経営者は，新しい技術やビジネス・モデルをベースにして事業を展開し，うまく成長を遂げれば短期間に巨額の富を手にすることも夢ではなくなった。それは株式会社という制度がもつ醍醐味でもある。2001 年から 12 年までの東証への新規上場企業数をみると，04 年には 153 社（うちマザーズは 57 社）あったが，リーマン・ショックなどの影響のため 09 年には 23 社（同 4 社）と大きく落ち込んだ。その後，新規上場企業数は再

表 2-4　IPO 企業の規模比較（2014～16 年）

上段：最大値 **中段：中央値** 下段：最小値	売上高	経常利益	初値時価総額	IPO 時の ファイナンス規模
東証一部	14 兆 2588 億円 **1074 億円** 112 億円	1 兆 1158 億円 **72 億円** ▲120 億円	7 兆 5600 億円 **882 億円** 207 億円	6930 億円 **491 億円** 31 億円
東証二部	965 億円 **152 億円** 20 億円	36 億円 **11 億円** 3 億円	455 億円 **82 億円** 34 億円	145 億円 **25 億円** 8 億円
マザーズ	208 億円 **19 億円** 1 億円	29 億円 **2 億円** ▲14 億円	924 億円 **100 億円** 23 億円	283 億円 **11 億円** 2 億円
JASDAQ スタンダード	384 億円 **63 億円** 7 億円	16 億円 **3 億円** 1 億円	195 億円 **52 億円** 18 億円	40 億円 **7 億円** 4 億円

（注）IPO 時のファイナンス規模は公募・売出の合計額（海外，OA 含む）。
（出所）東証ウェブサイト（http://www.jpx.co.jp/equities/listing-on-tse/new/basic/index.html）より（一部抜粋）。

び回復する傾向にあり，東証（統合後）の新規上場は 2015 年に 95 社（うちマザーズ 61 社），16 年に 84 社（同 54 社），17 年に 93 社（同 49 社）となっている。有力企業の上場としては，近年では 2015 年に郵政 3 社（日本郵政，ゆうちょ銀行，かんぽ生命），16 年に LINE，JR 九州，17 年にはスシローグローバル HD，SGHD（佐川急便の持株会社）などが上場を果たしている。

なお表 **2-4** は，IPO 企業の経済規模等を比較したものである。同じ上場企業になるといっても各市場で調達される資金の規模にはかなり差があることも知っておく必要があろう。

会社の利益と配当

株式会社は，会社が得た利益のなかから株主に配当を行う。株主にとって配当は多ければ多いほどよいが，日本の会社の利益はどれくらいあり，またその利益のうちどれだけを配当にまわしているのであろうか。

まず日本の会社＝法人企業の業績をみてみよう。驚くべきことに，約263万社ある法人企業のうち利益が上がらずに赤字申告をした会社すなわち欠損企業の数（2015年度）は約169万社となっており，全体に占める割合は64.3％にのぼっている。これを資本金別にみてみると，資本金10億円以上の大企業では19.4％，1000万円未満の中小企業では66.6％が赤字企業となっている（**表2-5**参照）。2008年には世界経済が激震に見舞われたリーマン・ショックが起こり，10年には欠損法人数は72.8％にも上昇したが，その後の経営状況は改善してきているといえよう。ただし，業績が芳しくなく本当に赤字の会社がある一方で，利益操作によって欠損企業を装っている会社もこのなかにはかなりあるといわれている。

では，黒字申告した会社の現状はどうであろうか。**図2-6**は，日本の法人企業（利益計上法人のみ）の利益金処分を示したものである。利益高は年度によって大きな違いがあるが，2015年度には75兆9187億円（前年度比5.4％増）の利益が計上された。次に，その利益がどのように処分されているかをみると，配当として支払われたのは21兆9459億円で，その比率は利益全体の28.9％である。これに対して，全体の45.6％にあたる34兆6419億円は社内留保として企業に蓄積されており，株主には還元されないでいる。つまり利益を社外に流出させず，利益剰余金として社内に厚く蓄えているところに日本企業の大きな特徴があるといってよかろう。そして，利益金の処分比率の年ごとの変動幅はあまり大きくはない。また，**交際費**への支出額は3兆4838億円となっており，過去10年間で最低であった2011年の

表 2-5　欠損法人数と資本金階級別割合

（単位：割合は%）

	欠損法人数[4]		資本金階級別の欠損法人割合[5]			
	総　数	割合	1000万円以下	1000万円～1億円	1億円～10億円	10億円超
1990年	1,005,936	48.4	52.4	35.6	31.7	21.4
2000年	1,734,444	68.4	75.0	61.2	47.5	46.7
2010年	1,877,801	72.8	77.1	67.6	50.9	46.4
2014年	1,729,372	66.4	68.7	54.0	25.9	20.8
2015年	1,690,859	64.3	66.6	51.8	25.0	19.4

（注）1)　欠損法人は所得が負または0のもの（繰越欠損金を控除した結果0になったものを含む)。
2)　2005年以前は2月～1月決算ベース。
3)　割合は各階級の法人数全体に占める割合。
4)　連結子法人を除く。
5)　連結法人を除く。
6)　2010年度以前の資本金階級は「以上，未満」で区分されている。

（出所）矢野恒太記念会編［2017］『日本国勢国会 2017/18年版』日本評論社。原資料は国税庁「会計標本調査」による。

図 2-6　法人企業の利益金処分，交際費など

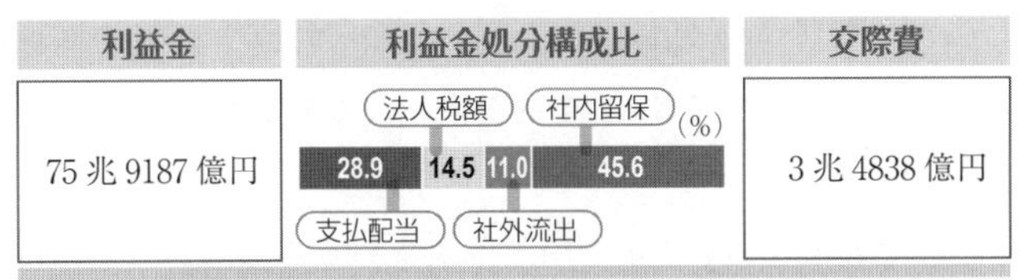

（出所）国税庁長官官房企画課［2017］「平成27年度分 会社標本調査――税務統計から見た法人企業の実態」。

図 **2-7**　企業の内部留保と労働分配率の推移

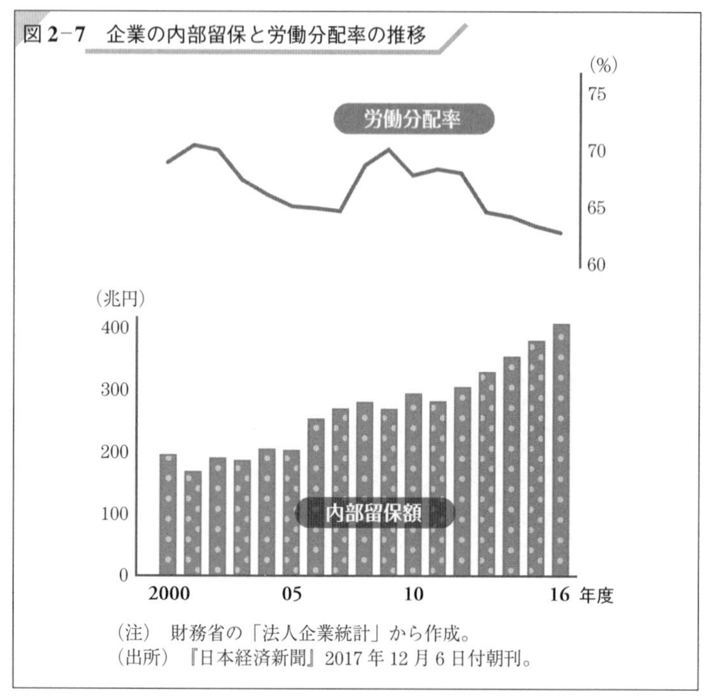

（注）財務省の「法人企業統計」から作成。
（出所）『日本経済新聞』2017 年 12 月 6 日付朝刊。

2 兆 8785 億円と比べると増大している。かつては株主への配当額よりも交際費への支出額のほうが多かったが，両者の関係は 2000 年に逆転した。これは株主を重視した政策の一環だといってよい。

ところで近年，日本企業の内部留保をめぐる議論が盛んになってきている。内部留保とは，企業の利益金（純利益）から，税金，配当，役員報酬などの社外流出分を差し引いた残りの部分であり，一般的には利益剰余金と同義で用いられている。図 **2-7** は日本企業の内部留保の推移を示したものであるが，右肩上がりで増えてきているのがわかる。2016 年度の利益剰余金の総額は 406 兆

2348億円に達しており，前年度の377兆8689億円に比べて28兆3659億円の増大である。こうした動向に対して企業が利益を貯め込みすぎているのではないかという批判が出されており，従業員給与の引上げにまわすべきだという意見や，なかには課税すべきとの見解もみられる。ただし，内部留保は必ずしもすべてが現預金としてそのまま企業に蓄積されているわけではない点は注意を要する。設備や海外への投資，M&Aなどの資金としてすでに用いられているのである。将来を楽観的に見通せない企業側にとっては，内部留保の取り崩しには慎重である。では現預金などの手元資金はわずかしかないのであろうか。実はこちらのほうもその額は211兆円と増大してきている。このうちトヨタ自動車の手元資金は16.6兆円，ソニーは12.3億円と巨額であるが，世界をリードするアメリカのIT5社（アップル，フェイスブック，アルファベット，アマゾンドットコム，マイクロソフト）はアップルの28.8兆円（2615億ドル）を筆頭に5社の手元資金の総計は約62兆円（5601億ドル）にも達している（『日本経済新聞』2017年9月5日付朝刊）。今後こうした資金が企業の成長に向けてどう使われていくのか注目していく必要があろう。

他方，配当に関しては，これまで日本企業は安定配当を基本政策としてきた。安定配当政策とは，企業収益の多寡にかかわらず株主に対して常に安定的な配当を行うことである。株主にとっては収益の少ないときでも一定の配当を得られるメリットはあるが，逆に会社が高収益だからといって株主への還元がそれに比例して大きくなるわけではない。利益が上がったのならそれに見合った配当を期待する株主には，これでは物足りないということになろう。それでも株主がこうした配当政策を受け入れてきたのは，配当（インカム・ゲイン）は高くなくても代わりに値上がり益（キャピタル・ゲイン）が手に入っていたからである。しかし，バブル崩壊後は株式市場の低迷で値上がり益も簡単には見込めなくなり，コーポレート・ガバナンスの議論とも相まって，企業に対して株主への利益還元を求める声が強くなってきた。とくに外国人投資家などの「物言う株主」が登場したことで，企業の配当政策にも変化がみられるようになっている。

具体的には，安定配当型から業績連動型への転換である。この業績連動型とは，配当額を企業の利益に応じて増減させようとするものであり，業績がよければ配当は高くなり，業績が悪ければ配当は低くなる。株主にとっては非常にわかりやすい配当政策である。当期純利益のうち配当金としてどれだけの割合が支払われているかを示したのが配当性向（配当金 ÷ 当期純利益 ×100）である。一般的に，配当性向が高いほうが株主への還元がより手厚くなされたことを示している。**図 2-8** は，日米企業の配当性向の推移を示したものである。総じていえば日本の配当性向よりもアメリカのそれが高いことがわかる。生命保険協会の調査では，投資家が中長期的に望ましいと考える配当性向は「30％以上 40％以下」という回答が最も多く，実態はそれに追いついていないことを示している。また企業側が株主還元の数値目標を公表していないケースでは，その理由で最も多かったのが「安定配当を方針としている」というものであった。配当をめぐっては企業と投資家の間に依然として認識の違いがあると思われる。なお，上場企業に限ってみると，2017 年度の配当は 7 年連続で増加し，12 兆円を超える見通しとなっている。

一方，株主重視で配当などの利益還元を積極的にやっていると

図 2-8　日米企業の配当性向の推移

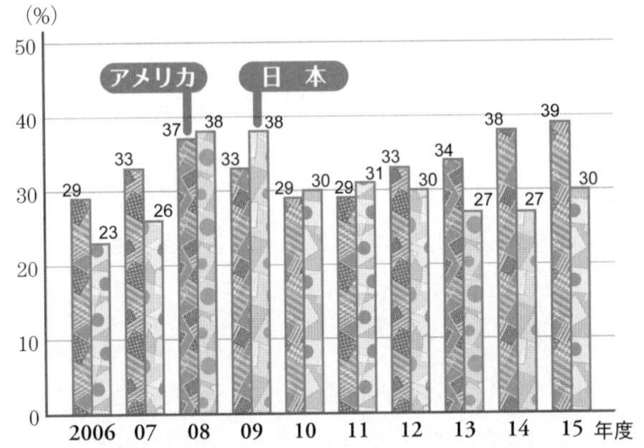

（注）　日本：TOPIX 構成企業，アメリカ：S&P 500 構成企業（過去 10 年間継続してデータ取得可能な企業，赤字企業を除く）。
（出所）「平成 28 年度 生命保険協会調査」。

いうイメージの強いアメリカ企業であるが，実際はすべての企業が利益をひたすら配当にまわしているわけでは必ずしもない。

実は成長途上の企業はあえて配当を行わず，むしろ利益を積極的に投資に振り向けるケースが多くみられる。そうすることで株価が上昇すれば株主には十分な利益還元ができるからである。つまりこの場合の最良の株主還元は，配当よりも投資だということである。たとえば，ビル・ゲイツが創業したマイクロソフトは世界的な大企業であるが，1986 年にナスダックに上場後も一貫して無配をとおし，2003 年になってはじめて株主への配当を実施した。この転換の理由は，マイクロソフトが成長期から成熟期に入ってきたからだといわれている。つまり成長期には巨額の資金を投資に振り向け株価も上昇するが，成熟期には投資にまわす資金の必要性も薄れてきて，むしろ配当として株主に分配するほうが合理的だからである。2013年にはじめて配当を実施したアップルも同様であろう。対照的に，急成長しているネット系の世界企業アルファベット（グーグルの持株会社）やフェイスブックは現在も無配である。

さて最後に，日本を代表する創業経営者がどれだけ配当をもらっているかを参考までにみておこう（第3章表**3-5**参照）。配当収入でトップはソフトバンクの孫正義社長で，年間で95億円と巨額である。次はユニクロで有名なファーストリテイリングの柳井正会長兼社長で，こちらも80億円という巨額な配当を得ている。1億円を超える報酬を得るサラリーマン経営者が出てくる時代になっているとはいえ，創業経営者の配当はそれとは比較にならない金額である。これは起業家としての成功の証といってよかろう。

会社の寿命

会社は一般的に設立当初は小規模で，事業が順調に伸びればしだいに規模も大きくなっていき，社会的に評価される会社へと成長する。上場企業などはその典型といってもよく，なかにはその分野で日本を代表する大企業へと成長するケースもある。では，その後はどうなるのであろうか。事業に成功して規模が大きくなってしまえば，後は安定した経営と企業の存続が保証されるのであろうか。必ずしもそうとはいえないのがビジネスの世界の厳しい現実である。

「会社の寿命は30年」という仮説がある。これは，日本のトップ企業100社の過去100年間の変遷を調査したところ，企業が繁栄を極め，優良企業グループ入りできる期間は30年足らずだ，というものである（日経ビジネス編［1989］『会社の寿命』新潮社，参照）。歴史を遡れば，たとえば，紡績業は明治・大正時代に全盛を極めた日本の花形産業であったが，いまでは自動車や情報通信といった他の業種に完全に取って代わられた。産業構造の転換にともない，時代をリードする主役は交代していかざるをえないからである。ただし，トップ企業から脱落することが即その会社の寿命を意味するわけでは必ずしもなく，その後も堅実な経営で長期にわたって活躍している企業も少なくない。しかし，激変する経営環境のなかで，企業が長期にわたって生き残っていくことはけっして容易なことではない。

毎年新規に多数の企業が創業される一方で，市場から姿を消す企業はかなりの数にのぼる。上場企業もその例外ではない。20世紀のアメリカ経済を象徴する存在であった世界最大の自動車会社 GM でさえも，16 兆円もの負債を抱えて 2009 年に経営破綻した。まさに「盛者必衰」であり，このニュースは世界を驚かせた。同様に，日本でも毎年，上場企業を含めた多くの企業倒産がみられる。**表 2-6** は，企業倒産件数（負債総額 1000 万円以上のもの）と負債総額の推移を示したものである。倒産件数はこの数年，1 万件を割って減少傾向にある。また負債総額も 2 兆円程度となっている。しかしそれ以前は，とくにリーマン・ショック（アメリカの名門投資銀行リーマン・ブラザーズ社の倒産）を契機に世界金融危機が起きた 2008 年には負債総額は 12 兆 2920 億円にのぼり，上場企業の倒産も戦後最大の 33 件を記録した。そして 2010 年には日本航空（JAL）がグループ会社 2 社を合わせて 2 兆 3221 億円あまりの負債を抱えて経営破綻した。これは金融機関を除く一般の事業会社としては過去最大の倒産規模である。かつての半官半民時代の「親方日の丸」的な経営体質を一掃できず，多くの不採算路線を抱え，しかも原油高騰などの経営環境の悪化で収益

表 2-6　企業倒産件数と負債総額の推移

	2011 年	12 年	13 年	14 年	15 年	16 年
倒産件数（件）	12,734	12,124	10,855	9,731	8,812	8,466
負債総額（億円）	35,929	38,346	27,823	18,741	21,124	20,061

（注）1)　倒産は，負債総額 1000 万円以上の企業倒産のみ。
2)　企業倒産には，法定倒産処理手続きと法定外倒産処理手続きによるものがある。法定外には，不渡手形を出して銀行取引停止処分を受けて行う私的整理などがある。法定倒産処理手続きには，消滅型として，破産（裁判所の破産宣告を受けて破産管財人のもとで債務者資産が整理され，債権者への分配が行われる）や特別清算（解散後の株式会社について申立てにより裁判上の清算手続きがとられる），そして破産を避ける再建型として民事再生法（破綻前に申請を行い，現経営者がそのまま残って再建にあたる）や会社更生法（株式会社のみが対象で，主として消滅すると社会的に大きな影響のある上場企業や大企業を再建する目的で適用される。会社の管理権が現経営者から管財人に移行する）などがある。

（出所）矢野恒太記念会編［2017］『日本国勢図会 2017/18 年版』日本評論社から一部抜粋。

確保ができなくなり，破綻に追い込まれたといわれている。「寄らば大樹の陰」というが，学生の就職人気ランキングで常に上位にあった有力大企業でも，経営に問題があればいつでも市場から姿を消す可能性があることをこのことは如実に示している。また 2017 年には欠陥エアバッグの異常破裂問題で自動車部品製造のタカタが 1 兆 5024 億円の負債を抱え民事再生法の適用を申請した。製造業としては戦後最大の経営破綻となった。

ところで，デフレ経済から脱却できず，先行き不透明な日本社会にあって，逆に「**長寿企業**」あるいは「老舗企業」の存在が，いま，大きな注目を集めている。「世界最長寿の企業」といわれているのが，大阪の建設会社・金剛組である。これは寺や神社の建築と修復を請け負ってきた企業であるが，創業が西暦 578 年というから実に 1400 年以上の歴史をもつ「日本最古の企業」である。これ以外にも日本には創業から 1000 年を超えるような老舗企業がいまでも多数，現役で活動している。創業 100 年以上の企業を抜き出してみると，2 万 8972 社にもなる。その内訳は小売業が 27.9%でトップ，続いて製造業が 25.4%を占めており，ここに日本の長寿企業の特質がみてとれる。日本は世界に類をみない，まさに老舗企業大国だといえよう（帝国データバンク［2016］「長寿企業 28,972 社を分析，『老舗出現率』トップは山形県」参照)。

では，こうした老舗企業の「長寿」の秘訣は何であろうか。一言でいえば，時代の変化に柔軟かつ的確に対応し，競争力を維持してきたということになるが，こうした長寿企業は「事業の選択と集中」「コーポレート・ガバナンスの強化」「コア・コンピタンス経営」「従業員重視」「実力主義人事」など，今日の企業にもそのまま通用する経営を先取りして実践していた（日本経済新聞社編［2010］『200 年企業』日本経済新聞出版社，参照)。また，老舗企業の多くは同族経営が多くみられるが，企業の維持存続のためなら血族以外からでも優秀な人材を取り入れてきた点は，日本的経営の特質とそのまま重なるものである（第 5 章を参照)。

EXERCISES Chapter 2 演習問題

〈BASIC〉

1 合名，合資，合同の各会社形態と比較して，株式会社が資本集中に優れているのはなぜか，その理由をまとめてみよう。

2 上場できるにもかかわらず株式を未公開にしている企業がある。それはどのような理由によると考えられるか，背景をまとめてみよう。

3 最近の株式市場の動向を調べ，企業の株価の水準が実際にどのような要因によって決まっているか，まとめてみよう。

〈ADVANCED〉

1 監査役会設置会社，指名委員会等設置会社，監査等委員会設置会社の3つのタイプを比較して，それぞれのメリットとデメリットをまとめてみよう。またそれぞれに該当する代表的な会社を列挙してみよう。

REFERENCES Chapter 2 参考文献

倉澤資成［1988］『株式市場――資本主義の幻想』講談社（講談社現代新書）。

小林和子［1995］『株式会社の世紀――証券市場の120年』日本経済評論社。

宍戸善一［2015］『ベーシック会社法入門（第7版）』日本経済新聞出版社（日経文庫）。

野村進［2006］『千年，働いてきました――老舗企業大国ニッポン』角川グループパブリッシング（角川oneテーマ21）。

深尾光洋・森田泰子［1997］『企業ガバナンス構造の国際比較』日本経済新聞社。

八城政基［2000］『日本の経営 アメリカの経営』日本経済新聞社（日経ビジネス人文庫）。

第3章 「大企業」としての企業

企業の変容と新しい企業観の登場

株式会社制度が確立し普及していくことによって，大規模な資本の集中が可能になり，国家にさえ比肩できるような大企業が登場するようになった。これらの企業はまさに巨大なるがゆえに個人とは比べものにならない経済力をもっており，人々の生活に直接的あるいは間接的に，大きな影響を及ぼすようになってきている。

大企業は歴史的には19世紀末から20世紀にかけて台頭してきたのであるが，最初は所有者である資本家たちに巨万の富をもたらしてくれる私有財産という性格をもっていた。しかしいまや，大企業は特定個人の致富手段ではなく，社会的な「制度」として理解しなければならなくなってきたのである。はたして大企業は誰のために，どのように動かされているのであろうか。この章ではコーポレート・ガバナンスを中心にみていくことにする

SUMMARY 本章のサマリー

KEYWORDS 本章で学ぶキーワード

ステークホルダー　コーポレート・ガバナンス　株主主権　経営者支配　機関所有　ゴーイング・コンサーン　コンプライアンス　支配の正当性

大企業とは何か

●現代社会を動かす大企業の経済力

世界の大企業

世界にはさまざまな大企業がある。自動車産業を例にとれば，アメリカではGM（ゼネラル・モーターズ），フォード，ヨーロッパならフォルクスワーゲン，ルノー，FIAT，そして日本ならトヨタ自動車，日産自動車，本田技研工業といった企業名がすぐ出てこよう。これらの会社は日本でもよく名前が知られた国際企業である。また成長著しいIT関連の分野なら，アメリカのアルファベット（グーグルの持株会社），フェイスブック，ヤフーといった企業名がすぐ思い浮かぶ。またハンバーガーのマクドナルド，食品のネスレ，あるいはコーラで有名なペプシコなどは，その販売する商品名を子どもでさえ知っている。こうした大企業が提供する財・サービスは，世界の多くの国や地域で生産・販売されており，その活動範囲からみてしばしば**多国籍企業**（multi-national corporation）と呼ばれている。しかも近年は，各国を代表するような企業の合併や提携の動きが活発になっており，たとえば，自動車では日産・ルノーとダイムラーの提携（2010年），石油ではエクソンとモービルの合併（1999年），航空業ではユナイテッド航空の親会社UALとコンチネンタル航空の合併（2010年），鉄鋼ではミッタル・スチールとアルセロールの合併（2006年）など，大企業同士の国を越えた事業再編が加速してきている。

ところで，大企業とはそもそもどのようなものであり，また大企業と呼べるような会社は世界でどのくらい活動しているのであろうか。世界の大企業の数を確定することは容易ではないが，イメージをつかむためにとりあえず先進国の企業の概況をみてみることにしよう。

まず，日本には，2016年現在，386万6537の企業がある（2012年と比較して6.3％減少）。企業を経営組織別にみると，法人（会社以外の法人も含む）は188万2404（全企業の48.7％）となっており，他方，個人経営は198万4133（同51.3％）である（**表2-1**と数字が異なるのは調査手法の違いによる）。また事業所（物の生産またはサービスの提供が事業として行われている一定の場所）は562万2238（同じく2.5％減少）となっている。これを従業者規模別にみると，1～4人は305万2084（2012年と比較して4.5％減少）で全体の56.9％を占めているのに対し，300人以上は1万2415（同3.9％増加）となっている（総務省・経済産業省「平成28年経済センサス」）。企業に関するこうした統計はいくつもあるが，大企業とは何かを判定する絶対的基準が必ずしもあるわけではない。たとえば会社法では，資本金が5億円以上，または負債が200億円以上の会社を「大会社」といい，このいずれの基準も満たさないものを「中小会社」として区別している。こうした基準を当てはめれば，日本には大企業と呼べるものが少なくとも1万社程度あるということになるが，大企業らしい大企業ということになるとさらに限定してみていく必要がある。

次にアメリカの例をみると，データはちょっと古いが2007年時点で株式会社（corporation）は586万9000社あり，このうちS法人（S corporation：株主数は100名までに限定）は399万社あった。このほか，パートナーシップ（partnership）309万8000社，個人企業（individual proprietorship）2312万2000となっている（The

2010 Statistical Abstract: Business Enterprise)。またアメリカ中小企業庁の定義では，従業員500人以上を大企業とみなしており，それに該当する企業は2007年には1万8311社（このうち1万人以上を雇用するものが975社）あった。

ドイツでは他の先進諸国とは若干事情が異なり，企業形態としては有限会社が有力である。2012年時点で合名会社（OHG）2万6332社，合資会社（KG）+有限合資会社（GmbH & Co. KG）24万5222社，株式会社（AG）1万6705社（うち上場企業1023社），株式合資会社（KGaA）261社であったのに対し，有限会社（GmbH）は107万1908社と数のうえでも優勢である。またヨーロッパ会社（SE）は191社あった（数字は吉森賢「ドイツ同族大企業の法形態」『政経研究』〔日本大学〕2013年，による）。多くの大企業は株式会社形態をとっているとはいえ，たとえば2016年グループ企業の売上高が731億ユーロ（約9兆400億円）もある総合電子機器メーカーのロバート・ボッシュ社（日本でも「BOSCH」のロゴで有名）などは有限会社形態をとっており，こうした点はやはりドイツの特徴とみてよかろう。

さて，有限会社で大規模な企業があるドイツは例外として，一般的には規模が大きな企業はどれも株式会社形態をとっている。そして株式会社のなかでも一定の規模に達しているのが証券市場で株式を公開している上場企業である。**表3-1**は，主要な証券取引所における上場企業の数と規模を示したものである。東京が2547社，ニューヨークが2298社，ナスダックが2940社，ロンドンが939社，ユーロネクスト1267社となっている。売買代金では，ニューヨークが1031兆円と最大で，続いてナスダックが831兆円，東京が606兆円となっている。また株式の時価総額で

表 3-1　主要証券取引所の比較（2017 年 8 月末）

（単位：社，兆円）

証券取引所	東　京	ニューヨーク	ロンドン	ユーロネクスト	ナスダック
上場企業数	2,547	2,298	939	1,267	2,940
時価総額	605.6	2,273.9	359.0	463.2	1,013.2
売買代金	436.7	1,031.2	127.9	140.1	830.7

（注）1）時価総額と売買代金は，2017 年 8 月末の為替レートで円換算。
　　　2）東京証券取引所は一・二部合計。
　　　3）ロンドン証券取引所は国内のみ。テックマーク（英）を含む。
（出所）『野村資本市場クォータリー 2017 Autumn』より一部抜粋。

は，ニューヨークが飛び抜けて大きく 2274 兆円で，続いてナスダックが 1013 兆円，東京が 606 兆円，ユーロネクストが 463 兆円，ロンドンが 359 兆円となっている。こうしてみると，先進諸国の上場企業の株式時価総額は巨額であり，活発な経済活動が行われていることがわかる。また上海と香港の各証券取引所上場企業の時価総額はそれぞれ 548 兆円と 438 兆円となっており，ここでも中国企業の台頭をみてとることができる。そして世界の取引所の上場企業数は 4 万 6170 社（国際取引所連合の 2016 年データによる）に達している。

大企業の経済力

大企業のことをビッグ・ビジネス（big business）とかメガ・コーポレーション（mega corporation），あるいはマンモス企業（mammoth）と呼ぶことがあるが，その経済力は国家に比肩できるほど巨大なものになっている。大企業の経済的な実力とは実際にどの程度なのかを，『フォーチュン』誌（2017 年 8 月 1 日号）の調査をもとにみておこう。

「フォーチュン・グローバル 500」は，全世界の企業を対象にベスト500社を選定したものである。これらはいわば大企業のなかでも代表選手といえる企業群である。まず売上高ランキングでみると，ベスト10は，1位ウォルマート（小売）4858億ドル，2位国家電網公司（電力配送）3151億ドル，3位中国石油化工集団公司（石油）2675億ドル，4位中国石油天然気集団公司（石油）2625億ドル，5位トヨタ自動車（自動車）2546億ドル，6位フォルクスワーゲン（自動車）2402億ドル，7位ロイヤルダッチシェル（石油）2400億ドル，8位バークシャ・ハサウエイ（保険）2236億ドル，9位アップル（デジタル家電）2156億ドル，10位エクソンモービル（石油）2050億ドルとなっている。トップのウォルマートはアメリカを代表する小売業チェーンであるが，その売上高は4858億ドルと巨額である。1ドル＝110円で計算すると，実に53兆4380億円にもなる。こうした数字を聞いてもその大きさはすぐにはピンとこないが，日本の2017年度の一般会計予算97兆4547億円と比較すると，ウォルマート1社の売上高だけで日本の国家予算の5割超もの水準になる。これはきわめて巨額だといってよかろう。

大企業の経済力がいかに大きいかは，先進各国（OECD加盟国）の名目GDP（国内総生産）の金額と比較してみると一目瞭然である（**表3-2**参照）。アメリカや日本，ドイツといった経済大国のGDPはさすがに大きく，一私企業の経済力など足元にも及ばない。しかし，ここに掲げたGDPランキングの10位台の国々と比較すれば，世界のトップ企業はそれらと互角の経済力をもっていることがわかる。実際，『フォーチュン』ランキングでトップのウォルマートの売上高はポーランドやベルギーのGDPを凌駕しているのである。世界の大企業は，まさにひとつの経済帝国とい

表 3-2　OECD 加盟国の GDP と大企業の売上高

（単位：10 億ドル）

順位	国名・企業名	GDP 売上高	順位	国名・企業名	GDP 売上高
1	アメリカ	18,569	14	スイス	659
2	日　本	4,938	15	スウェーデン	511
3	ドイツ	3,466	16	**ウォルマート**	485
4	イギリス	2,629	17	ポーランド	467
5	フランス	2,463	18	ベルギー	466
6	イタリア	1,850	19	オーストリア	386
7	カナダ	1,529	20	ノルウェー	370
8	韓　国	1,411	21	イスラエル	318
9	オーストラリア	1,258	22	**国家電網公司**	315
10	スペイン	1,232	23	デンマーク	306
11	メキシコ	1,046	24	アイルランド	293
12	トルコ	857	25	**中国石油化工集団公司**	267
13	オランダ	771	26	**中国石油天然気集団公司**	262

（出所）IMF "World Economic Outlook Database," April, 2017, および *Fortune*, Aug. 01, 2017, から作成。

ってもよいほどである。

次に，利益高のランキングをみると，トップはアメリカのアップル（デジタル家電）で，456 億 8700 万ドル（1 ドル＝110 円で計算して 5 兆 257 億円）の利益を上げている。以下，2 位中国工商銀行（金融）418 億 8390 万ドル，3 位中国建設銀行（金融）348 億 4090 万ドル，4 位中国農業銀行（金融）276 億 8780 万ドル，5 位中国銀行（金融）247 億 7340 万ドル，6 位 JP モーガン・チェイス（金融）247 億 3300 万ドル，7 位バークシャ・ハサウエイ（保険）240 億 7400 万ドル，8 位ウエルズ・ファーゴ（金融）219 億 3800

万ドル，9位アルファベット（IT）194億7800万ドル，10位サムスン電子（IT家電）193億1650万ドルとなっている。

また，従業員数のランキングでは，ここでもアメリカの小売業ウォルマートが230万人の従業員を擁しトップである。以下，2位中国石油天然気集団公司151万2048人，3位中国郵政94万1211人，4位国家電網公司92万6067人，5位鴻海精密工業（台湾）72万6772人，6位中国石油化工集団公司63万3383人，7位フォルクスワーゲン62万6715人，8位アメリカ郵政公社57万4349人，9位コンパス・グループ（イギリス，フード・サービス）52万7180人，10位中国農業銀行50万1368人と続いており，全体では99社の企業がいずれも20万人以上の従業員を雇用している。こうした企業は，その家族も含めて考えると1社で大都市を形成できるほどの規模である。

最後に，売上高を基準にした500社の国別ランキングをみておこう。トップはアメリカの132社で，続く2位は中国109社，3位日本51社，4位フランス29社，同ドイツ29社，6位イギリス23社，7位韓国15社，8位スイス14社，同オランダ14社，10位カナダ11社となっている。このなかで注目すべきは，中国企業が109社ランクインして，国別で堂々の第2位に入っている点である。20年ほど前まではトップ10にすら名前がなかった中国であるが，2010年にはGDPの規模で日本を抜いて世界第2位の経済大国となり，そうした経済の急成長ぶりがこの数字に如実に表れているといえよう。逆に，かつて100社を超える企業がランクインしていた日本はその数を半分以下に減らして退潮傾向にある。また，首位を独走するかにみえたアメリカであるが，こちらもこの20年ほどの間に200社近くから大きく数を減らしている。新興国の台頭などもあり，どの国や地域の企業が大きく伸張していくのか，今後のランキングの変動が注目される。

大企業の何が問題か

ここまでで明らかになったのは，何よりもまず大企業と呼ばれる企業群が売上げ，利益，従業員といった各項目でずば抜けた大きさを誇っているということである。実際，世界で活躍する大企業の経済力はきわめて巨大で，そうした企業の行動のありようが一国のみならずその企業が活動しているすべての国や地域において，人々の生活に多大な影響をもたらすことになるのは必至であろう。同じ企業でも規模が小さければその影響力は部分的・局地的であり，全体としてみれば微々たる影響しか残さないであろうが，大企業になるとそういってすますわけにはいかない。たとえ1社ではあっても大企業の場合は，その企業が生産する商品の生産量や価格，販売量がどうなっているか，また今後の生産計画や設備投資，研究開発への投資はどうなるか，あるいは企業内で仕事をする従業員の雇用の確保や収入がどう推移するか，さらにどれだけの利益を上げて税金を払ったり株主に配当することができるかなど，企業行動のひとつひとつが各方面に大きく影響してくるからである。

ところで，企業に利害関係をもつ人や組織を**ステークホルダー**（stake holder）というが，具体的には株主，経営者，従業員，顧客，取引企業，地域住民などがそれに該当する。これらはそれぞれが企業に対して独自の利害関係をもつ。たとえば，株主ならば所有者として企業の上げる経済的成果に対して最も緊密かつ直接的な利害があるであろう。株主は出資者として企業が可能なかぎり多くの利潤を上げ，それを分配してくれることを期待するからである。しかし，その一方で所有者である株主の利益を最大化するために企業が無茶苦茶な利潤追求を行えば，顧客や地域住民の利害を損なうことは容易に理解されよう。たとえば，高度経済成長期に発生し大きな惨禍をもたらした水俣病をはじめとする日本の公害は，企業が地域住民あるいは消費者の健康と生活を重視せずに自らの利害のみを追い求めた結果であった。近年では，薬害エイズ事件で加害者となった製薬会社の行動がまさにそれにあたる。したがって，企業とそれを取り巻く関係者の利害はそのまま放っておけば自然に一致するものではけっしてないのである。では，こうした多様な利害関係者のなかで，企業はどのような行動をとるのであろうか。特定の利害関係者の利益を優先させて行動するのか，それとも全体の利害を調和させようとするのか。企業が何を目標に，どのようなやり方で経済活動を遂行するのかが，実はいまあげた利害関係者のみならず，国家あるいは地球的な規模で人々の生活に直接・間接の影響力をもつ可能性があるのである。

したがって大企業論の中心的な課題とは，そのような巨大な経済権力の担い手である大企業を「誰が，誰のために，どのように」動かしているのか，という問いに答えることであるといってもよい。経営学ではこの問題は，主に**会社支配論**（corporate control）あるいは，最近では**コーポレート・ガバナンス論**（corporate governance）と呼ばれる領域で議論されており，「現代企業とは何か」を問う場合の，最も基本的かつ重要なテーマのひとつになっている。

2 大企業の支配構造

●大企業を支配するのは誰か

伝統的な株式会社観

すでに前節で確認したように，大企業はまさに規模の巨大さゆえにそれがもつ社会的・経済的影響力は格段に大きく，またそうであるからこそ「現代大企業を支配しているのは誰か」が明らかにされねばならない。ところで，この問題は「大企業の所有と支配」といわれてきたように，株式会社の所有状況を手がかりに支配者は誰かを問うものである。したがって，株式会社というシステムを念頭に置いて，そこからこの問題にアプローチしていく必要がある。

では，株式会社の「所有と支配」は本来どのようになっており，大企業＝巨大株式会社の支配構造はどうなっていると考えられてきたのであろうか。ここでまず強調されねばならないのは，株式会社制度とは基本的に，資本の出資者である株主が会社の所有者であり支配者となるようにつくりあげられたシステムだということである。つまり株式会社では所有者＝支配者なのである。ただし，株式さえ購入すれば誰でも所有者になれるため，その所有は何千人，あるいは何万人もの株主による共同所有ということになる。しかし逆に，それでは円滑な運営ができないため，所有者のなかでも最大の株式を所有し，株主総会を牛耳ることのできる大株主が支配者となるように定められているのである。したがって同じ株主とはいえ中小の零細な株主たちは，支配者である大株主の意思決定に従わざるをえない。こうして大企業＝巨大株式会社の支配者は大株主＝最大所有者というのが，株式会社というシステムが想定している基本的な考え方なのである。

実際，歴史的にみても，大企業を支配してきたのは大株主である資本家であった。たとえば，19世紀から20世紀にかけてのアメリカでは，カーネギー（A. Carnegie），ロックフェラー（J. D. Rockefeller），モルガン（J. P. Morgan），ヴァンダービルト（C. Vanderbilt）といった人々が資本主義社会における著名な成功者であり，典型的な大資本家であった。日本でも明治期から昭和初期までの財閥の創業者や当主たち，たとえば岩崎弥太郎，岩崎小弥太（三菱財閥），安田善次郎（安田財閥），古河市兵衛，大倉喜八郎（大倉財閥）といった企業家は資本家であった。彼らは株式所有を通じて傘下の企業群を支配し，膨大な利益を吸い上げていった。株式会社に支配者として君臨したのは，まさにこうした一握りの資本家だったといってよい。

では，このような資本家が支配する大企業の基本的性格はどのようなものであろうか。これは企業とはそもそも何かという問いに対する答えでもあるのだが，企業は本来所有者のものであり，所有者にとって企業は**私有財産**（private property）であった。財産であるということは，所有者が自らの利害に従ってそれを利用し，財産の利用から生ずるあらゆる成果の取得が保証されるということである。財産は特定個人の私的な所有物であり，使用・収益・処分のあらゆる権利は所有者に帰属する。そのため資本家にとって企業はまさに私有財産そのものであり，資本家が自由に機能させ，そこから得られた利潤はすべて資本家のものとして好きなように処分することができたのである。したがって，そのような企業の行動目標や基本的性格は次のようにまとめることができよう。企業の第一義的な目標は株主の利益を最大化するように行動することである。そのために会社は「資本の運動体」として最大限利潤の追求をめざし，獲得した利潤をできるだけ株主に還元するように行動しなければならない。またそれは会社の性格とも直結しており，株主は最大の利益を得ることが出資した動機であるから，会社とは株主にとっての私有財産＝致富手段なのである。

したがって株式会社の行動原理は，所有者である株主のために，最大限の利潤を上げることだということになる。これが株式会社における **株主主権** の考え方である。最近の言い方をするなら，株主重視のコーポレート・ガバナンスということになる。そして会社とは株主＝資本家のために利潤を生み出す経済組織体であるとみなすこと，これこそが **伝統的な株式会社観** なのであった。

新しい株式会社観

株式会社の発展によって，これまでなかったような巨大企業が登場するのであるが，大規模化した株式会社は伝統的な株式会社観では説明しきれない，まったく違う新たな姿を現すことになる。それを理論と実証の両面から衝撃的な形で世に問うた著作が，法学者バーリ（A. A. Berle, Jr.）と経済学者ミーンズ（G. C. Means）による『近代株式会社と私有財産』（*The Modern Corporation and Private Property*, 1932）であった。バーリとミーンズが対象にしたのは，アメリカの巨大株式会社である。このとき分析対象にした200社がいかに巨大であったかは，社数で全米のわずか0.07％にしかすぎなかったにもかかわらず，規模では国富の22％，事業用富の38％，株式会社の富の実に49.2％を占めていたことからも想像できよう。このように1930年代にはすでにひとつの経済帝国とでも呼べるような巨大株式会社が登場していたのであるが，ではそれを所有し，支配していたのはいったい誰なのか。バーリとミーンズが鋭く問うたのは，現代社会において強大な経済権力をもつようになった株式会社の新しい現実であった。

さて，バーリとミーンズが打ち出した株式会社論の内容は，**経営者革命論**（支配構造の変容：所有者支配から経営者支配へ）と**株式会社革命論**（会社の性格の変容：私的致富手段から準公的会社へ）の２つに要約できる。とくに彼らの主張が衝撃的だったのは，これまで誰もが当然のこととして信じて疑わなかった「会社を所有・支配するのは大株主＝資本家」であるという通説を退け，巨大株式会社においては**所有者支配**（ownership control）ではなく，**経営者支配**（management control）となっていることを実証的に明らかにしたところにある。これは従来の株式会社論への挑戦であった。したがって伝統的な株式会社を語るうえでのキーワードであった「私有財産，私企業，個人的創意，利潤動機，富，競争」は，巨大化した株式会社の現実を分析する概念としてはふさわしくないものだと彼らはみたのである。

経営者支配論の主張

巨大株式会社のなかで経営の専門家（professional）という立場にはあっても自らは会社の所有者＝株主ではない俸給経営者（salaried manager）が，なぜ支配者になれるのか。経営者支配とは何であり，どのような論理によって経営者支配は成立するのであろうか。

バーリとミーンズによって展開された経営者支配成立の背景とその論理は，おおよそ次のようなものであった。株式会社は所有者が支配者となるシステムであるから，規模が小さなときは，所有者が会社の支配者であり，また経営者でもある。中小企業などがその典型であり，この時点では会社の所有・経営・支配は同一人物が担っている。しかし，会社の規模がしだいに大きくなると，高度で専門的な知識や情報をもったいわゆる専門経営者が台頭してくるようになる。なぜなら，大企業になると経営の内容が高度化・複雑化していき，専門経営者なしには的確な企業経営はできなくなってくるからである。大株主である所有者はあくまでも支配者として君臨しており，経営者機能のみを専門経営者が担うようになるのである。これを株式会社における所有と経営の分離という。

さて，より大きな利潤の獲得のためにはさらなる企業規模の巨大化＝**大企業化**が不可避である。大企業化は，一方で経営の高度化・複雑化を進展させることになったが，他方では株式所有構造の変化をも推し進めた。すなわち**株式の分散化**である。そもそも資本集中の機構である株式会社では資本の調達のために新株を発行し，それらは市場で売却されて広く投資家一般の手に渡る。したがって株式会社が資本を調達し大規模化するということは，結果として株式を広範に分散させることになるのである。そして株式の分散化が進めば進むほど，それまで圧倒的な株式を所有していた大株主の持株比率もおのずと低下することになる。こうした支配的大株主の持株比率の低下が，会社支配のあり方に大きな変化を惹起するというのがバーリとミーンズの主張である。彼らは，会社支配のタイプを大株主の持株比率に従って分類し，完全所有支配（持株比率100〜80％），過半数所有支配（同80〜50％），少数所有支配（同50〜20％），そして大株主の持株比率が20％を割り込むと所有者といえども支配できなくなるとして経営者支配という範疇を設定した。すなわち経営者支配とは，株式分散の進展によって株主総会で支配権を掌握できるような大株主がいなくなり，代わって大多数の株主の委任状を獲得できる地位にある経

表 **3-3** バーリ＝ミーンズ調査とラーナー調査

支配区分	バーリ＝ミーンズ調査（1932 年）		ラーナー調査（1963 年）	
	社　数	比　率	社　数	比　率
完全所有支配	12	6%	0	0%
過半数所有支配	10	5	5	2.5
少数所有支配	$46\frac{1}{2}$(※)	23	18	9
法的手段による支配	41	21	8	4
経営者支配	$88\frac{1}{2}$(※)	44	169	84.5
管財人の手中にあるもの	2	1		

（注）※は原典のまま。

営者が会社の実質的な支配者になるというものである。これを**所有と支配の分離**という。

バーリとミーンズの調査（1932 年）では，アメリカの巨大株式会社 200 社のうち 44％が経営者支配になっているとされ，大企業の経営者支配化がかなり進んでいることが指摘された。そして同じ分析手法を用いて実施したラーナー（R. J. Larner）の調査（1963 年）では，実に 84.5％が経営者支配に分類されるに至り，ここにアメリカにおける経営者革命が完了したことが宣言されたのである（表 **3-3** 参照）。

経営者支配論批判

大企業における経営者支配の進展が理論でも実証でも積極的に明らかにされていった一方で，経営者支配論に対する激しい批判もまた精力的に展開されていった。その中心となったのがマルクス経済学者のグループである。彼らが強く反発したのは次のような理由による。そもそも資本主義社会とは私有財産制度と市場経済が 2 つの大きな柱であるが，とりわけ前者を根拠にして少数の資本家階級が私腹を肥やしてきた。企業もまた資本家にとっての私有財産であり，彼らが企業の生み出す利潤を独占的に獲得できる理由は何よりもまず資本家が企業という財産の所有者だからである。すなわち，資本主義社会であるなら私的所有の論理が貫徹しているはずであり，したがって株式会社における支配は必ず所有に基づくものでなければならないということになる。こうした資本主義観に立脚するかぎり，株式会社のなかでも最大の独占体である大企業を所有し支配するのは資本家＝大株主だということになる。資本主義社会における社会的矛盾の根源を私有財産制度のなかに見出し，私的所有を廃絶して社会的所有に変えることによって資本家による搾取と抑圧のない社会の実現をめざすマルクス主義者にとっては，経営者支配論者が主張するような「所有に基づかない支配」＝経営者支配という仮説は，資本主義企業あるいは資本主義社会というものの本質をまったく理解していない誤った主張だということである。

マルクス経済学者による経営者支配論への具体的な反論をまとめると，①大株主支配説，②金融資本支配説，③株式分散停止説，④法人支配説，といったものがあげられる。これらは支配主体が個人であったり，銀行あるいは法人であったりと主張に違いはあるが，共通していえるのは支配の基礎を必ず私的所有（株式所有）に求めているということである。この一点において経営者支配論とは真っ向から対立しているのである。そして現代企業の把握においてこの学派は，資本の論理，所有の論理に立脚することで大企業を独占体として批判する企業観を打ち出している。

なお，こうしたマルクス主義的な経営者支配論批判とは思想もスタンスもまったく異なるが，後述するとおり，今日のコーポレート・ガバナンス論の主流を占める株主主権論もまた，経営者支配を認めない論陣を張っている点は銘記すべきである。

個人所有から機関所有へ

「大企業を支配するのは誰か」という問題をめぐっては，バーリ＝ミーンズ以後，所有者支配説と経営者支配説の２つが鋭く対峙しながら論争が繰り広げられてきたことはすでにみた。その際の基本的な対立点は，何よりもまず大企業を支配するに足るだけの大株主＝所有者がいるかどうかということである。すなわち，株式所有構造において株式が特定の個人に集中しているのか，それとも広く分散しているのかが結論を左右する争点であった。多くの調査結果はバーリ＝ミーンズのテーゼ（大企業化→株式分散→経営者支配）を実証したかのようにみえた。しかし，アメリカでも日本でも，たしかに大企業の株式所有はいったんは分散したにもかかわらず，その後集中に転じたことが調査から明らかになった。はたしてこれは，個人資本家が大企業の支配者として復活したということであろうか。あるいはまた，この所有状況をもって大企業の支配構造が再び所有者支配＝大株主支配に引き戻されたと理解すべきなのであろうか。

上記の質問に答えるためには，まず「誰が」所有の集中をもたらしたのかをみる必要があろう。大企業の大株主として登場し再び所有の集中を推し進めたのは，実はかつてのような個人資本家ではなく機関であった（図**3-1**参照）。機関とは institution の訳語であり，一言でいえば人間ではない所有主体の総称である。具体的には銀行，損保，生保などの金融機関，そして各種産業会社，さらには年金基金や，官公庁などの公的機関などがこれに該当す

図 3-1 所有者別持株比率の推移

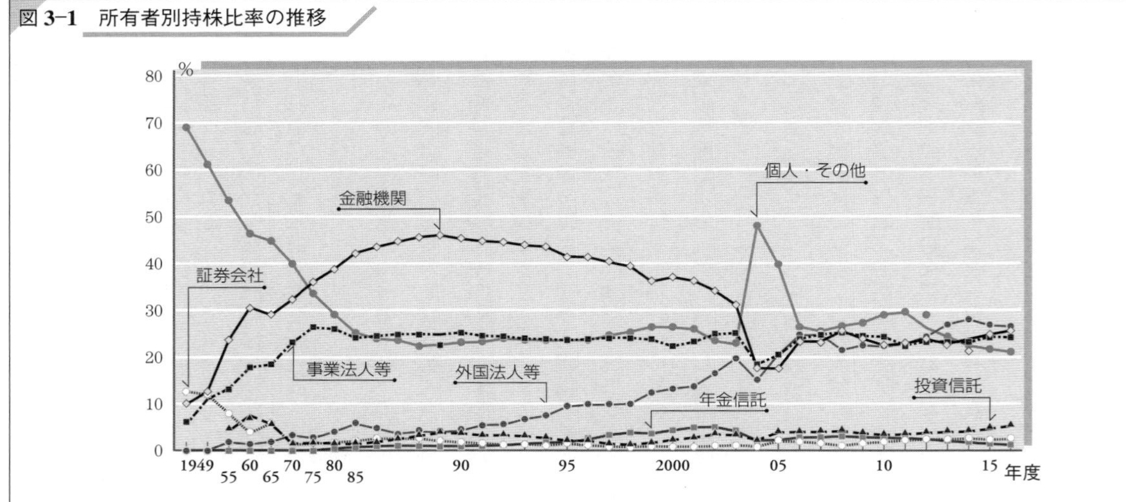

（注） 1） 1985 年度以降は単位数ベース。2001 年度から単元数ベース。2004 年度から 09 年度までは，ジャスダック証券取引所上場会社分を含み，10 年度以降は大阪証券取引所または東京証券取引所におけるジャスダック市場分として含む。

2） 1985 年度以前の信託銀行は，都銀・地銀等に含まれる。

* 2005 年度調査まで調査対象会社となっていた㈱ライブドアが，大幅な株式分割の実施等により，04 年度調査から単元数が大幅に増加し，㈱ライブドア 1 社の単元数が集計対象会社全体の単元数の相当数を占めることとなったことから，04 年度から 06 年度までは，その影響を受け大きく増減している項目がある。

（出所） 東証ほか［2017］「2016 年度株式分布状況調査」をもとに作成。

る。人間ならざるこれら機関が大企業の大株主として新たに登場してきたのである。この状況は，従来のように会社の株式を人間が所有していた個人所有に対して，**機関所有**（institutional ownership）と呼ばれる。

では「なぜ」機関所有が拡大して，所有の集中化現象を引き起こしたのであろうか。これにはいくつかの理由が考えられる。まず第1に，個人と比較して機関は圧倒的に豊富な投資資金を有していることが指摘できる。機関のなかでも投資信託，保険，銀行信託部，年金基金などは**機関投資家**（institutional investor）と呼ばれている。機関投資家とは，顧客から拠出された資金を運用・管理する法人形態の投資家のことをいう。彼らは顧客である個人から集めてくる資金をより大きな収益を上げるために運用するが，そうした巨大な資金が株式市場に投資されるのである。社会が豊かになり一般の人々がみな長期的な生活の安定を求めるようになるとますます年金や生命保険などの機関投資家に資金が集中するため，それが株式投資に向かうことによって機関所有の増大につながるのである。第2に，人間には寿命があり，特定の個人資本家が半永久的に大株主であり続けることは実際上困難だということが指摘できる。もちろん，資本家の所有する株式は2代目，3代目へと譲渡されてはいくが，相続税と累進課税の負担が大きいため，一般的には個人大株主の所有する株式はしだいに分散していかざるをえないといってよかろう。これに対して，機関は人間ではないため寿命がなく，したがって相続税なども支払う必要がなく半永久的な所有が可能だという特徴をもっている。第3に，これは戦後の日本企業の大きな特徴であったが，銀行や産業会社が互いに株式を持ち合って安定株主になっていたことが指摘できる。これは企業系列や企業集団の形成のためであると同時に，敵対的な相手からの乗っ取りを防ぎ企業を防衛するための手段としての性格をもっていた。

株式所有の現況

さて，すでに指摘したとおり機関所有の増大は先進諸国において共通して看取できる現象なのであるが，どのような機関がどれだけの割合の株式を所有しているかは国によって異なっている。また各機関の持株比率は固定的なものではなく，年とともに変化がみられる。たとえばアメリカはもともと個人所有の比率が高かったが，それも低下傾向にあり，代わって投資信託（ミューチュアル・ファンド）などが持株比率を上げてきている。また近年は外国人の持株比率が上昇する傾向がみられる（**表 3-4** 参照）。では日本企業の所有はどうなっているのであろうか。株式所有構造の現況を確認しておこう。

日本ではバブル崩壊の影響で 1980 年代までと 90 年代以降では株式所有構造に大きな変化がみられる。まず戦後の日本企業の特徴は，銀行などの金融機関や保険会社が産業会社の株式を多数所有し，産業会社もまた同じグループの株式を相互所有することで大株主になっていたことである。つまり，日本は株式持合いなどを通じて機関所有が最も進展した国のひとつであった。ところがバブル経済が崩壊した 1990 年代以降は，不良債権処理を進める銀行が BIS 規制などもあって産業会社の株式を売却して持株比率を 16.4%（1990 年，以下同じ）→ 3.2%（2016 年，以下同じ）と大きく落とした。保険会社も 17.3%→ 4.0%と下落しており，同様の傾向がみてとれる。これとは対照的に，信託銀行は 9.8%→ 17.7%へと持株比率を大きく上げてきている。また事業会社

表 3-4　日米の株式所有の動向

（単位：%）

(a) 日本	1990 年	2000 年	2016 年
個　人	23.1	26.3	21.1
政　府	0.6	0.4	0.2
外国人	4.2	13.2	26.5
都銀・地銀等	16.4	11.5	3.2
信託銀行	9.8	14.3	17.7
（投資信託）	(3.6)	(2.2)	(5.2)
（年金信託）	(0.9)	(4.3)	(1.2)
保険（生・損保）	17.3	10.4	4.0
事業法人	25.2	22.3	24.2
その他	3.5	1.6	3.1
計	**100.0**	**100.0**	**100.0**

（出所）　東証ウェブサイト。

（単位：%）

(b) アメリカ	1990 年	2000 年	2016 年
個　人	55.5	46.3	39.8
政　府	0.1	0.5	0.6
外国人	6.8	8.4	14.9
保険（生・損保）	4.6	6.2	2.0
私的年金基金	17.1	11.2	6.1
州・地方政府等退職基金	8.0	7.7	6.7
ミューチュアル・ファンド	7.1	18.5	23.5
その他	0.8	1.2	6.4
計	**100.0**	**100.0**	**100.0**

（注）　日本のデータは単元数ベースであるのに対して，アメリカのデータは市場価格ベースである。

（出所）　Flow of Funds Accounts of the United States, 1995-2004, および 2005–2009, September 21, 2017 をもとに作成。

は25％前後の持株比率を継続的に維持している。持合い株式の売却が進んでいるとはいえ，事業会社の株式所有は依然として無視できない比重を占めていることがわかる。これに対して，個人は23.1％→21.1％と下降気味である。むしろ1990年代以降の最大の変化は，外国人の持株比率が急速に増大したことである。外国人は4.2％→26.5％と大きく上昇しており，2014年にはこれまでで最大の28％を所有するに至っている。いまや全株式の4分の1以上を所有する外国人株主の動向は無視できない。

次に，個別企業のレベルでの所有構造の変化の特徴をみておこう。やはり第1に注目すべきは，外国人が積極的に日本株を購入し，株主としての存在感を増してきていることである。外国人が過半数の株式を所有する日本企業は50社前後にのぼっている。LINE，ソニー，オリックス，HOYAなどがそれに該当する。

第2は，これまで馴染みのなかった信託銀行3行の名前が多くの日本企業の大株主として登場してきたことである（**図3-2**を参照）。具体的には，2000年に設立された日本マスタートラスト信託銀行（三菱UFJ信託銀行，日本生命，明治安田生命，農中信託銀行が出資）と日本トラスティ・サービス信託銀行（三井住友トラストHDとりそな銀行が出資），01年に設立された資産管理サービス信託銀行（みずほフィナンシャルグループなどが出資）の3つである。これらは資産管理専門銀行と呼ばれ，年金や投資信託などの資産を預かりその管理業務を中心に行っている。株主名簿には「信託口（ぐち）」と記載されており，背後には資金の拠出者である年金や投資信託，あるいは運用会社が存在する。したがって，大株主として株主名簿の上位にあっても，これらの信託銀行が自分の持分として一元的に議決権を行使しているわけではない点は注意を要する。

つまり株主として意思決定をしているのは別の主体である。なお日本マスタートラスト信託銀行の資産管理残高は382兆円（2017年3月現在），日本トラスティ・サービス信託銀行は259兆円（同），資産管理サービス信託銀行は385兆円と巨額である。そして，後者の2行は2020年を目処に合併することが決まっている。

第3は，第2の点とも関連するが，日本企業の大株主として公的機関が登場してきたことである。まず2006年に設立された年金積立金管理運用独立行政法人（GPIF）は，国民が納める公的年金（厚生年金と国民年金）の管理・運用を任されている独立行政法人で資産規模145兆円（17年3月現在）を誇っている。資金は国内外の債券・株式で運用されており，国内株式にも投資されている（国内株への配分比率は2014年に12％から25％へ拡大された）。株式市場ではその資金力の大きさから「クジラ」と呼ばれており，日本株には35兆円が投じられている。そしてもうひとつは，日本銀行（以下，日銀）である。日銀は2013年から「質的量的金融緩和」の一環として上場投資信託（ETF）の購入を開始した。ETFとは指数連動型の投資信託で，取引所に上場されているものである。日銀は2016年からETFの買入額を年間6兆円へと拡大し，株式の保有高は20兆3457億円（17年9月末）に達している。このため，日銀が上場企業の実質的な筆頭株主や10位内の大株主に入ってきている。国の中央銀行がいわば「超安定株主」になっているのである。このようにGPIFと日銀に共通するのは，表面上は企業の株主名簿に出てくるのは信託銀行の名前であるものの，実はその背後に存在する日本企業の「隠れた大株主」だという点である。

ここまで株式所有構造の変遷をみてきたが，国や時代によって所有主体に違いはあるものの，機関所有の進展という点では流れは一貫しているといってよかろう。ここで問題なのは，機関所有の増大がはたして大企業の支配とどのような関連になっているかである。個人ではなく機関が大株主として登場してきたのであるから，機関が所有者であり支配者となったのであろうか。これについては第4節であらためて触れるが，結論から先にいうなら，機関所有のもとでの支配構造は経営者支配だといってよかろう。

3 大企業の性格と機能

●社会的制度となった大企業の分析

大企業論の展開

ビッグ・ビジネスが経済活動の中心的な役割を担うようになってきているなかで，バーリ＝ミーンズらの経営者支配論の主張を通じて，大企業に対して大きな関心が集まるようになったと同時に，大企業研究が盛んに行われるようになった。バーリ＝ミーンズの議論では，株式会社制度を前提に所有構造が大きく変化したことが注目されたのであるが，企業の大規模化がもたらしたものはけっしてそれだけではなかった。ビッグ・ビジネスとなった企業は，すでにみたように新しい企業観で把握されねばならない存在になったのである。企業は大規模化することでその性格が大きく変容したといってよかろう。

こうした企業の変容の問題に関してはさまざまな議論が展開されているが，大企業化は従来の企業の何をどのように変化させていったのであろうか。バーリ，チャンドラー，ドラッカーという3人の大企業論の代表的論者を取り上げて，大企業をめぐって打ち出された新しい企業観がいかなるものなのかを概観してみよう。

財産の変革――バーリの大企業論

巨大化した企業のあり方がそれまでの企業の性格とは根本的に異なっていることを所有の側面に光を当てながら鋭く分析したのが，バーリである。そもそも，資本主義社会において生成・発展してきた株式会社の基本的性格とは，その所有者である株主にとってみれば財産たる意味合いをもつものであった。会社が財産であるということは，その所有者に大きな富をもたらしてくれるということである。所有者は財産としての会社を自由に動かして事業を行い，それによって獲得した利潤はすべて所有者の懐に入れることができたのである。実際，株式会社では資本家と呼ばれる大株主が権力者として君臨していたのであるから，会社は特定個人の私的致富手段という性格をもっており，まさに私有財産であったといってよい。しかし株式会社の巨大化は会社＝私有財産という性格を徐々にではあるが確実に変えていった，というのがバーリの主張である。彼はこれを「静かな革命」と呼んだ。

ところで，会社が資本家にとって財産でなくなったのはいったいなぜであろうか。それは株式会社自身がもっている制度的特徴に起因する。バーリは株式会社制度が登場することによって，財産は積極財産と消極財産の２つに分裂してしまったという。これまでは会社財産の所有者が自らそれを機能させて利益を獲得してきたのであり，その意味では所有者は会社財産と直接的に結びついていた。しかし株式会社においては所有者が実際に手にしているのは，資本を均等に細分化した一片の権利証書たる株式にしかすぎない。そしてこの株式を所有するということの意味は，大部分の所有者＝株主にとっては，自分たちの財産を機能させるという積極的な役割を放棄する代わりに，非常に流動的でいつでも簡単に現金化することのできる新しい財産＝株式を手に入れたということである。消極財産はその所有者に富をもたらした。富を分配することが，消極財産が果たす重要な機能なのである。所有者は自分たちの財産＝会社財産がどうなるか，またそれをどう運用するかという点について各人がもっている決定権を会社経営者に引き渡してしまったのである。

では，もう一方の積極財産の意味はどこにあるのであろうか。まず，ここでいう積極財産とは生産に用いられる財産のことであり，これには有形財産，無形財産の両方が含まれている。有形物である会社財産は積極財産として生産的用途に当てられ，その生産物によって社会の必要や欲求が充足されねばならない。そうでなければ社会は機能不全に陥り，最悪の場合は崩壊してしまうからである。したがって積極財産は誰かによってただ所有されているだけでは意味をもたず，活動し，利用されなければならない。そのためには積極財産は組織され，管理される必要がある。会社財産は，無形だが実在し，しかも稀少な価値をもつ組織という要因と相まってはじめて，大きな価値を生み出すことになるからである。こうしてみると，組織や科学技術，知識，情報といった無形財産の意義がますます大きくなってきているのが現代社会の特徴だといってよかろう。そして経済活動のなかで積極財産がうまく利用されることによって，消極財産の価値もまた高まっていくのである。逆の場合には，消極財産はその価値を失ってしまう。

ところで，20 世紀にあっては積極財産たる意味をもつ会社財産＝資本は，その源泉と蓄積の形態を大きく変化させた。19 世紀までのように資本家である個人が財産を蓄積し，それを投資するといった様式は変わってしまったのだ，とバーリはいう。具体的には，会社の資本は強制貯蓄されるようになり，資本の源泉としては第1に企業利潤の内部留保と減価償却，第2に社会保険と年金基金が重要な位置を占めるようになってきたのである。そのようにして蓄積された資本を機能させ，それがもたらす経済力を掌握しているのは専門経営者をおいてほかにはない。

以上のようなバーリの指摘からも明らかなように，企業が資本家にとっての私的な財産であったという意味は，大企業＝巨大株式会社においてすでに喪失してしまっているといってよかろう。巨大株式会社は「準公的」（quasi-public）な存在になった。したがって，非財産化した現代の大企業はもはや「私的」なものとはいえなくなっているのである。

市場から管理へ——チャンドラーの大企業論

私有財産と並んで市場経済を基本要件とする資本主義社会においては，企業は市場経済の論理に従って活動するものとされている。市場は価格の自動調整機能をもち，あらゆる経済活動はこの価格メカニズムによって調整され，全体としては財の最適配分がなされるとみるのが経済学の基本的な考え方である。この経済学の基本原理は，『国富論』を著したアダム・スミス（Adam Smith）によって「神のみえざる手」と呼ばれた。しかし，現代経済学，とりわけ新古典派の経済学者がいうように，市場は本当に万能で，市場に任せておけば何から何まで「みえざる手」がうまくやってくれるのであろうか。経営史家チャンドラー（A. D. Chandler, Jr.）は，アメリカの産業発展を支えた大企業の分析を通じて，近代企業が実は市場メカニズムに取って代わったのだと主張する。具体的には，企業におけるマネジメントという「目にみえる手」(visible hand) が，市場という「みえざる手」に代わってしまったというのである。

まず，チャンドラーのいう近代企業がいかなるものかをみておこう。彼は近代企業の特質として次の2つをあげている。ひとつは，多数の異なった事業単位から構成されていること。もうひとつは，階層的に組織された俸給経営者によって管理されていることである。個人が企業の所有者として自ら運営していた伝統的な企業とは異なり，19世紀の後半になってはじめて登場してきたこのタイプの企業は，有給のミドルやトップの管理者によって運営される複数単位制企業のことを指す。そして時には何万あるいは何十万人の従業員を擁するような巨大企業がその典型である。このような大企業の決定的な特質は，何よりも管理者による階層的な組織が存在する点にある，とチャンドラーはみている。

では，なぜこのような近代企業が登場することになり，またアメリカ経済において主要な位置を占めるようになったのであろうか。その最大の理由は，社会における技術的革新の進展と人口の急激な増加，そして国民の所得の増大にともない，生産と流通のプロセスが複雑化し，そこを流れる財貨の量と速度が急速に増大したことである。すなわち，大量生産と大量販売が始動することによる経済活動の大規模化と高速化が近代企業成立の重要な背景として指摘できる。そうなると，これまでのような市場メカニズムをもってしては，財貨の流れを効果的に調整することはできなくなるのである。そこで企業はその歴史上はじめて，管理的調整の必要性が生じるようになった，とチャンドラーはいう。企業は管理的調整によって取引の内部化をはかり，情報の獲得や取引のための費用を節約した。また財貨の流れを効率的に計画することにより，生産性を増大させ，コストを削減した。そして実際に管理的調整が有利であった産業では，少数の巨大な垂直的に統合された企業が急速にその産業を支配するようになり，アメリカ経済において集中と寡占が誕生することになったのである。ただし，断るまでもなく近代企業の登場によって市場経済そのものがまったく機能しなくなったり，あるいはまた消滅してしまったといっているわけではけっしてない。市場は全知全能の神ではないにしろ，財貨とサービスに対する需要の発生源という意味を依然としてもっているのである。

ところで，上記のような特質をもつ近代企業をチャンドラーは経営者企業と呼んだ。それは俸給経営者が所有者に代わって会社を支配するようになったからである。所有者である株主は意思決定に参画せず，会社の最高意思決定は経営のプロフェッショナルである俸給経営者が担うようになった。したがって経営者企業とは，ミドルとトップの経営者グループが管理的調整を施行する階層的な組織であり，この経営者による「目にみえる手」が経済の大規模化・高速化に対応した的確な意思決定を遂行していたのである。そしてまた，そうした環境の変化に，より効果的に対応した階層的管理組織の存在こそが，企業の盛衰を決めるものとなった。

このような近代企業の登場は，チャンドラーによって市場の「みえざる手」からマネジメントの「みえる手」への転換と把握され，管理こそが最も重要であり，そういう意味で20世紀は「経営者の時代」となったことが宣言されることになった。

商業社会から産業社会へ──ドラッカーの大企業論

われわれがいま住んでいる社会はどのような社会なのか，そしてそれはどのような原理で動いているのか。この最も基本的で，しかも現代社会を考えるうえできわめて重要な問いに答えようとしたのが，経営学者ドラッカー（P. F. Drucker）である。彼は独自の歴史認識に立って，社会は商業社会から産業社会へと移行していくのだととらえた。しかし新しいものが古いものに完全に取って代わったわけではないという意味で，現代を「断絶の時代」と呼んだ。ではここでいう商業社会とは何であり，産業社会とはいかなる社会なのであろうか。商業社会とは，時代的には第一次世界大戦前の150年間を指す。そしてこの社会の特徴は，市場が社会の構成員である諸個人を結びつけ，統合し，しかも人々に社会的地位と機能を付与したことであった。一言でいうなら，市場の原理がこの社会の基本であった。そして商業社会の基礎には財産制度があり，財産権が市場における正当な権力の基盤であった。企業もまた財産制度に基づき設立され，市場のルールに従って活動した。したがって19世紀のヨーロッパこそが，まさにこの商業社会といわれるものの典型であったのである。

ところで，ドラッカーが商業社会と呼んだ市場中心の社会・経済制度のなかにあって，新しく生まれ急速に成長してきたのが産業社会である。この産業社会は旧来の商業社会とは原理そのものが大きく異なっていた。産業社会の原理とは大量生産原理である。これは単純に商品を大量に生産するという意味での生産の原理，機械化の原理なのではなく，人間組織の原理だとドラッカーはいう。そしてその中身は専門化と統合である。この2つの考え方に従い，人々は組織をつくり目的合理的に行動するのである。ここでは諸個人を結びつけ，社会に統合するのは組織の原理である。したがって大量生産原理とは，言い換えれば組織の原理だということになる。これまでの商業社会が市場の原理で動いていたのに対し，産業社会は大量生産の原理＝組織の原理で動くことになったのである。

さて，大量生産原理が貫徹する産業社会において，決定的，代表的，基本的な存在となっているのが**産業企業体**（industrial enterprise）である。産業企業体において，専門化と統合を内容とする大量生産の原理＝組織の原理が最も典型的に展開されていく。産業社会において決定的，代表的，構成的な性格を有する産業企業体とはすなわち大企業のことである。したがって，現代の産業企業体は何よりもその規模が巨大である。そして巨大であることの社会的意味は，つぶれることが許されないということである。産業企業体＝大企業は**ゴーイング・コンサーン**（永続企業体）でなければならず，社会におけるひとつの**制度**（institution）となる。産業企業体が社会的制度となり自律的な制度であるためには，企業が所有者の支配から脱し，社会の利益のため，つまり経済的成果を達成するために運営される必要がある。そのような企業の経営を担うのは専門経営者をおいてほかになく，企業における「所有と経営の分離」は積極的に肯定されることになるのである。

では，社会的な制度となった産業企業体はどのような機能を果たすことになるのであろうか。産業企業体は三重の性格，すなわち経済的機能，統治的機能，社会的機能を同時に果たす存在だとドラッカーはみる。ここで経済的機能とは，あらためていうまでもなく社会が必要とする財・サービスを生産し，経済的成果を上げることである。統治的機能とは，企業が近代国家と同じように司法，立法，行政の機能を果たすことであり，企業のなかで権威と服従という権力関係に基づいた内部秩序を形成することをいう。企業そのものがまさに市町村と同じような統治体となっているのである。そして最後の社会的機能とは，企業に多数の人々が集まることで，社会的単位体としての機能を果たすことをいう。すなわち人々は企業に所属することで社会的な地位や身分，アイデンティティといった実質的な市民権をもつことができ，産業企業体は工場共同体（plant community）となるのである。企業にとってはこの３つの機能のなかで経済的機能こそが第一義的であり，そのほかは二義的なものである。しかし，社会的制度となった産業企業体＝大企業にあっては，この３つの機能は同時に追求していかなければならないものとなる。

以上のような特徴をもつようになった企業は，これまでのような利潤追求原則とは明らかに異なる経済原則をもつようになる。社会の制度となった産業企業体＝大企業にとっては企業維持原則こそが重要であり，そのためにドラッカーは損失回避の法則を提唱する。つぶれることが許されない大企業にとっては，企業の維持存続が第一原則だからである。したがって，これまで利潤ととらえられてきたものは企業の存続のために必要不可欠な未来費用と把握すべきだということになる。企業は未来費用を獲得することで，事業を行ううえでの危険や不確実性に備えるのである。

現代大企業の性格と機能

バーリ，チャンドラー，そしてドラッカーという現代大企業論の代表的論者の諸説をみてきた。それぞれが独自の議論を展開しているのであるが，共通していえるのは次のような点であろう。まず企業の大規模化は，伝統的な企業観によってとらえられてきたような企業像を根本的に覆してしまったということである。すなわち所有者によって企業が支配され，市場の原理に従ってひたすら利潤追求を行うといった伝統的な把握は，現代大企業ではもはや通用しなくなったのである。とくに市場経済の原理とその根底にある私有財産制度に対しては，3人が共通して鋭い分析を加えていることは重要である。バーリの指摘にもあるように，私有財産制度は株式会社制度の登場とその巨大化によって大きく変貌せざるをえなくなった。私有財産制度が社会の基本原理であったのは商業社会においてであり，産業社会になるとドラッカーがいうように大量生産の原理＝組織の原理こそが重要になってくるからである。

また市場経済も，大企業の登場によって大きく影響を受けることになった。チャンドラーがいうように，市場はこれまでのようなあらゆる財・サービスの分配と調整をする万能の神ではなくなった。それは大企業自身がトップ・マネジメントからローワー・マネジメントに至る階層的な経営組織を構成することで，経済活動の高速化と大規模化に効果的に対応することができるようになったからである。このことは何よりも，大企業における組織的対応＝管理的調整が市場のメカニズムに勝るようになったことを意味する。まさに組織の時代に入ったのであり，組織をどのように機能的に動かすかが企業の盛衰を決めることになってきたのである。

このように企業の大規模化は，私有財産，市場といった資本主義社会の最も基本的な概念に変更を迫るとともに，企業の性格も私的から準公的，すなわち社会的な制度として把握することが不可欠になってきた。ドラッカーの大企業論はそういう意味では最も包括的にこのことを指摘している。そして最後に強調しておかなければならないのは，こうした動きのなかで経営者支配こそが，3人の論者が指摘した大企業の変容というものの中核に位置すると同時に，最も象徴的な現象だということである。

4 日本の大企業の経営者

●経営者支配の実態

日本の大企業における経営者支配

現代大企業の役割や機能を検討することを通じて，新しい企業観といえるものが明らかになってきた。では，現実の企業においてはそれはどのように現象しているのであろうか。ここでは日本における具体的な事例をあげて，大企業の実態がいかなるものか検証してみたい。

図3-2は，日本を代表する企業のひとつトヨタ自動車（以下，トヨタ）のデータ（『会社四季報』2017年秋号）である。自動車の生産・販売で世界トップになるだけあってグループの連結でみると，売上高27兆5972億円，総資産49兆4560億円，純利益1兆8311億円，従業員37万1888人（トヨタ自動車単体では約7万人）のまさにマンモス企業である。自動車産業は日本経済におけるリーディング・インダストリーのひとつであるが，そのなかでもトヨタは国内登録車シェア4割超を誇るガリバー型企業である。この日本における最も典型的な大企業は「誰が，誰のために，どのように」動かしているのであろうか。

まずトヨタの沿革をみると，一般にもよく知られているように，自動織機を発明したことで有名な豊田佐吉の株式会社豊田自動織

図 3-2　トヨタ自動車のデータ

7203 トヨタ自動車（じどうしゃ）

【決算】3月
【設立】1937.8
【上場】1949.5

【特色】4輪世界首位級、国内シェア4割超。日野・ダイハツを傘下。SUBARU、マツダ、スズキと提携
【連結事業】自動車91(7)、金融7(12)、他3(6)【海外】75〈17・3〉

【株式】7/31 3,310,097 千株
単位　100 株　貸借
時価総額　20.2 兆円　225

【財務】〈◎ 17.6〉百万円

総資産	49,456,031
自己資本	17,874,283
自己資本比率	36.1%
資本金	397,050
利益剰余金	17,883,709
有利子負債	19,577,583

【指標等】〈◎ 17.3〉

ROE	10.6%	予 9.8%
ROA	3.8%	予 3.5%
調整 1 株益		599.2 円
最高純益(16.3)		2,312,694
設備投資	12,118 億	予13,200 億
減価償却	8,932 億	予 9,600 億
研究開発	10,375 億	予10,600 億

【キャッシュフロー】億円

営業 CF	34,142	(44,608)
投資 CF	▲29,699	(▲31,825)
財務 CF	▲3,751	(▲4,235)
現金同等物	29,950	(29,394)

【株主】㊊668,483 名〈17.3〉万株

日本トラスティ信託	36,433(11.0)
自社（自己株口）	28,827(8.7)
豊田自動織機	22,927(6.9)
日本マスター信託	15,666(4.7)
日本生命保険	12,060(3.6)
ステート・ストリート・バンク＆トラスト	10,400(3.1)
デンソー	8,688(2.6)
JP モルガン・チェース・バンク	7,205(2.1)
三井住友海上火災	6,081(1.8)
資産管理サービス信	5,894(1.7)

〈外国〉 23.8%　〈浮動株〉 —%
〈投信〉 —%　〈特定株〉46.7%

【役員】(会)内山田竹志（副会）早川茂（社)豊田章男（取)D. ルロワ　寺師茂樹　永田理　宇野郁夫＊　加藤治彦＊　M. T. ホーガン＊　⇨巻末

【連結】ダイハツ工業，日野自動車，米国トヨタ自動車販売

【業績】(百万円)

	売上高
15. 3	27,234,521
16. 3	28,403,118
17. 3	27,597,193
	営業利益
15. 3	2,750,564
16. 3	2,853,971
17. 3	1,994,372
	純利益
15. 3	2,173,338
16. 3	2,312,694
17. 3	1,831,109

【本社】471-8571 愛知県豊田市トヨタ町 1
☎ 0565-28-2121
【東京本社】☎ 03-3817-7111
【名古屋オフィス】☎ 052-552-2111
【工場】本社，元町，上郷，高岡，三好，堤，他 6
【従業員】〈17.6〉連 371,888 名　単一名(39.0 歳)　年 852 万円
【証券】上 4 市場，NY，LON　幹(主)野村　(副)日興，三菱 U モル，大和，みずほ　名 三菱 U 信　監 PwC あらた【銀行】三菱 U，三井住友
【仕入先】—
【販売先】—

（出所）『会社四季報』2017 年秋号より一部抜粋。

機製作所に淵源をもつ。もともとは母体である豊田自動織機の自動車部として創設されたが，1937 年に分離・独立した。戦争をはさんで困難な時期があったものの，現在では世界でも有数の自動車企業としての地位を築くに至っている。本社工場は愛知県豊田市にあるが，会社の名前がそのまま市の名前（もとは挙母（ころも）市）

になったというエピソードからも，この会社の地域における存在の大きさが伝わってくる。そして会社の経営は，佐吉の孫にあたる豊田章一郎氏が会長を退くまでは主に創業者一族が中心になって担ってきたが，その後，奥田碩氏（元相談役），張富士夫氏（現相談役），渡辺捷昭氏（現相談役）と3代続けて豊田家とは関係のない社内出身の社長が登用された。2009年に新社長に就任した豊田章男氏は豊田章一郎名誉会長の長男（実質的創業者である2代目社長・豊田喜一郎の孫にあたる）で，14年ぶりに創業者一族出身の社長が経営の舵取りを担うことになった。

さてトヨタの2017年現在の株式所有状況をみると，発行済み株式33.1億株，株主数66万8483人であり，そのうち10大株主は，信託，生保，損保などで占められている。筆頭株主は日本トラスティ・サービス信託銀行で11.0％を占めている。第2位はトヨタ自身で8.7％の持株比率であるが，これは自社が発行した株式を市場から購入する自社株買いを進めたことによる。自社株保有の場合には議決権はない。第3位は豊田自動織機で6.9％，第4位は日本マスタートラスト信託銀行で4.7％，第5位は日本生命保険3.6％となっている。大株主名簿のなかに個人の名前を見出すことはすでにできず，第2節でみたとおり所有の機関化がここでもみてとれる。なお，同じ機関所有といってもバブル以前と以後ではその内容は大きく変化してきており，たとえば1987年のトヨタの大株主は第1位三和銀行，第2位東海銀行，第3位三井銀行，第4位豊田自動織機，第5位日本生命保険であったが，現在は10大株主にメイン・バンク等の主要取引銀行は入っていない。バブル経済崩壊を経て大株主は入れ替わったのである。またその一方で，外国人の持株比率が23.8％と高くなっている点は見逃せない。この数年はトヨタの大株主の構成や持株数などに大きな変化はみられないが，2015年には元本保証型のAA種類株式等を発行したこともあり，同社の個人株主数は増加してきている。

それでは，ここで紹介した日本を代表するマンモス企業・トヨタを動かしているのは誰であろうか。結論から先にいえば，一般的にこのような巨大企業を動かしていけるのは高度な能力をもった専門経営者以外にはない。トヨタの場合，これまでは代々創業者一族および一部社外出身の経営者によって率いられてきており，3代前の社長のときにはじめて社内出身者からの登用となった。しかしこれを契機にして突然創業者一族＝所有者が後方に退き，専門経営者の支配が確立したとみるべきではなかろう。なぜなら創業者の株式所有は，すでにかなり以前から実質的な重みをもたないほど低下していたからである。つまり創業者一族が経営を担ったとしてもそれは必ずしも所有に基づくものではなかったということである。現在の豊田家の株式所有比率は2%程度だといわれており，まさに同族による所有は大規模化の過程ですでに実質的な支配力をもたなくなっている。それでもトヨタのように主に創業者一族のなかから経営者を出してきた理由は，何よりも同族内に経営を遂行できる能力をもった人物がいたからである。

トヨタは現在また創業家出身の章男氏が社長の地位に就いているが，これも第1に経営者としての能力が評価されたからである。同氏の個人持株数は465万275株（『役員四季報2017年版』）と，他の取締役とは比較にならない「大株主」ではあるが，トヨタの全株式33億株に対する持株比率は0.14%とまったく僅少である。同社はリーマン・ショックで2009年3月期に戦後初の連結営業

Column ⑦ 本田宗一郎と藤沢武夫

戦後の日本においては多くの新興企業が世界的な企業へと成長していったが，本田技研工業（以下，ホンダ）はその代表的な企業のひとつといえよう。この会社は，自動車修理工場の小僧から身を起こした本田宗一郎が浜松で創業し，独創的アイデアと技術力で2輪と4輪の世界に独自の地位を築いていったことで知られている。

創業者の本田は根っからの技術屋で，著書『私の手が語る』によれば，ハンマーでたたいて左手は傷だらけであったという。そして天才・本田を語るとき忘れてはならないのは，藤沢武夫の存在である。本田が技術の世界に没頭できたのは，営業・管理という実質的な会社の経営を担ってくれた藤沢がいたからだといわれている。

技術の本田，経営の藤沢という2つの個性が出会うことで，ホンダは新しい世界を切り拓いていき，大ヒットした「ドリーム号」「カブ号」といったオートバイを次々と生み出していった。また2輪から4輪への進出にあたっては，自動車産業への新規参入を許さないとした通産省に猛然と抗議した。環境問題が叫ばれるなかで省資源，低公害の2つの目標に挑戦したホンダは，1972年にはCVCCエンジンを発表し，アメリカのマスキー法をクリアーすることで大きな話題をさらった。

こうして本田と藤沢は二人三脚で，ホンダを町工場から世界的な企業に育て上げた。しかし，最も印象に残るのはその引き際である。自分たちが育てた企業を親族や子どもに継がせることもせず，1973年，社長，副社長という地位にあったトップの2人はきれいに第一線から退いたからである。「老害」といわれたり，組織を私物化するようなトップもいるなかで，2人の出処進退はさわやかというほかない。企業とはいったい何なのか。またそれは誰のものなのか。日本の企業社会において，この2人の生き方が問いかけているものの意味はけっして小さくはないであろう。

赤字に陥るなど非常に厳しい経営環境に直面した。今回の社長人事はこの危機を全社一丸となって乗り切るために，創業者一族出身の経営者を前面に立ててグループ内での求心力を高めていくことが期待されたとみてよかろう。張富士夫会長（当時）は章男氏の社長就任にあたって，「今は激動期，大変な時代だ。創業の原点に立ち返り，新しい視点と若々しい感覚で大胆な改革を進めるには，最適任と確信した」と述べている（『日本経済新聞』2009年1月21日付朝刊）。豊田社長のもとでトヨタは業績を急速に回復させ，生産台数では世界トップクラスを維持している。

しかし，創業者一族から経営者を出せなくなったとき，企業としては社の内外から経営能力をもった人材を登用する以外に道はない。実際，戦後，類い稀な起業家たちによって創業され，日本を代表する世界的大企業へと成長したパナソニック（旧・松下電器産業），ソニー，本田技研工業といった新興企業もまた短期間に創業者→専門経営者という推移をたどった点は注目に値しよう。したがって一般的には，会社の大規模化によって創業者一族の所有は後退するのであり，したがってまた会社の支配者は同族から専門経営者へと交代していかざるをえないのである。

経営者の出身・任免・所得

現在日本では多くの大企業において経営の舵を取り，高度で複雑な意思決定を行っているのは専門経営者である。彼らは会社のオーナーではなく，従業員として勤務していた会社の内部出身者であるためサラリーマン経営者とも呼ばれる。現代企業ではこのような専門経営者がトップ・マネジメントを担っており，彼らの役割はきわめて重要である。なおアメリカでは同じ専門経営者といっても，違う会社，違う業種に移って仕事をすることは珍しいことではなく，流動的な「経営者市場」と呼べるものが形成されている点で日本とは異なる。専門経営者の範囲は具体的には取締役（役員あるいは重役と呼ばれる）までを含める場合もあれば，より狭義に会社の代表権をもつ取締役社長などを指す場合もある。アメリカなどではその企業の最高経営責任者が誰かを明確にするために，CEO（chief executive officer）という肩書きが設けられている。

では，大企業の経営者には実際にどのような人がなっているのであろうか。日本の上場企業の社長と役員の実態は次のとおりである（『役員四季報 2017 年版』参照）。まず社長は 3619 人いる。これに対し役員（監査役を含む）は 4 万 1038 人で，最頻値は 61.3 歳，平均年齢は 60.5 歳，1 社当たりの平均役員数は 11.3 人となっている。たとえばトヨタ自動車は役員が 17 名（平均年齢 65.2 歳，在職 5.6 年，2017 年現在）いる。その内訳は会長，社長，副社長 4 名が代表権をもつ取締役であり，このほかに社内取締役が 2 名，社外取締役が 3 名おり，計 11 名で取締役会は構成されている。役員としてはさらに常勤監査役 3 名，社外監査役 3 名がいる。役員の数は全体のごく一握りに過ぎず，大企業で役員さらには社長になろうとしても，その可能性はきわめて低い。そして社長や役員の学歴は，ほとんどの場合大学卒である。社長の出身大学ランキングは，1 位慶應義塾大 297 人，2 位東京大 210 人，3 位早稲田大 191 人，4 位京都大 107 人，5 位日本大 85 人となっている。また，役員の出身大学ランキングは 1 位慶應義塾大 2204 人，2 位東京大 1912 人，3 位早稲田大 1874 人，4 位京都大 971 人，5 位中央大 933 人となっている。出身学部は経済，法学，工学系などが中心であるが，特定の学部卒業者だけが経営者になっているわけではない。専門経営者には高度な知識や経験が求められるが，それはスペシャリストというよりはゼネラリストとしてのそれだからである。また経営者の出身をみると，官僚からの天下りや親会社からの派遣，あるいは同族出身者といったケースも一定程度あるものの，最も一般的なのは，社内出身者の登用である。日本の大企業では，新卒で入社して社内で実力を認められることで出世した従業員が最終的に役員や社長になるというのが平均的な姿といってよかろう。

ところで，日本の大企業の経営者の典型が社内の従業員出身者だとすると，ではその経営者を任免しているのはいったい誰なのであろうか。第5章でも詳しく述べられているように，現経営者が次期経営者を任命するというのがこれまで一般的であった。実際，有力企業の経営者たちが自らの社長就任について述懐しているものを読むと，社長に呼ばれて「次は君にやってもらう」といわれて次期社長に内定した，という内容のものが多い（日本経済新聞社『私の履歴書』参照)。ただし，このところ日本企業でも任意のものも含めて指名委員会が急速に増えてきている現状があることは無視できないであろう。東証一部企業で指名・報酬委員会を置く企業は法定・任意合わせて723社（35.8%）にのぼっている（2017年8月現在，日本取締役協会調査)。これはすなわち社長の一存だけでは後継者を任命できなくなるということである。はたして後継の経営者の任命にどれだけの変化が出てくるのか，今後注視していく必要があろう。

また日本の経営者の企業における性格を理解しようとすれば，経営者の得ている所得もみておく必要がある。大企業で多数を占めるサラリーマン経営者の所得を欧米などの水準と比較してみる

表 3-5　配当収入含む役員報酬ランキング

（単位：百万円，単位未満切捨て）

順位	役員名	会社名（役職）	配当含む報酬総額	配当収入	役員報酬総額	基本報酬（固定報酬）	ストック・オプション	賞与	役員退職慰労引当金繰入額	その他
1	孫　正義	ソフトバンクG（社長）	9,609	9,479	130	108		22		
2	柳井　正	ファーストリテイリング（会・社）	8,285	8,045	240	240				
3	N. アローラ	ソフトバンクG（前副社長）	6,478	—	6,478	955		3,636		
4	J.M. デピント	セブン&アイHLD（取締）	2,187	—	2,187	180		1,990		1,887
5	R. フィッシャー	ソフトバンクG（取締）	2,096	—	2,096	301		11		15
6	里見　治	セガサミーHLD（会・社）	1,722	1,274	448	248		200		1,784
7	大西　通義	アオイ電子（前会長）	1,356	188	1,168	68			1,100	
8	豊田　章男	トヨタ自動車（社長）	1,327	976	351	102		248		
9	田中　良和	グリー（会・社）	1,312	1,122	190	180	9			
10	C. ゴーン	日産自動車（会・社）	1,202	131	1,071	1,070				
11	森　和彦	飯田グループHLD（会長）	970	773	197	142		52		
12	岡田　和生	ユニバーサルエンタ（会長）	948	—	948	948				
13	三津原　博	日本調剤（社長）	947	210	737	604		73	60	
14	毒島　秀行	SANKYO（会長）	932	364	568	420	148			
15	C. ウェバー	武田薬品工業（社長）	925	20	905	258		237		410
16	J. ドメ	日立製作所（前執行役）	900	—	900	144				755
17	大塚　一郎	大塚ホールディング（会長）	892	699	193	129		55	7	
18	大倉　昊	ノエビアHLD（会長）	889	643	246	246				
19	田邊　耕二	ユーシン（会・社）	884	2	882	935				▲52
20	R. アルバレス	すかいらーく（会長）	862	—	862	67	81	103		611
21	小林　一俊	コーセー（社長）	837	685	152	90		12	50	
22	平井　一夫	ソニー（代表執役）	794	—	794	219	266			309
23	O. マホニー	ネクソン（社長）	754	1	753	109	495	149		
24	R. バーネット	シャクリーGG（代表執役）	734	—	734	74	274	384	1	
25	D. ルロワ	トヨタ自動車（副社長）	696	—	696	162		533		

（注）1）社名のGはグループ，HLDはホールディングス，GHDはグループホールディングス。
2）役員報酬は子会社報酬を含む。業績による報酬，株式報酬，特殊な金銭報酬等はその他に含み，役員退職慰労引当金繰入額には退職慰労金を含む。
3）その他の「▲」は返上分。
4）配当収入は，各社期末の有価証券報告書等により年間配当，持ち株数をもとに算出。「—」は百万単位未満，0，または不明。
5）2015年5月～16年4月末決算での上場会社が対象。
（出所）『役員四季報 2017年版』。

と，日本の経営者のそれは明らかに低いといってよかろう。たとえば，同じ企業内の経営者と従業員の所得を比較してみると，戦前は100倍以上とかなり大きかった所得格差は戦後10倍前後にまで急速に縮小した。日本経済新聞社の調査によれば，2010年3月期の主要企業の役員報酬平均は従業員給与平均の4.8倍で，調査した企業の半数が2000～4000万円の範囲に収まっていたという（『日本経済新聞』2010年7月7日付朝刊）。すなわち大企業の経営者は名誉があり社会的地位も高く，そして会社内では最高意思決定を行う権力をもってはいても，手にする所得は必ずしも高いとはいえなかったのである。しかしその一方で，2010年から報酬額と氏名の個別開示が義務づけられ，日本の上場企業には報酬1億円以上の役員が289人もいることがはじめて明らかになり，大きな話題を呼んだ。2017年にはその数は530人に拡大してきている。配当収入を除く役員報酬総額ランキングのトップはソフトバンク・グループのN. アローラ前副社長で64億7800万円，2位はセブン&アイ・ホールディングスのJ.M. デピント取締役で21億8700万円である（**表3-5**）。同じ日本企業の役員報酬でも，外国人の場合はその額は大きくなる傾向がある。いずれにしろ，日本の平均的なサラリーマンの賃金と比べてみると，もはや比較にならないほどの高額である。日本の経営者報酬がこのままストレートにアメリカに近づいていくとは考えられないにしろ，今後従業員の賃金との格差がますます大きくなっていく可能性は否定できない。

他方，アメリカの2016年度の経営者報酬ランキングをみてみると，1位は3大ネットワーク企業のひとつをもつメディア企業CBSのL.Moonves氏（CEO）で3644万ドル（39.9億円），2位

図 3-3　日米欧 CEO 報酬比較（2016 年度）

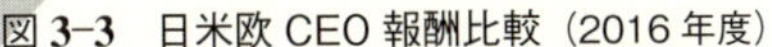

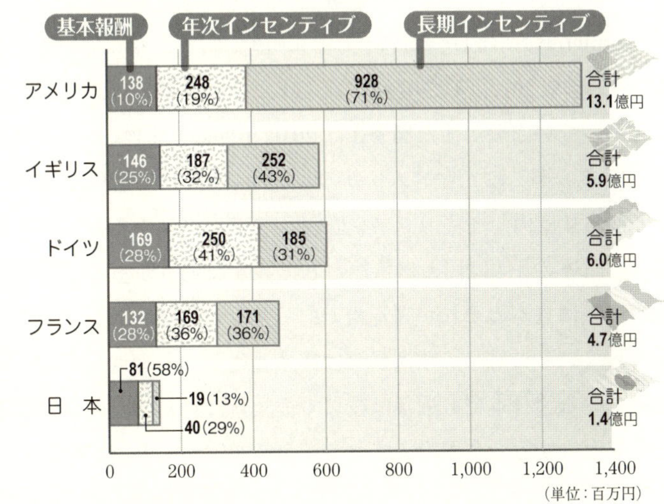

（注）1）各国開示資料よりウィリス・タワーズワトソンが作成。なお，各国の調査対象は以下のとおり。アメリカ：Fortune 500 のうち売上高等 1 兆円以上の企業 247 社の中央値，イギリス：FTSE 100 のうち売上高等 1 兆円以上の企業 52 社の中央値，ドイツ：DAX 構成銘柄のうち売上高等 1 兆円以上の企業 17 社の中央値，フランス：CAC 40 のうち売上高等 1 兆円以上の企業 29 社の中央値，日本：総額は時価総額上位 100 社のうち売上高等 1 兆円以上の企業 72 社の連結報酬等の中央値。内訳（割合）は連結報酬等開示企業（異常値を除く）53 社の平均値を使用して算出。長期インセンティブには退職慰労金単年度を含む。

2）円換算レートは 2016 年平均 TTM（1 ドル = 108.84 円，1 ポンド = 147.72 円，1 ユーロ = 120.33 円）。

（出所）ウィリス・タワーズワトソンウェブサイト（https://www.willistowerswatson.com/ja-JP/press/2017/07/japan-us-europe-ceo-compensation-comparison-2016，2017 年 11 月 6 日アクセス）。

は広告代理店ビッグ 4 のひとつであるオムニコム・グループの J.Wren 氏（CEO）で 2597 万ドル（28.3 億円），3 位はウオルト・ディズニーの R.Iger 氏で 2370 万ドル（25.8 億円），4 位はケーブルTV最大手のコムキャストのB.Roberts氏（CEO）で1794万ドル（19.6億円），5位はタバコ業界首位のアルトリア・グループのM.Barrington氏（CEO）で1771万ドル（19.3億円）となっている（『米国会社四季報2017年秋冬号』）。アメリカの経営者報酬の高額ぶりは変わっていない。また図**3-3**は2016年度の日米欧のCEO報酬比較である。ここでもアメリカのCEOの報酬13.1億円を筆頭にドイツ6.0億円，イギリス5.9億円，フランス4.7億円となっており，日本の1.4億円とは依然として大きな開きがある。また報酬の内訳は日本のそれが固定給である基本報酬が大きなウエイトを占めているに対し，欧米企業は業績連動型である点が大きく異なっている。日本でも近年は役員や従業員に対して成果報酬の考え方を導入する企業が増えており，企業業績が向上して株価が上がると利益が出るストック・オプション（自社株購入権）制度は大企業の一部や新興企業などを中心に広がりをみせている。

5 大企業のコーポレート・ガバナンス

●企業は誰がどのように統治すべきか

コーポレート・ガバナンスとは何か

コーポレート・ガバナンスは一般に会社統治論あるいは企業統治論と称されているが，欧米のみならず日本でもこの問題が学界・実業界などで高い関心を集め，マスコミなどでも盛んに取り上げられるようになった。大企業の問題を語るとき，いまやガバナンス論は最重要なテーマのひとつになっているといっても過言ではない。では，コーポレート・ガバナンスとはいったいどのような問題なのであろうか。

このガバナンス論とは何か，を考えるにあたっては，これまで会社支配論が明らかにした以下の点を議論の前提にする必要があると思われる。第1に，大企業の支配構造は，経営者支配になっているということである。そして第2は，そのような経営者によって率いられた大企業は機関所有のもとで社会的制度になっているということである。かつてドラッカーは，制度化した企業は経済的・統治的・社会的機能を同時に果たす存在だと論じたのであるが，大企業の統治＝ガバナンスをどうすべきかがまさに現実の課題として登場してきたのである。あるいはまた，バーリ＝ミーンズ流にいえば，株式会社革命論の主張があらためて検証されるべきテーマになってきたといってもよかろう。つまりこれまでの会社支配論の成果に立ったうえで，大企業の統治はいかにあるべきか，また統治の具体的な仕組みや機構をどのようにすべきか，そしてその会社統治には正当性があるのか，といった問題が検討課題として新たに浮上してきたのである。

したがって，コーポレート・ガバナンスの問題とは，およそ次のように整理することができよう。①会社は誰の利益を重視して経営すべきか（「会社は誰のものか」），②そのような経営をさせるためには経営者権力をどのように牽制・制御すればよいか（会社権力のチェック・アンド・バランス），③経営者による権力行使に正当性はあるか（経営者支配の正当性）。つまりガバナンス論とは，制度化した大企業を，経営者が誰のためにどのように動かすかを中心にした議論だといってもよいであろう。ただし，論者によっては，会社は株主のものだという伝統的な企業観に立脚して，ガバナンス論とは「株主価値をどのようにすれば最大化できるか」「企業の最適な資源配分の実現のためにはどうすべきか」といった問題であるとする立場もあり，ガバナンスの定義や問題の設定は論者によってかなり幅があることも理解しておかねばならない。また近年の大きな特徴は，コーポレート・ガバナンスを企業の競争力や経営の効率性との関係で取り上げようとする流れが強くなっていることである。これについては日本では「攻めのガバナンス」といった言い方がなされており，企業の国際競争力の向上や収益率の増大など「稼ぐ力」の回復がガバナンス問題として取り上げられるようになってきている。

日米のコーポレート・ガバナンス問題とその背景

欧米でコーポレート・ガバナンスがはじめて論じられるようになったのは1970年代頃からだといわれているが，本格的に議論が展開されるようになったのは80年代に入ってからである。そして1990年代に入ると，ガバナンス論は世界的に大きな関心を集めるようになった。なぜガバナンス論がこれほど注目されるようになってきたのか，その背景をみてみよう。

まずアメリカでは，企業の株主として機関投資家が台頭してきたことがあげられる。年金基金，投資信託，生命保険，商業銀行信託部門といった機関投資家は，巨額な資金を背景に企業の大株主として登場するようになった。彼らの行動様式の基本は，資金供給者である個人に代わって株式投資を通じて効率的な資金運用を行い，顧客に利益を還元していくことである。機関投資家は高い投資パフォーマンスを上げれば顧客からさらに豊富な資金を集めることができ，それはまた自らの利益源泉である手数料収入の増大にもつながる。そのため，株主としては投資先企業の業績が高いことが望ましいが，もし所有する企業の経営が振るわず不満な場合には株式を売却する「ウォールストリート・ルール」に従うとされていた。ところが，投資金額が巨額になってくるといっせいに売れば株価の下落を招くため，簡単に売却することができなくなってきた。しかも，法制面では1974年に通称**エリーサ法**と呼ばれる「従業員退職所得保障法」が制定され，民間の年金基金の受託者責任が定められた。すなわち機関投資家には年金加入者の利益をはかることのみを目的とし，「思慮ある者の原則」(prudent man rule) に則って行動することで最善の投資成果を上げることが求められるようになった。また1988年にはアメリカ労働省が「エイボン・レター」を出して，年金基金が保有する株式の議決権行使は受託者の義務と責任であることが示された。こうした流れのなかで，「物言わぬ株主」から「物言う株主」へと方向転換し，「exit」(退出) ではなく「voice」(発言) を積極的に選択する機関投資家が出てくるようになった。これは株主行動主義と呼ばれる。

そうしたなかで起こったのが，GM，IBM，アメリカン・エキスプレスといった大企業のCEOの更迭劇であった。社外取締役中心の取締役会が業績不振を理由に，CEOの交替を迫ったのである。これは経営者にとっては衝撃的な出来事であったといってよい。機関投資家のなかではカルパース（カリフォルニア州公務員退職年金基金）やTIAA-CREF（アメリカ教職員保険連合会・大学退職株式基金）が代表的なものであるが，多くの機関投資家は必ずしも積極的な企業への介入を志向してはいないといわれていた。しかし，彼らが株主として企業および経営者に目を光らせるようになることで，経営者は企業業績の向上と株主への利益還元を強く意識せざるをえなくなったことは間違いない。また，経営者の高額報酬も，批判の対象とされるようになってきたことも指摘できる。したがって，アメリカのガバナンス論は，主として株主利益の最大化を前提として，株主と経営者間の問題として提起されているといってもよかろう。

そしてこうした流れの根底には，アメリカの政治経済の分野で新自由主義と呼ばれる思想が支持を集めるようになったことを指摘しないわけにはいかない。

これに対して日本では1990年代に入ってからのバブル経済の崩壊を大きな契機として，ガバナンス論が急速に台頭してきたといえよう。まず第1に，証券会社の大口顧客への損失補塡事件（1991年），あるいは野村證券や第一勧業銀行などによる総会屋への利益供与事件（97年）など，不透明で公正さを欠く企業経営の実態が次々に明るみに出てきたことがあげられる。これに関連して第2は，バブル経済における金融機関およびその経営者たちの無責任で，倫理感の欠如した経営行動が批判されたことである。第3は，バブル崩壊で低迷する株式市場において利益確保が困難になった株主から，株主利益を軽視する経営姿勢に不満が出てきたことである。第4は，株主代表訴訟に象徴される「株主の復権」の動きがあげられる。そして第5は，日本的経営のマイナス面が指摘され，利益を重視した効率的な経営への転換が叫ばれるようになったことである。すなわち企業の不祥事や経営のあり方の根本が問われ，それが日本企業のガバナンスの課題として浮上してきたのである。

このようにガバナンス論台頭の直接的な契機は日米で必ずしも同じではないが，一般的には株主軽視に対する不満の噴出，あるいは企業の不祥事や業績の低迷といったことがあげられる。しかし，こうした目先の問題だけに目を奪われていたのでは問題の本質はみえてこないであろう。むしろより根本的な問題は，企業が社会的制度となったことで，人々の生活に決定的な影響力をもつようになり，企業を「誰が統治するのか」「誰のために，どのように動かされるべきか」を真剣に問わねばならない状況になってきたことである。すなわち地球環境問題に典型的にみられるように，いまや企業が自然および社会環境に及ぼす影響が社会の存続さえも危うくするほど切実なものになっており，企業の行動とその方向性を根幹から問い直さざるをえなくなっていることが指摘できる。ガバナンス問題がこれだけ世界的に議論されるようになった背景はまさにこの点にある。

日本のコーポレート・ガバナンスの問題点

では，日本企業のガバナンスの問題とは何か，具体的にみてみよう。

戦後の日本の企業経営の特徴は，株式の相互持合いをベースにした安定株主構造に支えられてきたことである。そのため，大株主はいても実際は「物言わぬ株主」であり，欧米の機関投資家のような経営者権力を掣肘（せいちゅう）する株主はほとんど存在しなかった。しかも，取締役会や監査役といった統治機構はあっても，それが本来の機能を十全に果たしてきたかというと，これも大いに疑問であった。日本企業の株主総会は「シャンシャン総会」といわれるように30分から1時間で終了するセレモニーと化しており，監査役は「閑散役」と揶揄される状況だったからである。また，取締役会は代表取締役である社長の意思決定と行動を監督する立場にあるが，その取締役は事実上社長による指名を受けて選任されているため，恩義のある社長に対しては簡単に逆らえないというのが日本企業の実態であった。そのため，経営者が的確な意思決定を行い，ビジネス倫理に則ったマネジメントをきちんと遂行しているかぎりは問題ないが，もしも万一経営者が不正行為に手を染めたり勝手に暴走した場合，それに迅速に対処することは必ずしも容易ではない。最悪の場合，経営者は誰からも掣肘を受けず経営者独裁となる可能性もあるのであり，経営者権力に対するチェック・アンド・バランスをはかることはきわめて難しい。1982年に起きた三越事件（*Column* ㉔参照）は，社長の専横を正すことが日本のシステムではいかに困難であるかをみせつけた典型的な事例である。

また，経営者だけではなく会社の管理体制そのものの規律が緩み，社会的な不正や違法行為を社内で未然に防げないという事態も多く生起している。**表3-6**は，1995年以降の主な企業不祥事を示したものであるが，雪印，三菱自工，日本ハム，三井物産，東電，また近年ではオリンパスや東芝といった日本のトップ企業が信じられないような不祥事を起こしたことは大きな社会的反響を呼んだし，消費者や地域住民の企業不信をつのらせることになった。当然のことながら当該企業のブランド・イメージは大きく傷つき，その信用回復は困難であるだけでなく，雪印食品のように会社そのものが消滅する事態に至ったケースもみられ，企業にとってはけっして他人事ではすまされない深刻な状況が生まれている。そのため，**コンプライアンス**（**法令遵守**）経営を進めるべきことがどの企業でも大きな課題になっている。

このように日本企業の統治機構は，経営者権力に対する監視と牽制という機能が最初から弱い，あるいは十分な役割を果たしておらず，またコンプライアンスの面でも問題があることが指摘されてきた。

そして，もうひとつ日本企業のガバナンス問題として指摘しな

表 3-6　1995 年以降の主な企業不祥事

年	主な企業不祥事
1995 年	**大和銀行**，ニューヨーク支店巨額損失事件
96 年	**住友商事**，銅不正取引事件
97 年	**野村など四大証券会社・味の素**，総会屋利益供与事件
98 年	**ヤクルト**，巨額損失事件／**日本長期信用銀行**，粉飾決算事件
99 年	**日本債券信用銀行**，粉飾決算事件
2000 年	**雪印乳業**，食中毒事件／**三菱自動車工業**，リコール隠し
02 年	**雪印食品・日本ハム**，牛肉偽装事件／**日本信販**，総会屋利益供与事件／**三井物産**，不正入札事件／**東京電力**，原発トラブル隠し
03 年	**武富士**，電話盗聴事件
04 年	**西武鉄道**，総会屋利益供与事件／**三菱ふそう**，リコール隠し
05 年	**カネボウ**，粉飾決算事件／**ヒューザー**，耐震強度偽装マンション販売事件
06 年	**ライブドア**，証券取引法違反事件／**村上ファンド**，インサイダー取引事件／**パロマ**，湯沸かし器一酸化炭素中毒事件
07 年	**「赤福」「白い恋人」**，賞味期限改竄／**不二家**，期限切れ原料使用／**ミートホープ**，食肉偽装事件／**船場吉兆**，産地偽装事件
08 年	**三笠フーズ**，事故米不正転売事件／**ジェイティフーズ**，中国製冷凍餃子中毒
09 年	**三菱自動車**，リコール放置
11 年	**大王製紙**，不正支出／**オリンパス**，粉飾決算
13 年	**みずほ銀行**，暴力団融資／**カネボウ化粧品**，白斑症状／**アクリフーズ**，農薬混入
14 年	**マクドナルド**，期限切れ鶏肉使用
15 年	**東洋ゴム**，免震ゴム性能データ偽装／**東芝**，不正会計事件／**タカタ**，欠陥エアバッグ事故／**旭化成建材**，杭打ちデータ改竄／**化血研**，血液製剤不正製造
16 年	**三菱自動車**，燃費データ改竄
17 年	**神戸製鋼所・三菱マテリアル子会社**，性能データ改竄／**日産自動車・スバル**，無資格検査／**ゼネコン 4 社**，リニア談合事件

（出所）　各種資料をもとに筆者作成。

ければならないのは，バブル経済崩壊後の日本経済の長期の景気低迷と企業業績の不振を受けて，株主を重視し，効率性を追求する経営への転換を求める声が出てきたことである。これまで日本企業は株主に対してはいわゆる安定配当政策をとり，株主資本の効率性追求や株主への利益還元には積極的とはいえない面があった。しかし，それは会社のオーナーである株主を軽視あるいは無視したものであり，また，そういうスタンスだからこそ業績不振で利益が出ない状況にも経営者は甘んじていられるのではないかという不満が出てきたのである。たとえば，アメリカ企業なら業績不振の場合，レイオフ（一時帰休）や**リストラクチャリング**（**事業の再構築**）などを行い積極的に収益の改善に着手するであろうが，日本企業は大量の余剰人員を抱えながらも迅速な対応をとろうとはしない。これはすなわち株主の利益を重視しない従来型の経営スタイルに問題があるからであり，日本的経営そのものを見直すべきだというのである。そして改革のお手本となるのは，いうまでもなくアメリカ型の経営であり，アメリカこそが「**グローバル・スタンダード**」経営を行っているということになる。ガバナンス論としては，株主重視の統治とその仕組みを日本でも取り入れるべきだという主張である。

したがって，日本のガバナンス問題は，経営者権力に対する監視と牽制，あるいは会社は誰のために経営すべきなのかというテーマを中心に，日本的経営の継続・廃止の議論とも直接・間接に絡みながら論じられてきたといえよう。しかし，後述するとおり，現在はこれまでのガバナンス論を「守りのガバナンス」と呼び，むしろ競争力強化のための「攻めのガバナンス」が大きなテーマとして浮上してきている。

統治機構の改革

日本企業はかつて「ガバナンスの不在」を批判され，ガバナンス改革こそが急務だという認識が広がってきたのであるが，具体的にどのような改革が実行され，またそれは効果を上げているのであろうか。

まず，日本企業のガバナンス改革の大きな柱のひとつとして，取締役会改革があげられる。これまで日本の取締役は，たとえば「取締役・総務部長」という肩書きにみられるように，同一人物が取締役でありながら総務部長という社内の役職を兼務することを慣例としてきた。しかし，これでは「取り締まる」側と「取り締まられる」側が分離されておらず，実際に日常の経営を厳格にチェックすることは難しい。またすでに指摘したように，取締役には本来，代表取締役である社長を監督する機能も期待されているが，現実には社長に対しては上司だという意識が強く，そういうなかで社長の意思決定や行動をチェックしたり牽制したりすることは不可能に近かった。逆にいえば，取締役の椅子は，課長や部長の上にある出世の上級ポストという性格を強くもっていたということである。そのため，会社側は従業員の期待にある程度応えるためには取締役の人数を増やすことになり，取締役会の肥大化という弊害を招くことになった。それは取締役会そのものの形骸化につながり，実質的な審議は別途設けられた常務会（常務以上の取締役で構成）で行われるようになった。これでは取締役会の本来の意味が著しく損なわれているといわざるをえない。そこで，取締役会に本来の機能を取り戻し，迅速で効率的な経営，あるいはまた公正で透明性の高い経営を確立するために，ガバナンス改革が行われることになった。

その先駆けとなったソニーは 1997 年，取締役会改革を断行し，

38人いた取締役を一挙に10人に減らしスリム化すると同時に，取締役会とは別に34人のメンバーからなる「**執行役員制度**」を導入した。これは，取締役（director）と執行役員（officer）が分離しているアメリカ型の統治機構を参考にして創設されたものである。この改革のねらいは，①取締役会のスリム化による戦略的な意思決定とそのスピード化，②社外取締役の導入による社内のチェック体制の強化，③執行役員のポストを設け社内の日常業務に専念させるとともに，肩書きや昇進にも配慮する，といった点にあった。その後，日本企業では執行役員制度の導入が急速に進んだ。ただし，この制度は会社法上のものではなく，「役員」と名前はついていてもほとんどの場合，雇用関係上は従業員である。肩書きはビジネスでは重要であるため，この制度は現在も広く企業で採用されているが，その一方で権限などの面で曖昧さもあるため，近年は一部の企業で廃止する動きもある。

もうひとつの改革の目玉である社外取締役の選任もかなりの程度進んできている。経営のチェック体制強化のための社外取締役や社外監査役の選任はかなり進展したが，今度はその中身が問われることになった。つまり単に「社外」というだけではなく，実質的にその会社から「独立」していることが求められるようになってきたのである。各証券取引所では「独立役員制度」を制定し，上場企業にその導入を促している。この独立役員とは「一般株主と利益相反が生じる恐れのない社外取締役または社外監査役」(東証）と規定されており，独立役員を1名以上確保することを企業行動規範の「遵守すべき事項」として上場企業に求めている。図**3-4**は，東証一部上場企業のうち独立社外取締役の選任比率を示したものである。全体の88%が2人以上の独立社外取締役を擁

図 3-4　独立社外取締役の選任比率の推移（市場第一部）

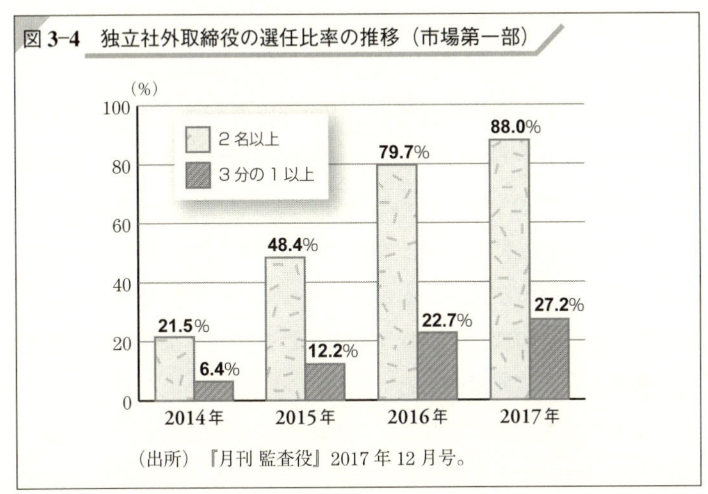

（出所）『月刊 監査役』2017年12月号。

している。また独立社外取締役が全取締役のうち3分の1以上を占める企業の比率は27.2%となっている。

そしてもうひとつ大きな制度改革は，取締役会のなかに指名委員会，報酬委員会，監査委員会という3つの委員会制度をもつ指名委員会等設置会社（旧・委員会設置会社）の導入が2003年に認められるようになったことである（第2章参照）。この指名委員会等設置会社を導入している企業としてはソニー，東芝，日立製作所，オリックス，HOYA，野村HD，日本郵政，三菱UFJファイナンシャルグループ，日本取引所グループなどがあげられる。その数は2017年8月現在，全上場企業のうち73社（東証一部62社，同二部3社など，日本取締役協会調べ）となっており，いわばアメリカ型の統治機構と呼べるこのタイプを選択する会社の数はけっして多くはない。その不人気の主たる理由は，まさにその名前の由来になっている指名委員会にある。この委員会の役割は取締役の選任・解任を株主総会に提案することであり，しかもメンバーは過半数が社外取締役でなければならないと規定されている。そのため，従来のように現社長が意中の後継者を次期社長に自ら指名するといったやり方は，このタイプの会社では通用しなくなる。また各委員会の過半数を占める社外取締役は兼任させれば最低2名いればよいことになるが，実際はより多くの社外取締役を選定せざるをえないのが実情である。したがって，多くの会社はこうした機関設計を無理して選択することはせず，従来型の統治機構である監査役会設置型のもとでガバナンス改革を推進していこうというのが日本企業のこれまでの基本的な姿勢であった。トヨタ自動車やキヤノンなどの日本を代表する企業もこのタイプを選択している。

そうしたなか，2015年の会社法改正で新たに導入されたのが監査等委員会設置会社である（第2章参照）。これは監査役会設置会社と指名委員会等設置会社の中間的な特徴をもったタイプであり，監査役会がない代わりに取締役会のなかに監査委員会が設けられている。監査委員会のみが必置で指名委員会，報酬委員会はなくても構わない。このタイプは従来から抵抗感があった指名委員会がない分経営陣には受け入れやすく，また3名以上で構成される監査等委員は全員が取締役（過半数は社外取締役）ということで，取締役会で議決権のある監査委員が監査を担うことは外国人投資家にもわかりやすい。さらに社外取締役は最低2名（監査役会設置型では社外監査役2名＋コーポレートガバナンス・コードが求める社外取締役2名の最低4名が必要）ですむ。監査役会設置型で必須の社外監査役2名をそのまま監査委員に横滑りさせればこのタイプへの移行が可能となる。ガバナンスを強化できることは企業側にはメリットである。

東証一部上場企業2020社の現況をみると，監査役会設置会社は1516社，監査等委員会設置会社は442社，指名委員会等設置会社は62社となっており，監査等委員会設置会社は4分の1に近づいてきている（2017年8月現在，日本取締役協会調べ）。

制度面での改革が進むとともに，企業の経営行動にも変化がみられることも確かである。具体的には，株主重視の姿勢をみせる企業が出てきており，ROA（総資産利益率，当期純利益 ÷ 総資産 ×100），ROE（株主資本利益率，当期純利益 ÷ 自己資本 ×100），EVA（経済的付加価値）といった資本効率を表す指標を強く意識するようになったことがあげられる。また，これまで特定日に集中してきた株主総会の開催日も分散化する傾向がみられる。3月期決算の上場企業の特定日集中率は1995年に96.2％を記録したが，その後は減少傾向をたどり，2017年には6月29日（木）が特定日で比率は31％（380社）となっている。ただし，特定日のほかにも第2，第3特定日ともいえる集中日があり，実際はこの3日間に全体の約7割が集中している。他方，企業のなかには多くの株主が参加できるように総会を日曜日に開催したりするところも出てきている。これまでのような「シャンシャン総会」は影を潜め，株主総会は経営者と株主が意見交換し，会社の経営について株主に理解を深めてもらう「対話」の場へと転換してきている。さらに，外国人投資家による株式所有が拡大しているなかで，海外向けも含めて投資家に対するIR（投資家向け広報）や，SR（既存株主対応）を積極的に行っていこうとする姿勢もみられる。IRの目標をみると，企業が従来以上に株価などを意識してきていることがわかる。したがって，ガバナンス問題が大きく取り上げられるようになり，日本でも以前と比べて株主を意識した経営姿勢がみられるようになってきていることが指摘できる。

日本企業には以上のような変化がみられるものの，ガバナンス改革を通じて株主利益重視の経営に転換したとまではいえなかった。なぜなら，アメリカ型の経営スタイルに対しては日本の企業経営者の間でも賛否両論があり，また株式の持合いが崩れてきているとはいえ機関投資家などが株主としてガバナンス改革の前面に出てくるような状況は日本ではこれまでほとんどなかったからである。ところが近年，企業と機関投資家の双方の行動様式に変革を迫る動きが加速してきている。

コーポレート・ガバナンス改革の新局面

政府が推進するアベノミクスと呼ばれる経済政策のひとつに成長戦略がある。企業の成長を促すにはガバナンスの現状を変える必要があるということで，政府が中心となって日本企業のガバナンス改革が進められてきた。その際，これまでガバナンス論で取り上げられてきた企業不祥事防止やその対応などの問題は「守りのガバナンス」と呼ばれ，それよりもむしろ企業の競争力を高め利益を上げられるようにするための「攻めのガバナンス」が前面に打ち出された。こうした議論が出てくる背景には，日本企業の「稼ぐ力」が弱いという認識がある。2014 年に経済産業省がまとめた報告書「持続的成長への競争力とインセンティブ──企業と投資家の望ましい関係構築」（以下，「伊藤レポート」）では，日本企業は 20 年以上にわたって「持続的低収益性」のなかにあり，資本効率という経営規律や長期的な企業価値向上という指針が欠如していることが指摘されている。つまり投資家が重視する経営指標である ROE（株主資本利益率）が国際的にみても

図 **3–5**　日米企業の ROE の推移

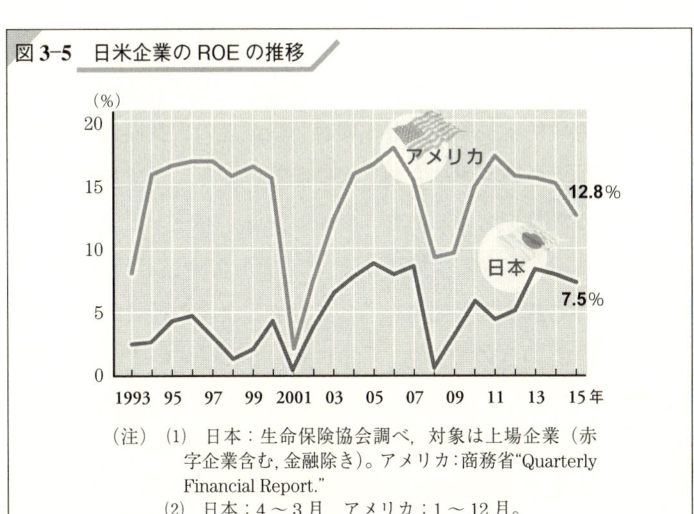

（注）⑴　日本：生命保険協会調べ，対象は上場企業（赤字企業含む，金融除き）。アメリカ：商務省“Quarterly Financial Report.”

⑵　日本：4～3月，アメリカ：1～12月。

（出所）「平成28年度 生命保険協会調査」。

低水準で，日本企業は「稼ぐ力」が弱いというのである（図 **3–5** 参照）。

この「伊藤レポート」と同様の問題意識に基づいて出されたのが，「『責任ある機関投資家』の諸原則《日本版スチュワードシップ・コード》」と「コーポレートガバナンス・コード」である。まず両者の概要をみておこう。

日本版スチュワードシップ・コード（以下，スチュワードシップ・コード）は2014年2月，金融庁が公表し，2017年5月には改訂版が公表された。スチュワードシップというのは耳慣れない単語であるが，英語のスチュワードシップ（stewardship）は，執事，財産管理人という意味である。したがって，スチュワードシップ・コードは，財産を管理する機関投資家（「運用機関」という）が顧客・受益者のためにどのように行動すべきかの原則を示したものである。具体的には，機関投資家は投資先企業と「目的を持った対話」（エンゲージメント）を通じて，当該企業の企業価値の向上や持続的成長をはかり，顧客・受益者の中長期的な投資リターンの拡大をめざすべきことが謳われている。つまり機関投資家は企業が成果を上げるのを「サイレント・パートナー」としてただ黙って待っているのではなく，株主として企業と積極的に「対話」を行い，議決権行使等を通じて投資先企業の持続的成長を促すべきだ，というのである。「日本版」となっているのは，すでに2010年にイギリス版が公表されているからであるが，イギリスのそれは企業の暴走を抑制しようという意味合いが強く，日本版とは若干スタンスが異なる面がある。

スチュワードシップ・コードには7つの原則が盛り込まれている（**表3-7**参照）。これらの原則は法的強制力をともなうハードローではなく，自主規制規則であるソフトローである。つまりスチュワードシップ・コードを受け入れるか否かは機関投資家側が自主的に決めることができる。そのため罰則はない。2017年12月現在，これらの原則の「受け入れ表明」した機関は214社（信託銀行等6社，投信・投資顧問会社等153社，生保18社，損保4社，年金基金等26社，その他7社，金融庁調べ）にのぼっている。

他方，コーポレートガバナンス・コード（以下，ガバナンス・コード）は，2015年6月，東証が公表したものである。スチュワードシップ・コードが機関投資家を対象とするものだったのに対し，ガバナンス・コードは全上場企業を対象にしたものである。まず「コーポレート・ガバナンス」とは，「会社が，株主をはじめ顧客・従業員・地域社会等の立場を踏まえた上で，透明・公正かつ迅速・果断な意思決定を行うための仕組みを意味する」と規

表 3-7　スチュワードシップ・コードの原則

1．機関投資家は，スチュワードシップ責任を果たすための明確な方針を策定し，これを公表すべきである。
2．機関投資家は，スチュワードシップ責任を果たす上で管理すべき利益相反について，明確な方針を策定し，これを公表すべきである。
3．機関投資家は，投資先企業の持続的成長に向けてスチュワードシップ責任を適切に果たすため，当該企業の状況を的確に把握すべきである。
4．機関投資家は，投資先企業との建設的な「目的を持った対話」を通じて，投資先企業と認識の共有を図るとともに，問題の改善に努めるべきである。
5．機関投資家は，議決権の行使と行使結果の公表について明確な方針を持つとともに，議決権行使の方針については，単に形式的な判断基準にとどまるのではなく，投資先企業の持続的成長に資するものとなるよう工夫すべきである。
6．機関投資家は，議決権の行使も含め，スチュワードシップ責任をどのように果たしているのかについて，原則として，顧客・受益者に対して定期的に報告を行うべきである。
7．機関投資家は，投資先企業の持続的成長に資するよう，投資先企業やその事業環境等に関する深い理解に基づき，当該企業との対話やスチュワードシップ活動に伴う判断を適切に行うための実力を備えるべきである。

（出所）　金融庁［2017］「『責任ある機関投資家』の諸原則《日本版スチュワードシップ・コード》――投資と対話を通じて企業の持続的成長を促すために」から一部抜粋。

定している。そしてこのガバナンス・コードがめざしている方向性は「会社の持続的な成長と中長期的な企業価値の向上」である。要するに，会社が自ら適切なガバナンスの仕組みをつくり，成長を通じて企業価値を向上させることをコードはねらっている。

ガバナンス・コードは，5つの基本原則，30の原則，38の補充原則から構成されている（**表 3-8** 参照）。中身は「ルールベース・アプローチ」（細則主義）ではなく「プリンシプルベース・アプローチ」（原則主義）がとられており，会社の行動を細かく規定するのではなく，むしろ会社の置かれた状況に合わせて対応すればよいものになっている。したがって,「コンプライ・オア・エクスプレイン（comply or explain）」（実施するか，実施しないのであれば，その理由を説明するか）という対応を求めている。すなわち

表 3-8　コーポレートガバナンス・コードの原則

1．株主の権利・平等性の確保

○株主の権利が実質的に確保されるよう適切な対応を行い，株主が権利を適切に行使することができる環境の整備

○株主の実質的な平等性を確保（少数株主や外国人株主への十分な配慮）

2．株主以外のステークホルダーとの適切な協働

○会社の持続的な成長と中長期的な企業価値の創出は，様々なステークホルダーによるリソースの提供と貢献の結果であることを十分意に認識し，ステークホルダーとの適切な協働に努めるべき

○取締役会・経営陣は，ステークホルダーの権利・立場や健全な事業活動倫理を尊重する企業文化・風土の醸成に向けてリーダーシップを発揮

3．適切な情報開示と透明性の確保

○財務情報や非財務情報について，法令に基づく開示を適切に行い，法令に基づく開示以外の情報提供にも主体的に取り組むべき

○情報（とりわけ非財務情報）が利用者にとって正確で分かりやすく，有用性の高いものとなるようにすべき

4．取締役会等の責務

○株主に対する受託者責任・説明責任を踏まえ，会社の持続的成長と中長期的な企業価値の向上を促し，収益力・資本効率等の改善を図る

○取締役の役割・責務を適切に果たす

①企業戦略等の大きな方向性を示す，②適切なリスクテイクを支える環境整備，③経営陣・取締役に対する実効性の高い監督

5．株主との対話

○株主総会の場以外においても，株主との間で建設的な対話を行う

○株主を含むステークホルダーの立場に関するバランスのとれた理解と，そうした理解を踏まえた適切な対応に努める

（出所）　株式会社東京証券取引所［2015］「コーポレートガバナンス・コード――会社の持続的な成長と中長期的な企業価値の向上のために」をもとに一部要約。

ソフトローであって遵守義務はないため罰則もない。こうした点はスチュワードシップ・コードと同じである。

以上のようにスチュワードシップ・コードとガバナンス・コードは，前者が株主である機関投資家，後者が上場企業を対象とする点で異なるが，いずれも「会社の持続的な成長と中長期的な企業価値の向上」を実現するためにいかなる行動をとるべきかを示している点では共通する。そしてこれらはガバナンス改革における「車の両輪」であるといわれており，本格的に始動した2015

年は日本の「コーポレート・ガバナンス元年」と呼ばれている。いずれもソフトローだとはいえ，企業と主要な株主である機関投資家に具体的な行動指針が示されたのであるから，特別な理由がなければ基本的にはそれを遵守する方向に進まざるをえないであろう。

日本の会社は誰のものか

現代の日本社会において会社は誰の利益を中心にして，どのように動かされているのであろうか。株主中心のガバナンス論隆盛の今日，はたして名実ともに「会社は株主のもの」となったのであろうか。

日本の会社が誰の利益を重視しようとしているのかをみてみよう。まず，1980年代までの日本では「会社は誰のものか」というアンケート調査をすれば，「経営者と従業員のもの」という回答が最も多かった。日本企業はほとんどの場合，トップの社長から末端の従業員までその会社で「同じ釜の飯を食った」メンバーで占められており，日本企業を「従業員共同体」だとする見方には説得力があった。また，株主は所有者といっても多くが持合いなどを通じた「安定株主」であり，「物言わぬ株主」であった。したがって，会社は自分たちのものだと従業員が感じたのは自然であったし，会社も従業員を手厚く処遇した。では現在はどうであろうか。少し前になるが2010年に経済同友会が行った調査（「『企業経営に関するアンケート調査』の結果」，東証第一部，第二部上場企業＋会員企業が対象，回答率15%）によれば，「これまで重視してきたステークホルダー」はという問いには，1位従業員（79.5%），2位顧客（75.7%），3位投資家（64.4%），4位取引先企業（31.8%），5位地域社会（14.6%），6位取引先銀行（10.5%）という順位であった。そして「今後重視するステークホルダー」はという問いには，1位従業員（78.4%），2位顧客（77.8%），3位投資家（65.7%），4位取引先企業（30.5%），5位地域社会（17.8%），6位取引先銀行（7.3%）となっており，先の回答の順位と変わらない。すなわち，企業が依然としてステークホルダーとしての従業員を最も重視していることをこの結果は示している。ところが経済産業省が行った2016年の調査（東証第一部，第二部上場企業が対象，回答率34.9%）では，重視するステークホルダーの1位は従業員ではなく株主であった。続く2位以下は会社の機関設計のタイプによって異なる。指名委員会等設置会社の回答は2位地域社会，3位取引先企業，4位従業員の順番である。これに対して他のタイプの会社では，2位従業員，3位取引先企業となっている（**表3-9**参照）。こうした違いが生じていること自身が興味深いが，いずれにしろ最も重視するのは株主だという点で共通する。

では実態はどうなっているのであろうか。会社が誰の利益を重視しているのか，①株主，②経営者，③従業員，④全社会の順に検討してみよう。

近年，最も強力に主張されてきたのが，会社は①株主のものだ，という考え方である。外国人による持株比率の上昇とも相まって，日本企業は株主の存在を強く意識する経営に舵を切ることになった。2012年末からの景気回復局面が長く続くなか，大企業を中心に企業業績が過去最高を更新し，17年度の配当総額は12.8兆円（予想）と過去最高を更新するとみられている。株主還元に積極的な企業側の姿勢がみてとれるが，とはいえ配当性向は30%前後に集中しており，日本企業の横並び的な「安定配当」志向も垣間みえる。また，株主の期待通りに企業が行動しているかとい

表 3-9　重視するステークホルダー

	指名委員会等設置会社	監査等委員会設置会社	監査役会設置会社
株　主	4.92	4.64	4.66
従業員	4.62	4.48	4.52
取引先企業	4.65	4.23	4.38
取引先銀行（メインバンク）	3.97	3.62	3.89
地域社会	4.70	3.92	4.20

（注）5段階で評価し，「非常に重視」5点，「やや重視」4点，「どちらともいえない」3点，「あまり重視していない」2点，「まったく重視していない」1点として集計。
（出所）経済産業省［2017］「コーポレートガバナンスに関する企業アンケート調査結果」。

えば，両者の間には温度差があるのも事実である。そもそも企業の中長期の目標（指標）と投資家が重視すべきだとする目標（指標）は必ずしも一致していない。企業があげている指標のトップ3は，第1位が利益額・利益の伸び率（64.3%），第2位が売上高・売上高の伸び率（60.8%），第3位がROE（株主資本利益率）（56.9%）であるが，これに対して投資家はROE重視（78.5%）が最も高く，利益額（16.1%）や売上高（31.2%）といった指標への支持はあまり高くない。またROEの目標値を設定・公表している企業は約半数にとどまり，逆に公表していない企業はその理由としてROE以外の指標の設定，利益の絶対額の重視といった点をあげている（「平成28年度生命保険協会調査」）。スチュワードシップ・コードやコーポレートガバナンス・コードの導入で株主との対話が進むはずであるが，株主の要望を企業側がどれほど受け入れ実現していくのか，今後その動向を注視していく必要があろう。

次に②経営者であるが，日本のほとんどの大企業では経営者支配が確立しているといってもよい。会社権力を掌握しその中枢に位置する経営者であるが，自らの利益を重視した行動をとっているかといえば，一般的にはそうとはいえないであろう。アメリカなどと比較してみても，同じ経営者でありながら日本の報酬水準は依然として低い。ただその一方で，顧問・相談役としていつまでも会社に残っていることが近年批判されるようになってきた。また不祥事企業などをみると，自らの保身を優先させるような経営者の事例も目にする。いまや経営者には厳しいチェックの目が向けられており，自利的行為は許されない。

では，③従業員の利益こそが重視されているのであろうか。これまで日本的経営論で取り上げられてきたとおり，手厚い福利厚生など従業員を大切にする諸政策が日本企業の大きな特徴になっていた。また人事面ではアメリカのように従業員を簡単にレイオフや解雇はせず，安定的な雇用の維持が行われてきた。しかしその一方で，正規と非正規の格差，また単身赴任，長時間労働，過労死，過労自殺といった従業員を犠牲にするネガティブな側面があることも否定できない。日本的経営にはいまや変えるべき慣行と残すべき慣行の両面があるのである。もし従業員を重視するのであれば，企業だけが最高益を上げるのではなく，従業員にも賃金アップ等の形でその恩恵が還元されねばならないはずである。しかし，企業側は賃上げには慎重であり，労働分配率は低下傾向にある（第2章図**2-7**参照）。

最後に，会社は④全社会のものという見方はどうであろうか。

たとえば，経営の神様といわれたパナソニック（旧・松下電器）の創業者・松下幸之助は，早くから「会社は公器」であるとの考えを示していた。企業がたとえ私企業であり株式会社であっても，その本質は世間のもの，公器であるという。同じく，FAや制御器機の有力メーカー，オムロンの基本理念も「企業は社会の公器である」と謳っている。大企業を特定個人の私有物とみることはすでにできず，企業は社会のもの＝公器ととらえることにそれほど異論はなかろう。しかし，問題は企業を取り巻くさまざまなステークホルダーの利害を実際にどう調整し満足させていけるかである。

現実の企業をみた場合，利害関係者に対する重心の置き方にはやはり違いがある。日本企業の場合，「家」論が指摘しているようにまず企業の維持・存続が第一義であろう。近年増大している内部留保はその反映とみることができ，過剰との批判もあるが企業維持の観点からみれば一面の合理性はある。またその一方で，ステークホルダーのなかでは，株主重視の流れがあることはすでにみたとおりである。しかし特定のステークホルダーを重視しすぎるとバランスは崩れていかざるをえないことは明らかである。いま求められているのは，企業を維持・存続させながらすべてのステークホルダーの利害を全体として調和させていくことである。

経営者支配の正当性

現代企業において，企業の最高意思決定を担っているのは経営者である。そしてガバナンス問題を考える場合，株主の力が強くなっているとはいえ，現代企業の統治者と呼べるのはむしろ経営者であろう。経営者が企業をどう動かすかによって，企業の内と外のさまざまなステークホルダーに直接・間接に影響を及ぼすことになる。それは結果的に好ましいこともあれば，逆に好ましくないこともあり，場合によっては無視できないほどの重大な結果を社会にもたらすこともありうる。つまり経営者が企業をどう統治するかが人々の生活に決定的な影響を及ぼすようになっているのが現代社会である。そしてすでに現在，地球環境問題ひとつとっても危機的な状況を呈しており，人々がコーポレート・ガバナンスに強い関心をもたざるをえないのはまさにそれゆえである。

では企業の最高意思決定を担っている経営者には，果たして支配者，統治者としての**正当性**（legitimacy）はあるのだろうか。また，正当性があるとすれば，それはどこに求められるのであろうか。

経営者が会社の所有者である株主に代わって支配者の地位に就いたとき，それを事実としては認めながらも経営者支配は非正当な権力である，と批判したのはドラッカーであった。その理由は，支配の基礎を財産所有におく社会（財産中心社会）にあっては，所有に基づかない支配は非正当だといわざるをえないからである。しかし，ドラッカーはその後，社会はすでに商業社会から産業社会に移行したと把握し，これまでとは正反対に経営者支配の正当性を主張するとともに，いかにすれば経営者支配に正当性を付与することができるかに精力を注いだ。すなわち，彼の管理論，経営者論の体系は実はコーポレート・ガバナンス論であり，支配の正当性論としての性格を強くもっていることが指摘されている（三戸［2002］参照)。ドラッカーは，自由で機能する産業社会にあっては企業は決定的，代表的，構成的な制度となっており，企業体内外の諸個人に地位と機能を付与することではじめて，経営者支配の正当性を確立することができると考えた。つまり経営者支配の正当性の根拠は「所有」ではなく経営者の「機能」にあると彼はみたのである。

ドラッカーは20世紀の社会で最も影響力をもった経営思想家だということができるが，彼によって企業とは何か，経営者の機能とはいかなるものかが根底から問い直された。すでにみたように，利潤は未来費用ととらえ直され，企業目的は顧客の創造だと位置づけられ，その目的を達成するためにはマーケティングとイノベーションの2機能を徹底して推し進めるべきことが唱えられた。そして彼の教えに導かれて，企業は際限のないマーケティングとイノベーションの苛烈な競争を繰り広げるようになり，その結果，一方では大量生産・大量消費の豊かな社会を到来せしめたが，他方では環境破壊などの予期せぬ深刻な事態を招いたことも確かである。これは経営者による組織維持機能が徹底して貫かれた結果である。その一方で，ドラッカーは，経営者＝マネジメントの責任として，パフォーマンスの達成だけではなく，企業の社会に与える衝撃と社会的責任を管理しなければならないといっている。しかし，こうした状況に至ったとき，もはや経営者支配に正当性はないとみるべきなのであろうか。

結論からいえば，現代社会が組織社会であるかぎり経営者が支配者になる以外になく，経営者が支配者として正当性を獲得できる根拠は経営者機能そのものにあり，これをおいてはないとみるべきである。しかし，経営者が組織維持のマネジメント機能をただひたすら果たし，経済的成果のみを追求していけばそれですむというわけでないことを，今日のガバナンス論の隆盛は示唆している。経営者に強く求められているのは，組織目的の達成のみをひたすら追求する従来の単眼的管理ではなく，目的的結果とともに予期せざる **随伴的結果** をも考慮に入れた複眼的管理を行っていくことである。経営者が統治を担うとすれば，その支配の正当性は，複眼的なマネジメントができるか否かにかかっている。

コーポレート・ガバナンス論の今後の課題

コーポレート・ガバナンスの議論は，ともすれば統治機構改革の議論に傾きがちである。それは経営者を効果的に牽制することに主眼が置かれているからにほかならない。たとえば，ガバナンスの先進国アメリカでは，エンロン（2001 年）やワールドコム（2002 年）といった大企業が不正会計問題で経営破綻したことが衝撃をもって受け止められ，グローバル・スタンダードを自負していたアメリカ企業のコーポレート・ガバナンスにも問題があることを強く印象づけた。株価の上昇が経営者の高額報酬に連動するシステムのなかで，経営者が行き過ぎた株価至上主義に陥ったことが破綻を招いた直接的な要因だといわれているが，アメリカはこの事態にすばやく対応して，2002 年 7 月にはアメリカ企業会計改革法（サーベインズ＝オックスレー法）を制定した。しかし，これらの事件は，ガバナンス問題が単に統治機構を制度的に強化したり，罰則を厳しくしさえすればそれだけで解決するものではないことを示しているように思われる。

実際，アメリカではそれからわずか 5 年ほどで，世界を震撼させる金融危機の発端となるサブプライム問題が表面化した。リーマン・ブラザーズ社の経営破綻や大手金融機関の清算・合併などが次々に起こり，まさにアメリカを震源として世界の金融は危機的な状況に追い込まれた。FRB のグリーンスパン元議長は，これを「100 年に一度の津波」と表現した。レバレッジ（梃子の原理）を利かせて自己資金の何十倍もの規模の投資をして稼ぎまくり，最終的にはそれが焦げついて経営破綻する金融機関が続出したが，これはまさに「強欲資本主義」のなれのはてということであろう。逆にいえば，アメリカのガバナンス・システムの有効性をいくら喧伝しても，こうした暴走を止められなかったということの意味を，われわれはもう一度真摯に考えてみる必要がある。

このようにガバナンス論の隆盛はそのまま株主中心主義，あるいは「株主資本主義」とでも呼べるような世界的な流れをつくっていっていたが，ここにきて株主自身の投資姿勢にも大きな変化の兆しがみえてきている。投資のリターンのみを唯一の尺度として投資先を評価するのではなく，環境（Environment），社会（Social），統治（Governance）といった3つの分野の企業の取り組みを評価して投資先を選択する動きが出てきている。3つの頭文字をとって，これを **ESG投資** という。たとえば，「環境」であれば地球温暖化対策や水資源，「社会」であれば地域社会への貢献や労働環境の改善，「統治」であれば法令遵守などに，企業がどう取り組んでいるかが問題となる。投資家はこうした非財務的な指標をも考慮に入れて投資を決定する。ESG投資の規模は世界で約23兆ドル（約2600兆円）にのぼっているといわれ，これは実に世界のすべての投資残高の3割にも相当する。日本ではGPIFがすでにESG投資を行っている。こうした動きが意味するものは，これまで必ずしも重視されてこなかった地球環境や社会的な課題が投資家の視野に入ってきているということである。それはまた企業そして経営者の問題でもある。

最後になるが，大企業を動かす経営者には，かつてドラッカーがいったように「高潔なる品性」（integrity）が必要であり，何よりもまず高い倫理感に支えられたプロフェッショナルとしての行動が求められている。しかし，それと同時に，経営者がいかなるスタンスでマネジメントを遂行するのか，経営者支配の正当性でも論じたように，複眼的管理ができるか否かが決定的に重要である。人類の未来はコーポレート・ガバナンスの帰趨（きすう）いかんにかかっているといっても過言ではない。

EXERCISES Chapter 3 演習問題

〈BASIC〉

1 新旧の株式会社をめぐる考え方（企業観）を比較して，どこがどのように変化したのか，ポイントをまとめてみよう。

2 欧米では「会社は誰のもの」だと考えられているか，日本と比較して論じてみよう。

〈ADVANCED〉

1 上場企業の統合報告書あるいはコーポレート・ガバナンス報告書を読んで，具体的にどのような内容になっているか，ポイントをまとめてみよう。

REFERENCES Chapter 3 参考文献

奥村宏［1991］『法人資本主義――「会社本位」の体系（改訂版）』朝日新聞社（朝日文庫）。

勝部伸夫［2004］『コーポレート・ガバナンス論序説――会社支配論からコーポレート・ガバナンス論へ』文眞堂。

神谷秀樹［2008］『強欲資本主義ウォール街の自爆』文藝春秋（文春新書）。

チャンドラー, A. D., Jr.（鳥羽欽一郎・小林袈裟治訳）［1979］『経営者の時代――アメリカ産業における近代企業の成立』上・

下，東洋経済新報社。
バーリ，A. A.（晴山英夫訳）［1980］『財産と権力——アメリカ経済共和国』文眞堂。
深尾光洋［1999］『コーポレート・ガバナンス入門』筑摩書房（ちくま新書）。
堀江貞之［2015］『コーポレートガバナンス・コード』日本経済新聞出版社（日経文庫）。
水野和夫［2014］『資本主義の終焉と歴史の危機』集英社（集英社新書）。
三戸公［1994］『随伴的結果——管理の革命』文眞堂。
三戸公［2002］『管理とは何か——テイラー，フォレット，バーナード，ドラッカーを超えて』文眞堂。

第4章 「組織」としての企業

組織と管理

大企業としての企業は，市場の質的・量的な拡大に適応するために，高度・複雑な管理を必要とし，専門経営者によって動かされる組織としての側面をもつ。

現代大企業の基本的な組織構造は官僚制＝ビューロクラシーであり，これは近代の機能的組織一般の特徴として，合理性と非合理性の両側面をもつ。企業は官僚制を基本としながらも，複雑な環境に適応し自己の存続をはかるため，多様な組織形態をとる。

組織の維持・存続をはかる機能を管理という。巨大企業が社会的制度として，個人と社会のありようを決定する現代において，管理のもつ意味は重大である。テイラーの科学的管理より始まる管理論の系譜は，組織とは何か，管理とは何かを問うものである。

とりわけ，大量生産・流通・消費による深刻な地球環境問題の解決には，組織目的達成と随伴的結果を同時に見据えた複眼的管理が必要である。

SUMMARY 本章のサマリー

KEYWORDS 本章で学ぶキーワード

管理　組織　官僚制（ビューロクラシー）　集権的職能別組織　事業部制組織　マトリックス組織　分業と調整　科学的管理　ヒューマン・リレーションズ　管理過程・管理原則　公式組織の3要素（伝達・貢献意欲・共通目的）　意思決定の合理性の限界　コンティンジェンシー理論　ポスト・コンティンジェンシー理論　知識創造論　経営戦略　随伴的結果

はじめに――組織としての企業

これまでわれわれは，財・サービスの提供機関としての側面，株式会社としての側面，さらには大企業としての側面から企業の何たるかを論じてきた。株式会社としての企業は所有者＝株主の私有財産であり，株主利益の実現をめざした企業行動を行う。だが，さらなる収益性の追求を志向した市場の拡大と生産活動の高速化は，大企業を成立させ，企業の性格・構造・行動の質的変化を生んだ。社会に対して決定的な財・サービスを提供し，膨大な従業員に対しては地位・機能・所得・生きがいを与える大企業は，もはや特定の大株主の私的致富手段としての行動は許されず，準公的会社としての性格をもち，ゴーイング・コンサーン＝永続企業体としての維持存続が求められるに至ったのである。

大企業としての企業は，市場の質的・量的な拡大に適応するため複雑・高度な **管理** を必要とし，専門経営者によって動かされる **組織** としての側面をもつ。組織としての企業は，絶えざる環境の変化に適応し，自らの存続をはからねばならない。

本章では，①現代大企業の組織的な特徴は何か，②環境適応のためいかなる組織形態をとっているか，③組織の維持・存続のためにどのような管理論が展開されてきたかを論じたい。

1 企業と官僚制

●現代企業組織の基本的構造

官僚制――ビューローによる現場の支配

現代大企業は，いずれも**官僚制**（ビューロクラシー）として組織されている。官僚制とは，通常は行政組織を指す語であり，組織の非能率・硬直性を指す代名詞ともされている。だが，それは本来，ビューロクラシー（ビューロー＝事務所・書記局，クラシー＝統治・管理）の訳語であり「事務所・書記局による現場の支配・管理」という語義をもつ。生産であれ，行政であれ，軍事であれ，なんらかの目的を達成しようとする行為が，現場中心で各人の計画と自己統制によって行われる段階では，事務所は現場の雑務・雑用を果たすのみであり，官僚制＝ビューローによる現場の支配は成立しない。だが，現場における諸行為が，事務所による計画・組織・命令・調整・統制によって遂行される必要が大きくなるに従って，官僚制は成立・発展する。官僚制は，近代の機能的な組織と管理の一般的な特徴を示すものである。

官僚制は，目的の合理的達成や大量の業務の迅速かつ継続的な遂行が求められるところに生まれてくる。古来，官僚制は，国家が生まれ，行政が大きくなるに従って成立してきた。エジプト新王国や始皇帝以来の中国，帝政ローマ後期，中世以来のローマ・カトリック教会，ヨーロッパの絶対王政国家などがそれである。だが，現代では行政の分野だけでなく，生産・教育・医療・軍事・福祉など，人間の社会的活動のあらゆる分野で官僚制が成立・発展している。その意味で，現代は **普遍的官僚制化** の時代といわれる。なかでも，現代大企業は官僚制の典型とされている。

官僚制が行政の領域だけに存在しているかぎり，社会は急激に変貌することはない。だが，生産の分野に官僚制が成立するや，社会の様相は一変する。官僚制はまず，大量生産の容易な生産財生産部門に成立し，最終消費財生産部門に及ぶ。この過程で大企業と原材料・部品の取引関係にある中小企業や，消費者も官僚制の支配下に組み込まれることになる。このとき，企業におけるビューローが現場や市場を支配・管理するための重要な手段が，第1章で述べたマーケティングとイノベーションである。これらに支えられた産業における官僚制の成立・発展は，生産の合理化による生産力の向上と生産物の豊穣化をもたらし，それが他の非生産的分野の事業（教育・医療・文化・スポーツ・慈善事業）を支え，拡大し，そこにまた官僚制が成立・発展することとなる。その帰結が官僚制の普遍化なのである。

官僚制組織の基本的な構造

官僚制＝**ビューローによる現場の支配・管理** は，①**規則** 中心で動き，②**階層制** に基づく管理体系をともなった，③**専門化** されたピラミッド型の組織，すなわち官僚制組織を中核として行われる。こうした官僚制の合理的・機能的側面をはじめて体系的に整理したのはウェーバー（M. Weber）であった。ウェーバーによれば，官僚制組織の特徴は次のようにまとめられる。

(1)　規則に基づく権限の行使と職務遂行。職務・権限の明確化

(2)　非人格的な支配関係（人ではなくて，規則や職務への服従。その範囲内での命令・服従関係）

(3)　文書による命令・伝達・職務遂行

(4)　専門分化された職務。専門的訓練，資格制度・試験制度

(5)　公私の峻別。没主観性

(6)　審級制に基づく権限のヒエラルキー。階層制と任命制

(7)　職務遂行手段（生産手段・行政手段など）からの個人の分離

以上のような機能様式をもつ官僚制組織を，ウェーバーは「生きている機械」と表現し，大量の職務を遂行しようとする場合に，これほど正確性，迅速性，継続性，統一性，慎重性，明確性，客観性をもっているものはないと論じている。

Column ❽ 支配の諸類型

ウェーバーの官僚制論は，本来は組織論としてよりも，支配論として展開されたものである。ウェーバーは支配を「一定の命令に対して服従する機会」と把握し，それが安定的なものとなるためには，なんらかの正当性の根拠に基づくことが必要とした。正当的支配には，次の3つの純粋型がある。

(1) 合法的支配――法規化された秩序の正当性，およびこの秩序によって支配権を与えられた者の命令権の合法性に対する信念に基づく。官僚制は合法的支配の純粋型である。

(2) 伝統的支配――古くからの伝統の神聖性や，それにより権威を与えられた者の正当性に対する日常的信念に基づく。

(3) カリスマ的支配――ある人物および彼によって啓示もしくは制定された秩序のもつ神聖性や超人的な力，あるいは模範的な資質，への非日常的な帰依に基づく。

以上は理念型であり，現実にはそれぞれ独立した純粋型として現れるのではなく，さまざまな形と内容で結合して現象する。

新たな秩序が形成されたり，なんらかの変革をもたらしたりするのは，カリスマ的支配の場合であることが多い。他方，近代における支配形態，とりわけ大規模な秩序においては，合法的支配の要素が大きくなる。これは企業の成長のプロセスを考える場合にも，ひとつの手がかりとなるものである。

官僚制の逆機能性と抑圧性

もちろん，官僚制はいつも合理的・機能的に動くわけではない。官僚制が，最初に述べたような非能率性や硬直性，具体的には規則一点張り，文書主義，縄張り主義，形式主義，先例主義，組織の肥大化などの，官僚主義といわれる側面をもつことはよく知られている。マートン（R. K. Merton）やグールドナー（A. W. Gouldner）はこれを官僚制の**逆機能性**として理論化している。

だが，ウェーバーの官僚制論の意義は，合理的・機能的な官僚制が，同時に，人間を支配する装置として抑圧的な側面をもつことを問題提起した点にある。たとえば，ウェーバーは，科学の応用による現場作業の効率化をめざしたテイラー・システム（本章第3節）が，労働者にとっては苦汗制度として抑圧的に機能すると把握している。また，寡占的な大企業が市場における需給の動向を測定し，コントロールし，その生産の動向に合わせて消費者の購買活動がなされるという事態を生むことも同様である。こうした官僚制の抑圧的な側面を，三戸公教授は **目的と手段の転倒** と論じている。官僚制において **合理性・機能性** が追求されればされるほど，この **抑圧性** も耐え難いものとなる。

こうした官僚制の抑圧性の問題は，逆機能性（手段の目的化）とは別次元のものであり，これこそが官僚制の根本問題である。したがって，現代の組織論・管理論の課題は，官僚制の機能性と抑圧性の矛盾をいかに克服するかにあると言い換えてもよい。

2 企業組織の諸形態

●環境変化への適応としての組織形態の変革

現代企業は絶え間なく変化する環境のなかにおかれており，そのなかで官僚制＝ビューローによる現場や市場の支配・管理を行うことによって **環境適応** し，自己の存続をはかっている。だが，企業を取り巻く環境は多様である。したがって，現実の企業は規則・階層制・専門化の官僚制組織を基本としながらも，環境の多様性や変化に対応して組織形態を変革することにより，ビューローによる支配・管理をさらに精緻に行わざるをえない。本節では，そうした企業組織の主要な形態をみていきたい。

企業を取り巻く環境が複雑・多様であり，常に変化するものであるならば，組織もそれに応じた多様性をもち，変化に即応する順応性をもたねばならない。組織形態の変革は，こうした環境の変化にいかに対応していくかという課題に対する答えである。

ライン組織とライン・アンド・スタッフ組織——集権的職能別組織

企業組織の最も単純な形態は **ライン組織** である。図 **4-1** のように，個人または下部組織が，上位の管理者または管理組織から一元的に命令を受ける集権的な組織構造が，ライン組織である。もちろん，企業が環境の多様性に適応するためには仕事の分化が必要である。それゆえ，たとえば生産活動の総体が，資材部・製造部・販売部などの部門にそれぞれ分担される組織として形成されることとなる（図 **4-2**）。これらの部門は企業において直接的な生産活動を担うものとしてライン部門とも呼ばれている。

企業が環境への適応をさらに高めようとするなら，実践的なライン部門に対して助言を行うスタッフ部門が必要とされることとなる。企画部・人事部・財務部・研究開発部といった部門がそれである。スタッフ部門には専門的・技術的な助言を行う専門スタッフと，管理的な活動の助言を行う管理スタッフがあるが，上のライン部門とスタッフ部門を結びつけると，図 **4-3** のように **ライン・アンド・スタッフ組織** ができる。

ライン・アンド・スタッフ組織は環境に適応しようとする企業組織の基本であるが，いずれも職能的な機能分化をしながらも各部門の統制・調整の主体としてトップが大きな権限をもつという意味で，**集権的職能別組織** としての性格をもつ。こうした組織は，①方針・計画・管理の統一性と標準化，②専門化による知識・経

図 4-1　ライン組織

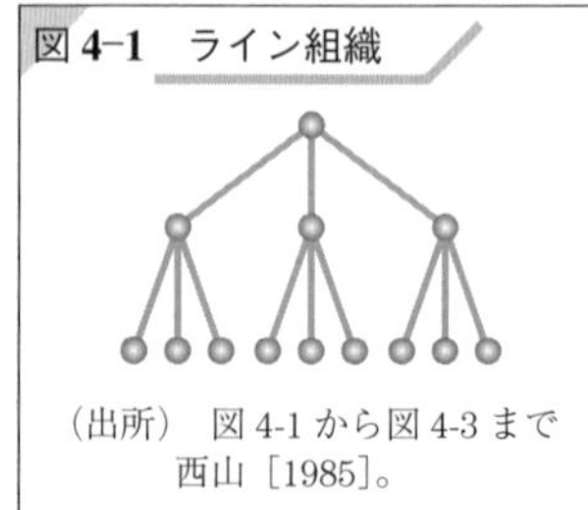

（出所）　図 4-1 から図 4-3 まで西山［1985］。

図 4-2　ライン組織と仕事の分化

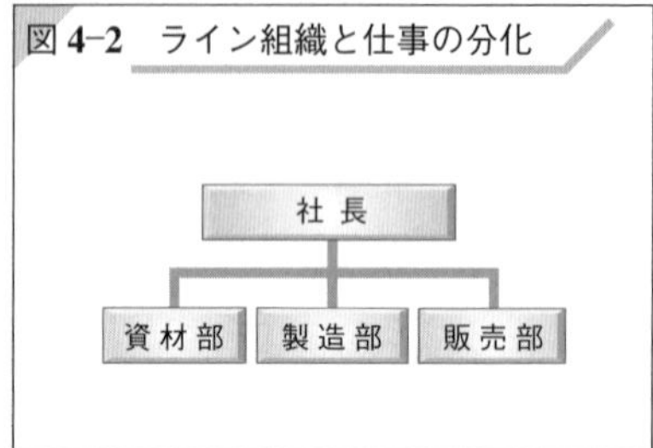

図 4-3　ライン・アンド・スタッフ組織

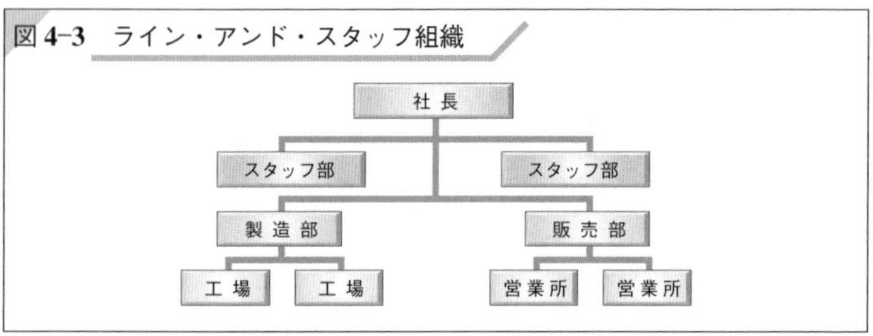

図 4-4　分権的事業部制組織

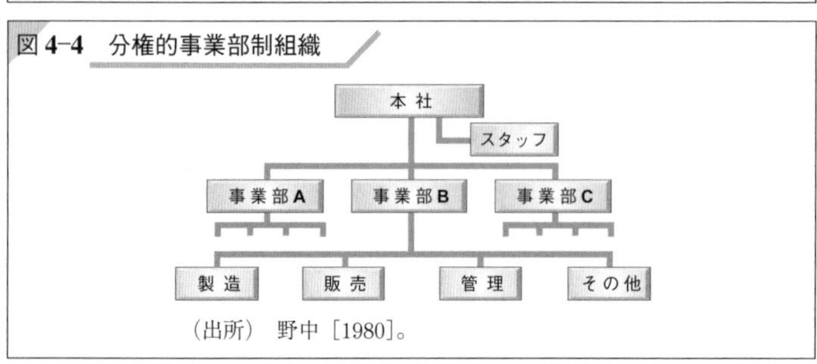

（出所）　野中［1980］。

図 4-5　マトリックス組織

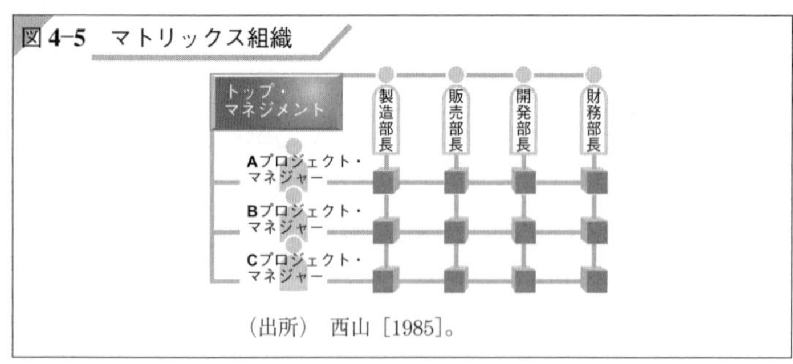

（出所）　西山［1985］。

験の蓄積，③職能別の最適技術の採用，④人的・物的資源の共同利用と規模の経済性，その追加・削減の迅速性に長所が認められる。とりわけ，企業規模が小さく，特定の製品分野に集中化した単一製品・単一事業企業では，すべての意思決定権がトップ・マネジメントにおかれることにより，効率的な運営がなされる。

しかし，規模が大きく，多角化した大企業にこうした集権的な職能別組織が採用されるときには，①階層制の増大によるコミュニケーション経路の長大化・複雑化，②過度の権限の集中による下位者の自主性とモラールの低下，③トップ・マネジメントが異種の技術・市場に適合的な意思決定をすべて行うことや，製品別最適管理の限界，④各部門間の業績管理の難しさ，⑤組織の硬直化と環境への適応力の喪失，という欠陥が生じることとなる。

事業部制――分権的事業部制組織

企業がさらなる環境の多様性への適応をめざすなかで生み出されたのが，**事業部制組織**である（図**4-4**）。企業が市場のニーズの多様性に対応して単一製品から複数製品の製造・販売へと多角化したり，企業活動を広範な地域に拡大していくにともなって，集権的職能別組織から分権的事業部制への転換がみられることとなる。地域や消費者の需要状況が異なれば，画一的な製品の製造・販売はできないし，製品が違うと同業種の企業との競合関係も変わってくる。こうした環境の多様性に細かく対応するために，製品別・地域別・顧客別に独立した事業部をつくり，それぞれに自律性を与えて活動させようというのが，分権的事業部制組織のねらいである。事業部制はアメリカでは，GM（自動車），GE（電機），デュポン（化学）などで早くから採用され，日本でも昭和20年代の松下，神戸製鋼，30年代の積水化学，三菱電機を皮切りに，電機，機械，造船，化学，食品などの業界を中心に導入され，普及した。もちろん，複数の独立事業部の上には本社があり，本社は各事業部の業務を計画・調整・評価し，必要な人員・設備・資金の配分を行う。これに対して，各事業部は担当製品・地域の業績と市場確保に責任をもつ構造となっている。

事業部制組織の長所は，次の点にある。①製品別の業績評価や資源配分のコントロール，部門間の調整が容易であることから，意思決定の合理性が高められる。②各事業部が自律性・独立性をもつことにより，市場や技術などの変化に対して適応力をもつ。同時に，集約的なスタッフ利用により，規模の経済性も確保できる。③目標がオペレーショナルであり，自己実績性をもち，各事業部長に決定権限が移譲されていることから，新製品導入などの革新に適している。④事業部長が総合的視野に立った意思決定ができ，管理者の育成に適している。しかし，その反面，①分権化によるセクショナリズムの発生，②長期よりも短期的な成果追求，③スタッフおよび資源の重複，④事業部を越えた同一専門職同士のコミュニケーションの阻害，に欠点がある。

経営規模と事業部制の間には必ずしも関係はなく，むしろ企業の戦略や市場との相関性が高い。製品が標準化され市場が安定している場合（鉄鋼・電力）は集権的職能組織が適しているのに対して，企業が多角化戦略をとり，技術や市場の変化が激しいときには，事業部制組織が採用される（*Column* ❾）。

マトリックス組織――不確実な環境への適応

1970年代より環境の多様性へのさらなる適応のため，職能別組織と事業部制組織の利点を最適化しようとつくられたのが**マトリックス組織**である。すなわち，前者における共通の人的資源を職能別に組織することによる経済性と専門能力の維持，後者における製品別・プロジェクト別の資源の効果的調整，を同時にめざしたのがマトリックス組織であり（図**4-5**），今日では，多くの高度技術集約企業や多国籍企業で採用されている。

マトリックス組織は縦軸と横軸からなる組織構造をとる。すでに述べたように，企業の活動は製造部・販売部・人事部・企画部・開発部・財務部などの多くのラインとスタッフの部門に分けられており，これらの部門はそれぞれ独自の機能をもった職能別組織として位置づけられる。他方，変化する顧客のニーズに対応して製品を開発するためには，職能別組織を横につないでプロジェクト別の目的別組織をつくらねばならない。このようにマトリックス組織においては職能別組織の系統と目的別組織の系統があり，それぞれを担当するマネジャーがいる。こうした２つの組織と管理者の系統を縦・横につなぎ，従業員がその両方の組織に属して，どちらからも命令を受ける組織の構造（ツー・ボス・システム）がマトリックス組織である（表**4-1**，図**4-6**）。

マトリックス組織の２つの系列は，たとえば，一方がニーズ中心，他方がシーズ中心というように異なった価値観をもった管理者のもとで動かされ，従業員もそうした多元的な価値観のなかで短期的なプロジェクトの成功と長期的な技術の育成に同時に取り組むなどの行動を行う。不確実性がますます増大する環境に適応するためには，多元的な価値の追求が必要であるが，これを組織の形態として定着させようとするのがマトリックス組織なのである。製品ごとに事業部をつくると顧客の状況に応じた対応ができる反面，人的・物的な資源の重複が避けられないために多大なコストを払わねばならない。高度経済成長期ならばこうしたコスト

Column ⑨ 組織構造と戦略

「組織構造は戦略に従う」という命題を提示したのはチャンドラー（第3章第3節）であった。もともと軍事用語であった「戦略」の概念が経営学の分野に持ち込まれたのは，1960年代のアメリカである。チャンドラーによれば，戦略とは「企業の基本的な長期的目標の決定と，その達成のための行動方式の採択，必要な資源の配分」である。他方，戦術的意思決定は，日常的な業務を円滑かつ効率的に運営するためのものである。

チャンドラーの関心は，企業成長の戦略としての多角化と，多角化した事業を管理するための組織構造の再編の問題であった。企業の長期的な拡大を計画し，実現する戦略のうち，新しい職能分野への進出を垂直統合，新製品の開発に向かうものを多角化という。事業の多角化は，職能別組織にさまざまな緊張をもたらし，これを解消する組織構造として事業部制組織が生み出される。企業が新しい製品系列の開発や，全国的・国際的な事業展開をめざそうとすれば，複数事業部制と，これを管理する総合本社の成立が求められるのである。

チャンドラーは，デュポン，GM，スタンダード石油，シアーズ・ローバックというアメリカで最初に事業部制組織を採用した4社の経営史的な分析から，上の「構造は戦略に従う」という命題を導き出した。チャンドラー以降，経営戦略の概念は経営学の中心概念として認知され，アンゾフの戦略経営論，ポーターの競争戦略論として展開していった（Column ⑲）。

に対する十分な見返りが期待できても，安定成長下で資源の節約をはからねばならないときには，企業はこのようなコストの負担に耐えることはできない。マトリックス組織は，こうした環境下で資源の重複を避ける効果もあわせもつものである。ただし，①権限関係が曖昧であることによる権力闘争や無政府状態，②共同意思決定重視によるタイムリーな決断の欠如，③組織運営の複雑

表 4-1　組織の諸形態

ワンボス・システム	集権的職能組織	職能別・機能別	ライン組織 ライン・アンド・スタッフ組織
	分権的組織	製品別・目的別	事業部制組織
ツーボス・システム	職能別・機能別 ＋ 製品別・目的別 （事業軸と機能軸のバランス）		マトリックス組織

化，④調整スタッフの増加によるコスト増という欠点がある。

なお，マトリックス組織を構成する軸は2系統にとどまらず，それ以上に及ぶことがある。たとえば世界を3地域に分け，百数十カ国において多様な事業展開を行っているIBMでは，複雑多岐にわたる組織を効率的に運営するため，①製品・サービス別組織（サーバー，ソフトウェア，サービス他），②業種別組織（金融・製造・流通，中小企業，消費者），③地域・国別組織（アジア・太平洋，欧州・中東・アフリカ，南北アメリカ）の3つの組織形態を組み合わせたマトリックス型組織を導入し，世界レベルでの戦略策定や投資，国や市場ごとの事業戦略による目的達成をめざしている。こうした複雑な組織の運営には，高い調整能力やコミュニケーション能力を備えたリーダーシップが要求される。

以上，集権的職能別組織（ライン組織，ライン・アンド・スタッフ組織），分権的事業部制組織，マトリックス組織が企業の組織形態の基本であるが（**図4-1**～**5**，**表4-1**），ほかにもネットワーク組織，仮想企業体（バーチャル・コーポレーション），カンパニー制，社内公募制，社内ベンチャーなど，環境や戦略に応じて，さまざまな組織形態が新たに生み出されている。だが，これらを個々に覚えるより，組織設計の原理（**分業と調整**の原理）を理解し，自社に最も適した形で組み合わせて組織を設計するのが重要であろう（*Column* ⑩）。

Column ⑩ 組織設計の原理——分業と調整

本節では，企業の組織形態について学んだ。こうした組織を設計する原理は何か。その基本は，分業と調整である。

⑴　分業の原理

分業とは仕事の分担であり，これにより生産性の向上・効率性の上昇が可能となる。また，管理者の仕事も，より有効に行われるようになる。

管理者は，現場作業者では判断のつかない問題に対する意思決定を行う。それは具体的には，①情報の収集，②情報の分析，③選択肢の作成，④選択＝決定，⑤決定事項の伝達の仕事を含んでいる。これらのうち①②⑤は他者に委ねることが可能だが，③④には高い能力が必要であり，管理者の仕事はここに集中す

事前準備

①プログラム	⑴ 各人の仕事の手順を事前に細かく決定 （事前に決められた作業手順のセット＝プログラム） ⑵ 詳細かつ矛盾のないプログラム → おのずから調整
②計画・目標管理	⑴ 組織全体の緻密な計画の作成 →⑵ メンバー各自が到達すべき目標地点をあらかじめ細かく規定
③教育訓練	厳しい教育訓練 → 時々刻々と変化する場面で，皆が同じような思考パターンをとるようにさせる

事後的調整メカニズム

④ヒエラルヒー	管理者 ⑴ 何人かの人々に対する直接的監督 ⑵ 彼らが判断できない例外的な事象の処理によって，組織の調整活動を遂行

る。そこに登場するのがスタッフである。情報の収集・分析を担当するスタッフや決定事項を通知する文書作成を担当するスタッフがいることで，管理者は選択肢の立案や決定に専念し，それが生産性や効率性の向上につながるのである。

だが，分業が進むと，①仕事の細分化・意欲の低下と，②調整の困難化というデメリットが生じることになる。職務拡大・職務充実やセル生産方式（1人～数人の作業員による1人多工程の生産方式）の採用は，前者に対する対応である。後者の調整の困難化は，分業の増大・複雑化，および分業の長期化によって拡大する。ここに，分業化された仕事をいかに調整するかが，組織設計の第2の原理として浮かび上がることとなる。

(2) 調整の原理

調整のメカニズムは，事前の準備と事後的調整のメカニズムに分けられる。事前の準備としては，①プログラム，②計画・目標管理，③教育訓練があげられる。これに加え，事後的調整

図4-6 代表的な3つの組織形態（2種の製品群をもつ家電メーカーの例）

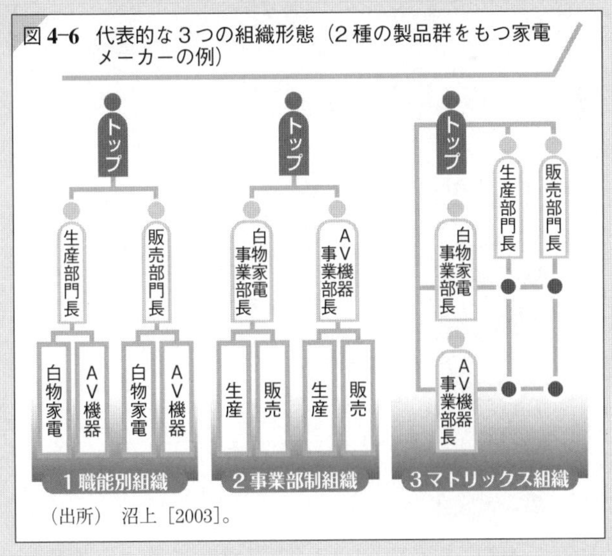

（出所） 沼上［2003］。

のメカニズムとしては，④ヒエラルヒーが利用される。それぞれの内容は，表のように整理される。

これら 4 つが，組織における調整手段の基本セットであるが，これは第 1 節で学んだ官僚制的な調整メカニズムにほかならない。

官僚制に対しては，大規模・大量の業務を遂行する際の正確性・迅速性・継続性・統一性などの点で比類なく合理的だが，未知の課題や例外的なケースへは十分な対応ができないとのイメージがもたれている。だが，必ずしもそうではない。

官僚制の基本は，①決められたことを決められたとおりに実行することと，②例外を例外として確実に上司の判断を仰ぐことである。管理者の仕事は，(1)長期的な戦略の策定と，(2)日常的な組織内の調整業務の遂行にある。後者は，(a)何人かの人々に対する直接的な指揮と，(b)彼らが判断できない例外の処理を通じて行われる。官僚制の基本動作ができない組織では，不良品・事故が多発し，その対応に多くの時間とエネルギーが費やされ，組織のイメージもダウンする。こうした状況では，管理者はその処理に忙殺され，本来なすべき戦略決定に専念することができない。安定した官僚制の足腰の上に長期的な戦略策定

表 4–2 組織形態と調整レベル

組織形態	内　容	調整レベル
職能別組織	生産・販売等の機能別分化（どちらも白物・AV を含む）	トップ（日常的組織内調整業務＋長期的戦略）
事業部制組織	製品別に組織が分化（それぞれのなかに生産・販売含む）	事業部長（トップは長期的戦略課題に集中）
マトリックス組織	事業部を超えた生産の標準化，販売の連携，技術開発の共同化等	縦のヒエラルヒーを横の調整システムで補完 市場適応と技術蓄積の双方をバランス

も可能となるという意味で，官僚制は創造性の母なのである。

環境の不確実性が増大すればするほど，現場には例外的な事象が増大する。組織はこれに対処するため，ヒエラルヒーにさまざまな工夫を加えることになる。それが，本節で学んだ組織の諸形態である。たとえば，白物家電とAVという2種類の製品群を製造・販売している家電メーカーなら，**図4-6**の組織形態が考えられる。組織の形態により，トップや各部門長の仕事がどのように変わるかを，**表4-2**を手がかりに考えてみよう。

Column ⑪ 超企業組織と超国家企業

現代企業においては，組織が企業の境界を越えて活動するとともに，企業も複数の組織との協働において事業を遂行している。本節で述べたように，企業はラインとスタッフ，さまざまな職能組織や事業部により構成され，ビジネスチャンスの発見から，製品の開発・製造・流通まで一貫したシステムで運営されている。だが，そうした事業に従事するメンバーのすべてが，当該企業の従業員というわけではない。

本社ビルの受付嬢や工場見学の案内嬢の多くは，人材派遣会社からの派遣社員である。コンピュータ・セキュリティに従事するシステム・エンジニアはコンピュータ会社のスタッフ。家電量販店の売り場で接客するのも，メーカーからの派遣。総合スーパーのフロアや，ファーストフード，居酒屋チェーン店ではフロア・マネージャーや店長だけが大卒の正社員で，それ以外は全員パート・バイト，派遣・契約社員という例は珍しくない。製造業の工場内で，ひとつの生産ラインに複数の下請け企業の従業員が並ぶ光景もある。

2011年3月11日の東日本大震災により事故を起こした東京電力・福島第一，第二原発では，2010年7月の時点で東電の社員約1850人のほかに，関連会社や原発メーカーなど協力会社の社員，約9500人が働き，そのうちの7～8割は原発地域周辺の住民であった（事故後は東電・協力会社の地元社員だけでなく，全国から集められた作業員が交代で危険な作業に従事した）。

以上のように，複数の企業がひとつの組織（協働体系）として機能しているとともに，個々の企業も複数の組織の事業に関与しているのである。

同時に，巨大企業の活動は超国家的ともいえる展開をみせている。第3章第1節でわれわれは，国家経済に比肩する経済力をもつ大企業について学んだ。こうした大企業が提供している財・サービスは世界の多くの地域で生産・販売されており，その活動範囲から，しばしば多国籍企業と呼ばれる。しかも，近年では各国を代表する大企業の国境を越えた合併や提携の動きが活発となっている。それはもはや，UNCTAD（国連貿易開発会議）の多国籍企業の定義（資産を2ないしそれ以上の国において統轄するすべての企業。2カ国以上に拠点を有する企業）では論じ尽くせない実態をもつ。

本国で企画・開発・製造した商品を海外に輸出する，海外に販売子会社がある，さらには現地のニーズに合った商品の開発を独自に開発するという多国籍企業の活動は，まだUNCTADの定義の範囲内である。しかし，そのような次元を超えて，製品の企画・開発・研究と資金調達はアメリカで，ソフト開発はインド，精密な部品は日本，周辺半導体は韓国・台湾，汎用部分や組み立ては中国というように世界中で最適な場所を，そのときの経済・政治の事情も考慮して流動的に選択して活動する実態は超国籍企業といってよい。国家の枠を超えた超国籍企業には，租税回避や雇用への重大な影響も問題視されている。

企業・組織の境界が一致せず，国境すら越えた活動を展開する現代大企業。コーポレート・ガバナンス（第3章第5節）や随伴的結果（本章第4節）が真剣に論じられなければならない理由は，ここにもある。

3 企業の組織と管理論の展開

●アメリカ管理論の展開を中心に

企業と管理

組織は環境の変化に適応して，自らの存続をはかる。組織の維持・存続のための機能を管理という。現代において，管理がもつ意味は重大である。

現代は企業中心の社会といわれる。とりわけ，大企業は現代社会の決定的な制度である。大企業は，社会を維持するために必要な大量の財貨とサービスを生み出し，提供している。これらがなくては，われわれの社会は一瞬たりとも存続できない。これを企業の経済的機能という。他方，企業は，多くの従業員を抱えるひとつの社会であり，現代人はそこで，地位と機能と所得を得，人間関係を結び，生きがいを見出す。これを企業の社会的機能という。さらに，企業は経済的機能を果たすために，命令と服従という支配関係に基づいた内部秩序をつくり，多くの従業員をひとつの目的に向けて有機的に協働させなければならない。これを統治的機能という。統治とは，本来的には国家が国民に対して行うものである。だが，現代社会においては，企業による統治のほうが従業員にとっては日常的であり，切実であり，そこでいかなる管理がなされるかは，彼らの人生を直接・間接に左右しかねない。

現代大企業は，上のような三重機能を果たす組織体であり，それが適切になされなければ，社会の存続も個人の幸福もありえないという意味で，まさに現代社会の決定的な制度なのである。

こうした企業の組織はいかに管理されなければならないであろうか。企業を中心としながらも，組織一般の管理の学として発展してきたのがアメリカ管理論である。そこでは，組織と管理はどのように論じられてきたであろうか。そしてまた，現代において最も重要な組織と管理の問題とはいかなるものであろうか。

管理の科学化——テイラー・システム

アメリカにおける管理論ないし経営学は，19 世紀の終わりから 20 世紀の初めにかけて成立した **科学的管理** をもって始まる。それ以前の管理が「勘と経験」に基づく成行管理であるのに対して，科学的管理は調査・分析による計画的な管理である。科学的管理の最初の体系は **テイラー・システム** である。現在に至るまでのいっさいの管理は科学的管理の範疇にあるともいわれる。

アメリカの機械技師テイラー（F. W. Taylor）が科学的管理の本質として述べたのは，「心からなる兄弟のような協働」と「勘と経験から調査・分析へ」という「精神革命」であった。だが，現実にテイラーが提起したのは現場作業の管理の技法であり，従来，職長が行っていた成り行き的な管理を，企画部というビューローによって意識的・計画的に遂行される科学的管理へと転換させることであった。新たに設置された企画部では，工場内の一流労働者の作業が調査・分析され（時間研究・動作研究），それに基づいて課業（task：1 日の標準的な作業量）が決定され，厳密な工程が設定され，差率出来高賃金による労働者の勤労意欲の刺激がなされた。生産における計画と執行が分離され，作業現場は企画部の支配下・管理下におかれたのである。まさに工場におけるビューロクラシー＝官僚制の成立といってよい。

テイラー・システムによって，それまで労働者の組織的怠業によって阻まれていた現場作業の効率化は飛躍的に向上した。だがそれは，個々の労働者の行動を合理的に計算された規律に適応さ

Column ⑫ 科学的管理の系譜(1)―― 3つの科学的管理

経営学は，テイラーの科学的管理をもって，その成立の道標とされる。だが，科学的管理をいかなるものと把握するかについては一様ではない。科学的管理を3つの次元において把握し，それぞれの射程を論じたのは，三戸公教授である。

⑴ テイラー・システム（作業の科学による課業管理の体系）

⑵ テイラリズム

（テイラー・システムの指導原理。計画と執行の分離）

⑶ 精神革命（「対立から協調へ」と「経験から科学へ」）

テイラー・システムとしての科学的管理は，フォード・システムや人間関係論の出現によって過去のものとなった。テイラリズムとしての科学的管理は（管理論として人間関係論よりも有効性をもつが），ドラッカーの管理論（計画と執行の統合）により超克されたといえる。だが，「対立から協調へ」と「経験から科学へ」の精神革命として科学的管理をみると，現代に至るまでの一切の管理ないし管理論は科学的管理と把握される。

テイラーの唱えた精神革命の2本柱のうち，「経験から科学へ」は人類史的な意義をもつものである。人類は知によって行為する。その知は経験に基づく知であり，それが蓄積・伝承され，言葉を豊かにし，文字化し，やがて学問が生まれ，科学が生み出され，ルネサンス以降，急速に発展した。そして資本主義の成立・発展とともに産業革命を経て，科学と技術は急激な展開をみせた。それまで別々に発展を遂げてきた科学と技術は19世紀から20世紀にかけて直接的に結びつき，科学は合目的的な手段としての技術に転化することによって実効性を示すものとなったのである。そして，かつては哲学が主流であった学問は，いまや科学＝技術を主流とするに至った。

テイラーの科学は，まさに科学＝技術の科学である。彼の科学的管理は一流労働者の経験知を収集・分類・分析することにより法則・規則（law and rule）を発見し，それを形式化（formula）し，合目的的にプログラム化し，ハード・ソフトの手段体系をつくりあげるものであった。それまで道具・機械を対象とし労働手段の体系と定義されていた技術は，科学的管理の成立以降，これらをハードとしてとらえ，その仕様や労働者の作業をソフトととらえ，法則性・規則性の意識的適用と定義されるようになった。法則・規則は，モデル，マニュアルの方式に形象化して作業者を助ける。科学化と技術化は，長く労働手段＝道具と機械に限られて適用されていたが，テイラーによって，「労働そのものを対象とする科学と技術」が創始されたのである。そして，科学・技術化のプロセスは明晰性を重視し，客観的表示を求めて数値的・数学的表現を志向することとなる。

テイラー・システムそのものは，作業の科学に基づく現場の課業管理の体系であり，企業全体の管理を論じるものではなかったが，「人間行為そのものの科学化」の出発点に立つという意義をもっていた。本節で学ぶテイラーから，ヒューマン・リレーションズ，管理過程論，バーナード，サイモン，コンティンジェンシー，ポスト・コンティンジェンシーへと至る潮流は，まさに「経験から科学へ」という命題に基づく管理論の展開である。それはまず，人間行為の科学から組織・環境・情報の科学へ展開した。そして，現場作業の管理を出発点とした管理の科学は，次に工場を含む企業全体の管理の学として，さらには営利・非営利の組織一般の科学として展開していったのである。こうした流れが管理論の主流である。これに対して管理論の本流とはいかなるものであろうか（*Column* ㉒に続く）。

せるものであり，課業の設定も一流労働者を基準になされたものであった。それゆえ，テイラー・システムは標準的な労働者にとっては科学的な苦汗制度以外の何ものでもなく，労働強化に対する組合側の反発は，アメリカ議会において科学的管理法特別委員会の設置をみるまでに至った。科学的管理は，テイラー本人の意図とは別に，管理の合理化・科学化にともなう労働者の疎外・抑圧を問題提起することとなったのである。

ウェーバーが，官僚制を合理的・機能的な組織であるとともに，それ自体，抑圧の器であると把握したことはすでに述べた。彼が産業における官僚制化の最高の帰結と評しているのが，科学的管理にほかならない。そして，その後の管理論においては，一方で管理の合理化･効率化をめざすとともに，他方で，労働者の疎外･抑圧をいかに解決していくかが重要な課題となったのである。

ひょうたんから駒――ヒューマン･リレーションズ

テイラー・システムそのものは現場作業の管理の技法であった。だが，科学とは対象と方法を限定し，対象に関する情報を集めて分析し，そこから法則性を発見するものである。科学的管理は管理への科学の応用であり，企業のあらゆる側面に及ぶ。

管理の科学化を新たな局面において展開したのが，ホーソン実験を嚆矢（こうし）とする **ヒューマン・リレーションズ** であった。メイヨー（G. E. Mayo），レスリスバーガー（F. J. Roethlisberger）によって主導されたホーソン実験は，当初は物的作業条件ないし労働条件と作業能率の関係を科学的に調査分析することをめざしていた。だが，そこでは「ひょうたんから駒」といわれたように，実験の当初の意図とは反して，作業能率を決定するのは労働条件ではなくて **モラール**（勤労意欲）であり，モラールは非公式組織により決定されるということが明らかになった。ここから，企業組織の人間的な側面，**非公式組織** の側面に注目し，これに働きかけることによって従業員のモラールの確保をめざす技法が展開された。これがヒューマン・リレーションズであり，面接制度・提案制度・相談制度・社内報などは，その具体的な施策である。

ヒューマン・リレーションズは，非公式組織の発見により管理

Column ⑬ X理論・Y理論と欲求5段階説

a. マグレガー：X理論・Y理論

マグレガー（D. M. McGregor）は新旧の管理のあり方と方向性を比較し，それぞれX理論・Y理論と定式化した。従来の管理は専制主義的であり，腕力や地位に基づいて権限で人を命令・統制する。こうした管理の基礎にあるものを理論化したのがX理論であり，それは，①人間は生来仕事嫌い，②強制・命令がなければ十分働かない（褒美よりも懲罰が効果的），③命令されるのが好きであり，責任は回避し野心よりも安定を望む，という人間観に立つ。

これに対しマグレガーは，従業員個々の目標と企業目標の統合を志向する管理論を提示してY理論と名づけた。命令や強制ではなく，仕事への自発的な動機づけを行うのがY理論であり，その前提は次のとおりである。①仕事は人間の本能であり，条件次第で満足の源となる。②人間は自ら定めた目標の達成には進んで努力する。③報酬により貢献意欲は高まる。自我欲求・自己実現欲求が満たされるとき，貢献意欲は最高となる。④人間は条件次第で責任を引き受ける。⑤創造性・問題解決能力は一部のエリートだけでなく，たいていの人に備わっている。⑥現在の企業では，従業員の知的能力は一部しか活用されていない。

b. マズロー：欲求5段階説

⑤ 自己実現欲求 …最高次の欲求
自己啓発・創造性・崇高な境地

④ 自我欲求 …自尊心・自信，他人からの承認・尊敬

③ 社会的欲求 …他人との接触・相互理解

② 安全欲求 …危険・脅迫・剥奪に対する防御，秩序・不変性

① 生理的欲求 …最も低次で，基本的な欲求
飲食・睡眠・性・酸素・寒暑・排泄

マグレガーがY理論を展開するにあたって採用したのが，マズロー（A. H. Maslow）の欲求5段階説である。強制ではなく，自発的に仕事をさせようとすれば，人間の欲求ないし動機とその充足の構造を知らなければならない。人間の欲求は低次のものから，高次の複雑なものまで段階的であり，低次の基本的なものが充足されて，はじめて高次の欲求が表面化する。人間はその本能において成長と発展を望んでおり，すでに充足された欲求をさらに刺激しても効果はない。欲求の各段階は図のようにまとめられる。

いうまでもなく，X理論は低次欲求を中心とした組織メンバーの行動モデルであり，Y理論は高次の欲求を強くもつ組織メンバーの行動モデルである。本書で学ぶバーナード以降の組織論・管理論はY理論的な人間モデル。これに先立つヒューマン・リレーションズは社会的欲求段階。それ以前のテイラー・システムは，さらに低次の欲求段階の人間モデルに立っているといえよう。基本的に肉体労働者の管理はX理論中心となり，知識労働者の管理はY理論に依拠するのが効果的である。

人間が成長とともに低次から高次の欲求をめざす存在であり，また，現代の企業が知識労働に利潤の源泉をおいていることを考えれば，X理論からY理論へと管理が移行することは，当然といえよう。しかし，……（*Column* ㉑に続く）

の新たな局面を切り開いた。だが，企業組織は公式組織と非公式組織の2つの側面をもち，組織目的達成という観点からは，後者は前者を円滑に機能させるという補完的な役割をもつにすぎない。しかし，ヒューマン・リレーションズは前者を積極的に論じることなく，後者についての理解も，人間はその群居本能から自然に非公式組織を形成するという認識を超えてはいなかった。管理論の課題が，組織目的の効率的な達成と管理による疎外・抑圧の解消の両方であるという観点からは，ヒューマン・リレーションズも，その一面のみを取り上げるにとどまっていたのである。

管理過程学派・管理原則学派――管理論の旧パラダイム

テイラー・システムやヒューマン・リレーションズは，現場における管理の対象である作業や，勤労意欲・人間関係を取り上げ，分析しようとはしたが，管理そのものを研究の対象として分析したわけではない。管理そのものの分析は，テイラーと並んで経営学の父とされるファヨール（H. Fayol）がはじめて試みた。そして，それは**管理過程**学派によって継承・発展させられた。

管理を「**計画**（予測）・**組織**・**命令**・**調整**・**統制**」という過程として把握したのは，フランスの鉱山技師ファヨールであった。そして管理をめぐるさまざまな知識を，こうした過程別に整理・分類し，管理の原則として定式化したのが，クーンツ＝オドンネル（H. Koontz and C. O' Donnell）らのプロセス・スクール，すなわち管理過程学派ないし管理原則学派と呼ばれる学派であり，これらは管理論を展開するうえでの基礎的な枠組みとなった。1960年代初め頃まで経営学の主流を占めていたのは，この学派である。

管理過程学派・管理原則学派が行った管理に関するいっさいの諸行為の分類・整理は，管理論の科学化の第一歩ではあるが，そこでは十分な仮説と論理の展開がなされていたわけではない。また管理そのものについても，人をして仕事をせしめるという素朴な理解にとどまっていたにすぎない。現代における管理論の主流は，次に述べるバーナードを嚆矢とする組織論を中核に据えた管理論である。そしてまた，管理の合理化による疎外・抑圧の解決の問題も，目的達成のための純粋な技術学として展開された管

Column ⑭ PDCAサイクル / PDSAサイクル

管理を5つの過程とみるファヨールの管理観を管理の旧パラダイムというなら，管理＝組織の維持・拡大機能とするバーナードの管理観は新パラダイムの提示といえよう。だが，管理の実践においてファヨールの分類はなお生きている。

計画・組織・命令・調整・統制の円環プロセスは，要約すれば「Plan-Do-See」のサイクルである。これを，PDCAサイクルと再構成した生産管理・品質管理の手法を提唱したのはシューハートやデミングらである。Plan（計画）→ Do（実施・実行）→ Check（点検・評価）→ Act（処置・改善）の4段階の繰り返しが，業務の継続的な改善を生むというのである。PDCAサイクルは後に，入念な評価を行う必要性からCheckをStudyに置き換え，PDSAサイクルと称されるようになり，現在では生産管理・品質管理にとどまらず，組織のあらゆる局面で業務改善の手法として利用されている。

理過程学派・原則学派においては，その関心の外におかれていた。しかしPDCAサイクル（Column ⑭）やマネジメント工程表などの管理手法は，企業や行政等の各種の組織の現場で今日でも活用されている。

バーナード革命――管理論の新次元

バーナード（C. I. Barnard）の『経営者の役割』（1938年）によって，管理論は新たな段階を迎えたといわれる。AT & Tをはじめ多くの組織体のエグゼクティブを務めたバーナードは，管理を組織の維持・拡大の機能であるととらえ，組織とは何かを追究することにより，管理論の新次元を切り開いたのである。

バーナードによれば，組織（公式組織）は**伝達・貢献意欲・共通目的**の3要素により成立する（**公式組織の3要素**）。したがって，組織の存続にはこれら3要素の確保が必要である。具体的には，①組織目的達成のための専門化の革新，②組織構成員の動機満足と貢献意欲の確保のための適切な誘因の提供，③伝達の確保のためのオーソリティの確立，が管理の基本的な機能である。バーナードはさらに，こうした管理の諸機能に共通する要素は意思決定であり，これこそが **管理の本質** であると把握する。意思決定には，環境適応をめざしてなされる機会主義の側面と，組織構成員に行動準則を与える道徳性の側面があるが，**リーダーシップ** の本質は **道徳性の創造** にあるとバーナードは結論づけている。

バーナード理論は，確かな仮説と論理の展開によって管理論を科学の名にふさわしいものにした。それは同時に，現代人の誰もが組織の一員として地位・機能・所得を得るとともに，組織が提供するサービスを受けずには生きていけない組織社会・管理社会の現実のなかで，社会科学における組織論・管理論の意義を高めることともなった。「バーナード革命」といわれるゆえんである。

バーナードの重要な問題提起のひとつに，「**有効性** と **能率**」の問題がある。従来の社会科学ないし管理論は，目的をいかに効率的に達成するかを主眼としたものであった。だが，目的達成をめざした人間の行為は，常に意欲しない結果を生むものであり，それは目的達成による動機満足を打ち消すほど重要な不満足をもたらすことがある。これは，本章の最後で論じる随伴的結果の問題である。ウェーバーが論じた官僚制の抑圧性，テイラー・システムによる労働者の疎外・抑圧は，まさにこの問題である。

随伴的結果は優れた社会科学者なら多くが注目していた問題であるが，バーナード理論はこれを，組織目的の達成にかかわる「有効性」と，随伴的結果を含めた組織構成員の動機満足にかかわる

Column ⑮ 客観的誘因と主観的誘因

伝達・貢献意欲・共通目的を確保して組織の存続をはかることが管理の基本的な機能であるが，このうちメンバーの貢献意欲は，誘因の提供により確保される。誘因とは，賃金のように，組織がメンバーの動機満足や，貢献意欲の確保のために提供する諸価値である。メンバーは，誘因が自らの貢献と同等もしくはそれ以上であれば満足して組織にとどまり，それ以下なら不満足となり組織から離脱する。離脱者が多ければ，組織は存続できない。この誘因と貢献のバランスを組織均衡という。

貢献より誘因が大きい場合に満足が得られるなら，組織はメンバーに与える利益を大きくするか（積極的誘因），不利益を減らそうとするであろう（消極的誘因）。たとえば賃金の上昇は前者，労働時間の短縮や劣悪な作業環境の改善は後者である。

だが，この区別よりもっと重要なのは，客観的誘因と主観的誘因である。賃金や労働条件は，通常は物的・客観的なものであり，客観的誘因である。これに対して，客観的誘因を提供できないときや，それが限られている場合，組織はメンバーの心理に働きかけ，心的な状態や態度・動機を変えて，利用可能な客観的誘因の効果を高めようとする。これを主観的誘因という。理想の実現や社会的に意義ある仕事をすることによる満足感，職場での良好な人間関係などはその例である。

客観的誘因と主観的誘因は，さまざまに組み合わされて提供されるが，前者を重視する組織（企業）もあれば，後者に重点をおく組織（宗教団体・軍隊など）もある。どちらの場合もメンバーの貢献により組織目的を達成し，誘因の原資となる物的・非物的な諸価値を再生産しないかぎり，組織は存続できない。より正確には，組織のつくりだす価値がメンバーに提供される誘因の価値より大きくなければならない。すなわち，組織は生産した価値のすべてをメンバーに分配するのではなく，将来の活動のために蓄積する必要がある。これを組織経済という。

メンバーが行った貢献以上の誘因が提供されなければならないことと，生産された価値のすべてを誘因として分配できないことは，そのままでは矛盾するように思われる。そこに主観的誘因の意義がある。また，客観的要因を提供するのが通常は組織のトップ・マネジメントに限られるのに対し，主観的誘因はトップからミドル，ローワーに至るまで，組織の全階層により，フォーマルまたはインフォーマルに提供することも可能である。

「能率」の問題として，はじめて理論の俎上にのせた意義をもつ。

意思決定の合理性と限界――サイモンの意思決定論

意思決定を管理の本質とするバーナードの結論を出発点とし，これを発展させたといわれるのがサイモン理論である。サイモン（H. A. Simon）は主著『経営行動』（初版, 1945 年）において，**意思決定** を人間の行為の中核ととらえ，その合理性と限界を徹底的に追究することによって，管理論のさらなる展開をめざした。サイモンによれば，意思決定はこれ以上分析のできない最小の単位ではなくて，なんらかの前提（**意思決定前提**）から結論を導き出す過程である。意思決定の前提は，善悪・倫理や行為の目的にかかわる価値前提と，事実の認識や目的達成の手段にかかわる事実前提からなる。サイモンは，後者の事実前提をめぐって意思決定の科学の成立が可能となると論じている。

サイモン理論の重要な側面のひとつは，**意思決定の合理性** を追求するとともに，そこには明確な限界があることを指摘し，これを克服する手段として組織を論じている点である。サイモンにおいては，組織は個人の意思決定に影響を与える機構と把握される。こうした組織に参加するかしないかという個人の意思決定の問題（組織均衡論）と，組織に参加した諸個人の意思決定を組織目的

Column ⑯ 意思決定

意思決定とは，一定の目標を選択し，これを実現するために考えられる代替案を列挙し，そのなかから，ある基準に基づいて，最も望ましく，また実行可能なものを選択することをいう。企業においては，トップからローワーに至るまでさまざまな経営の階層で意思決定がなされるが，いうまでもなく最も重要なのは経営者によりなされる長期的・全体的な意思決定である。

意思決定は通常，①解決すべき問題の明確化と情報の収集，②問題解決のための代替案の作成，③最も好ましい代替案の選択，というプロセスを経る。この第3の段階では，なんらかの代替案の選択がいかなる結果をもたらすかが，可能なかぎり予測されなければならないが，それにはおのずと限界がある。

意思決定には，日常的に反復され，よく構造化された定型的意思決定と，日常的に発生せず，非反復的な非定型的意思決定がある。前者は一定の処理手続きが明確に定められているので，意思決定の必要が生じたときに，そのつど新たに決定する必要がなく，他者に処理を任せることも可能である。企業における日常的な意思決定の多くがこれにあたる。

他方，後者は明確な処理方法を事前に定めることができず，新たに直面する問題であるため，解決方法が必ずしも自明でなく結果が予測できない。経営者の最高意思決定にはこのタイプが多く，これを的確に行うことがリーダーシップの源泉となる。

達成の観点からいかに統一的なものとするかの問題（組織影響論）をめぐる理論展開が，『経営行動』の主たる内容にほかならない。

こうしたサイモンの視点は，マーチ（J. G. March）との共著『オーガニゼーションズ』（1958年）においてさらに豊かに展開されている。ここでは組織における**意思決定の合理性の限界**をもたらす二大要因として動機的制約と認知的制約が語られ，これらを軸

Column ⑰ 目立たないコントロール

動機的制約と認知的制約のもとで意思決定の合理性を高めようとするとき，問題となるのは意思決定前提であって，意思決定プロセスそのものではない。組織は意思決定前提をコントロールすることにより，個人を統制する。

組織が意思決定前提をコントロールする方法は，2つある。①命令や規則によるコントロールと，②情報の内容と流れを規定することによるコントロールである。後者を目立たないコントロールという。それは具体的には，不確実性の吸収，組織用語，仕事のプログラム化，原材料の標準化，手続きのプログラム化，コミュニケーション・チャンネルの使用頻度，コミュニケーション構造，人員選抜基準等によってなされる。組織における個人行為の大部分がこのようにコントロールされており，命令や規則により統制される部分は全体の2割にすぎないというのが，マーチ=サイモンの主張のひとつである。

に従来の組織論・管理論の再検討を行うことによって，組織ないし管理の諸側面を積極的に把握する理論の展開がめざされているのである。彼らによれば，テイラーの科学的管理やウェーバー官僚制論は，人間の動機的要因を考慮していない機械論的な組織モデルである。マートン，グールドナーらの官僚制逆機能論は動機的制約への着目により，官僚制の逆機能を把握している点で前者を凌ぐ有機的モデルだが，認知的制約という視点を欠いている。それに対して，動機的制約・認知的制約の両面から組織における意思決定のコンフリクトを論じたマーチ=サイモン理論はより高次であり，官僚制の逆機能性のメカニズムと克服を論じるものとして，精緻かつ包括的な理論ということができる。

だが，バーナード理論の発展といいながら，サイモン理論はその実，バーナードが意思決定の機会主義と道徳性のうち後者を重視していたのに対して，前者，すなわち組織目的達成の合理性に問題を限定し，その側面での展開をめざしたにすぎない。そして，ウェーバーの官僚制論も，組織論レベルにおいてはマーチ＝サイモン理論によって超えられたかのようにみえながら，合理性・機能性の追求が官僚制の抑圧性・隷従性を拡大するという支配論レベルでの問題提起については，『オーガニゼーションズ』では積極的に論じられてはいない。

コンティンジェンシー理論とポスト・コンティンジェンシー理論

サイモン理論は，バーナードの意思決定論の2側面のうち，機会主義の側面を発展させたものであると述べた。意思決定の機会主義の問題とは，組織が環境のなかで存続をはかるための意思決定の問題である。こうした問題関心は1970年代以降，**コンティンジェンシー理論**として展開された。コンティンジェンシー理論は条件適応理論・状況適合理論・環境適応理論と訳されるように，管理にワン・ベストウェイはなく，組織を取り巻く環境や条件に従って適合的になされるべきという基本線に立つ。

コンティンジェンシー理論は，環境と組織の分析を発展させ，それにより組織と環境との関係は精緻に把握されることとなった。組織は構造と過程においてとらえられ，特定の構造と過程を生み出す前後関係的要因を把握するものとしてコンテクストが論じられ，そこから組織文化論・組織風土論も生まれてきた。

さらには，コンティンジェンシー理論の一環として，組織におけるカオス（無秩序）・曖昧さを発見し，その状況に立脚した意思決定モデルとしてのゴミ箱モデルも提唱された。ここでは合理性を追究しながらも，なお組織に存在する曖昧性・非明晰性を解

Column ⑱ 知識創造論

企業活動の実践を組織の知識創造の過程ととらえ，組織的な知識創造の技能・習熟の分析を研究対象とするのが，**知識創造論**である。企業が競争の激化と環境変化のなかで，他社に対する競争優位性を獲得し，成長するためには，顧客や市場の動向など経営環境に関する情報を迅速かつ的確に収集し，分析する知的能力が重要となる。知識の効果的・効率的な活用が，環境変化に適応する意思決定や製品開発力には不可欠であり，知識の組織的・体系的な創造・活用により，経営革新も可能となる。

企業の中核的な経営資源としての知識は，いかにして創造され，マネジメントされるだろうか。知識は，**暗黙知と形式知**に分類される。形式知は言葉を通じて表現される客観的な知識であり，他者への伝達や共有が容易である。他方，暗黙知は言葉では表現できない主観的な知識だが，創造性と大きくかかわる。

人間の創造的活動においては，この暗黙知と形式知が相互作用・相互変換することにより，知識が創造・拡大される。知識変換は，①共同化（個人の暗黙知をグループの暗黙知として共有），②表出化（暗黙知の概念化による形式知の創造），③連結化（個別の形式知の結合による形式知の体系化），④内面化（形式知を体験することによる暗黙知の内面化，新たな暗黙知の創造）の4つのプロセスを通じて行われる。この過程で新たな知識が創造されるのであり，それが企業においては新たな製品コンセプトや事業コンセプトに結実していく。知識の創造と効果的活用のためには，ナレッジ・マネジメントが必要とされる。

明することにより，組織の環境適応がいっそう精緻に分析された。

こうしたコンティンジェンシー理論の発展のなかで，これを克服しようとする**ポスト・コンティンジェンシー理論**の主張も生まれてきた。ポスト・コンティンジェンシー理論は，組織は条件・状況・環境に適合するばかりでなく，組織それ自体として環境に

Column ⑲ 経営戦略論の展開

経営戦略（*Column* ❾）には，3つの次元がある。①企業戦略（全社戦略）――企業全体の成長をはかる経営戦略。②事業戦略（競争戦略）――個々の事業分野にかかわる戦略。③機能分野別戦略――企業戦略と事業戦略を実現するために必要な各職能（人事・財務・製造・販売・マーケティング・研究開発・情報システム等）の行動方針の決定，である。

①企業戦略では企業全体の理念や方向性を定め，対象とするドメインや事業ポートフォリオの構成，新規事業への進出や経営資源の整備，競争戦略（事業戦略）の基本方針等に関する決定を長期的な視野において行う。ドメインとは事業の領域であり，プロダクト・ポートフォリオ・マネジメント（PPM）では，市場成長率と相対市場シェアのマトリクスから，製品系列を整理し，選択と集中を行う。②事業戦略では，特定の産業ないし製品と市場セグメントでいかに競争するか，そのために必要な経営資源をいかに整備するかに関する方針を定める。

チャンドラー以降，1960年代のアンゾフ，70年代のミンツバーグ，80年代のポーター，90年代のプラハラード＝ハメルと経営戦略に対する研究は多彩に展開されたが，これらを(1)戦略策定の主体と，(2)戦略の射程という視点から整理すると，4つの戦略観に分類できよう。

(1)前者についていえば，アンゾフとミンツバークが対比される。アンゾフにとって戦略とは「事前の計画」であり，組織全体の目標に向けて，メンバーの活動を整合化する計画として，トップがコンセプト，ビジョン，事業の構造と活動について分析を重ねたうえで英断する。トップによる綿密な計画を，組織の末端が実行するのである。これに対して，ミンツバークでは，「事後的な創発」である。計画が想定できない不確実な環境下でも，現場（ミドル）が新技術と市場機会を結合して創発されるのが戦略である。ここでは，現場がイニシアチブを発揮するのであり，トップは方向性を提示し，詳細は現場に委ねられる。現場のイニシアチブをいかに活性化するかが，トップの重要な役割となる。

(2) 他方，1980年代・90年代のポーターとプラハラード＝ハメルの戦略論は，戦略の射程（現在の利益か，将来の成長か）から対比できる。ポーターにおいては，戦略とは「有利なポジションの発見と進出」であり，いま見えている事業ポジションが利益を生むかどうか否かの判断で取捨選択し，選択と集中をはかるものである。これに対して，自社のもつ技術やマーケティング能力などの「見えざる資源」に注目するプラハラード＝ハメルは，戦略を「経営資源のヨコ展開」ととらえ，これを将来の成長に向けた競争力の源泉と考える。両者はポジショニング・ビュー，リソース（経営資源）ベースト・ビューとして，活発な論争が展開されることとなった。

対して積極的・創造的に自己を創造すべきというものである。ここに自己組織性論が生まれ，組織の自律性・自己変革性が論じられ，その議論は哲学的レベルにまで及んで展開された。

また，曖昧さをもつ現実の組織における意思決定の合理性・機能性を，ゴミ箱モデル以上に追究しようとして，組織認識論が登場した。環境適応といっても，組織構成員の一人ひとりが環境をどう認識し，そこからいかなる問題を見出し，いかに対応するかが違っていたら，組織の機能性は達成できない。環境適応のためには，多数の組織メンバーが統一的な共通認識をもたねばならない。ここに，組織目標達成の観点から環境をいかにとらえるか，目的達成のためにつくられたコンセプトやパラダイムを具体的にどうデザインし，組織メンバー間で共有していくか，という組織認識論ないし知識創造論が提起されるに至るのである。

なお，コンティンジェンシー理論，ポスト・コンティンジェンシー理論はともに，組織の環境適応を分析の中心としているが，ここでいう環境には，現在，地球環境問題として議論されている自然環境は含まれていない。ここでは組織目的の設定と達成にかかわる課業環境として，顧客・株主・労働市場・取引先・政府・地域社会などが主として論じられているにとどまる。こうした課業環境を分析することにより，合理的な意思決定や合目的的な組織の形成が追求されているのである。その意味で，コンティンジェンシー，ポスト・コンティンジェンシーの諸理論も，これまでに述べた組織目的の達成と管理の抑圧性の克服という観点からいえば，前者における合理性・機能性を追究した論理であり，後者の問題が明確に視野のなかに据えられているとは言い難い。

4 管理の革命

●随伴的結果論

さて，これまで組織と管理をめぐる諸理論の展開を，組織目的の達成と疎外・抑圧の克服という観点から論じてきた。こうした管理論の流れを，随伴的結果論の観点から論じることによって，管理の革命を問題提起したのが三戸公教授である。三戸教授は，目的的結果のみを問題とし，それにかかわるかぎりで環境をとらえ，組織の変革や目的達成の戦略を論じてきた従来の単眼的管理に対して，目的的結果と同時に **随伴的結果** を積極的にとらえ，両者を等しく注視し配慮する **複眼的管理** を提唱する。随伴的結果をめぐる三戸教授の問題提起は以下のようなものである。

人間はなんらかの動機に基づいて特定の目的を選択し，その達成のために意思的な行動をする。その目的は達成されることも，

Column ⑳ ドラッカーと現代企業

ドラッカー（P. F. Drucker）は現代企業を肯定的にとらえ，企業と社会をいかにして「自由にして機能」せしめるかが現代社会の課題であると論じて，戦後の世界に大きな影響を与えた。とりわけ日本は，ドラッカーをして「私の提言を最も忠実に受け入れたがゆえに成功した」とまでいわしめている。

現代大企業は，経済的・社会的・統治的な機能を果たす現代社会の決定的・代表的・構成的制度である。それゆえ，その維持こそが至上命題であり，利潤は企業維持のため，したがってまた社会の存続のために回収すべき未来費用であり，企業成果測定の唯一の尺度であると把握される。こうした企業観・利潤観は，長らく蔑視されてきた企業の営利活動を肯定し，利潤追求を善とする世界を切り開いた。それは，現実においてはドラッカーの意図を超えた展開すらみせているといってよい。

それでは，より多くの利潤はいかにすれば獲得できるか。それを可能とするのがマーケティングとイノベーションである。すなわち，企業の目標は「顧客の創造」であり，顧客の創造はいかにして顧客の需要を把握し，つくりだすか，どのような手段・方法で商品を知らせ，購入させるか，いかに購入後の面倒をみるかというマーケティング活動と，企業活動の全般をどのように日常的に改善し革新していくか，資金調達・組織・購買先・製品とその製造方法・販売先・販売方法をいかに革新していくかというイノベーションにかかっている。そして，世界中のあらゆる規模と種類の企業が，利潤を求め，自らの維持・存続をかけたマーケティングとイノベーションのサバイバル競争におかれることとなる。ドラッカーによって，利潤拡大の新たな技術論が打ち出されたのである。

企業におけるマーケティングとイノベーションを担うのは，(かつてマルクスによって利潤創出の源泉と論じられた肉体労働者ではなく）知識労働者である。知識労働者の生産物は情報であり，それゆえ，現代社会は情報化社会といわれる。

それでは，知識労働者が主役となった現代大企業の組織は，いかにして管理されるべきであろうか。ここにドラッカー思想の神髄たる自由論（自由＝責任ある選択こそが人間の本性であるとする人間観）に基づいた管理のあり方，「自由と機能の統一」をベースとした管理論が展開されることとなる。情報は上からの強制的・抑圧的な状態のもとでは，創出が困難である。むしろ知識労働者には可能なかぎり，自主性・自律性を与え，活動の自由を保障する組織づくりをしなければならない。その具体的な方策が，目標管理であり，分権制である。すなわち，各人がそれぞれに目標を立て，その達成のために自律的に行為するような自己管理・自己統制の体制（目標管理）こそが，知識の創造を活性化する。そして，そのような知識労働者の活動の自由を保障するためには，各人が担当する全職務への権限の賦与の体制（分権制）が求められるのである。そのめざすところは全員経営者化の道にほかならない。

こうしたドラッカーの提言は，世界中の企業，とりわけ日本企業に導入され，多大の成果をあげた。だが，企業のマーケティング活動は世界中をより深く市場原理に組み込むものであり，イノベーションは新商品と情報を氾濫せしめ，自然環境と社会環境の両面で，深刻な地球危機の事態を招きつつある。かつてドラッカー自身が人間の本性として守ろうとした自由も，いまや知識労働者の活動の活性化のための条件として，手段的な価値を与えられるにすぎないものとなった。知識労働者をはじめとする従業員は，企業にとっての人的資源にすぎない。

もちろんドラッカーは，こうした現代社会の否定的な側面を軽視しているわけではない。企業活動の社会的衝撃と社会的問題に関する重要な指摘も忘れてはいない。だがそれは，彼がマーケティングとイノベーションの意義と具体的な方法について費やした多くの議論に比べれば，質量ともに物足りないといわざるをえないであろう。

Column㉑ Y理論からX理論への逆行？——近年の管理の動向

Column⑬とは逆にY理論からX理論的な管理への回帰がみられるのが，近年の動向である。かつて経営の3大資源とされていたヒト・モノ・カネに，情報が加わり，経営の4大資源といわれているように，現代企業における情報や知識の重要性はますます大きくなっている。それにもかかわらず，こうした逆行が起こっているのである。企業だけでなく，高度なプロフェッショナルであるプロフェッサーたち知識労働者が研究と教育に従事する専門的な機関とされる大学ですら，自己点検・自己評価の名のもとに，研究と教育の成果を数値化し評価することによって管理が強化される体制と化している。こうした動向の背後にいかなる社会・経済の変化があるだろうか。

また，マズロー欲求5段階説を企業の管理に応用するとき，これまでは自己実現欲求の重視が叫ばれることが常であった。それはそれで理由があろう。だが本当に重要なのは，それより低次とされる自我欲求の充足である。自己実現欲求志向型の経営は美しくはあるが，十分な人的・物的・財政的な資源の投入を欠いたまま，メンバーの自己実現欲求のみを刺激しても，成果が上がる前に現場の混乱や疲弊がみられることになる。何より，組織のなかで自己実現という崇高な境地に達しうるメンバーは少ないという現実がある。

だから，自己実現型のメンバーが少数でも組織が崩壊することはないが，自我欲求が満たされないとなると，話は別である。メンバーは自己の仕事が評価されることにより成長し，新たな可能性に挑戦する意欲をもつが，逆に十分な評価や承認を得られないならば貢献意欲を失い，組織は崩壊の危機に瀕する。これを回避するためには，組織として目標を達成する戦略が必要であり，その成果として得られた諸価値を誘因（Column⑮）としてメンバーに分配しなければならない。

だが，バブル経済崩壊以降の日本企業は，賃金やポストなどの客観的誘因の提供において十分でないだけでなく，これを補完する主観的誘因の提供にも成功していない。そればかりか，フリーターや派遣社員・契約社員等の非正規従業員（第5章第1・5節）に十分な賃金や雇用の安定を保証せず，自社の雇用調整のための手段としてのみ活用するなら，それは自我欲求どころか，最低次の安全欲求・生理的欲求すら無視することになる。Y理論からX理論への逆行の是非とともに，日本社会・経済の長期的な発展と個人の幸福という観点から，問題とすべきであろう。

されないこともあるが，これにかかわる結果を目的的結果という。だが，人間の行為は目的的結果と同時に，当初は意図しなかった結果，求めなかった結果を必然的に生み出す。これを随伴的結果という。随伴的結果は，①些細か重要か，②好ましいか不満足か，③予期できるかできないかに分類される。これらのうち，些細なものなら無視してかまわないし，好ましい随伴的結果なら歓迎もされる。だが大量生産様式の進展にともなう地球環境の破壊などはきわめて重大な随伴的結果であり，無視してすむものではない。

随伴的結果は行為の当事者だけでなく，第三者にも作用・影響を及ぼす。そして行為の規模が大きくなり，目的的結果が大きくなるほど随伴的結果も大きくなる。その意味で組織行為が生み出す随伴的結果は，個人と比べてきわめて大きい。個人行為が基本的に一回生起的であり，個人の欲求・欲望の範囲内にとどまるのに対して，組織行為の場合，連続的・継続的であり際限がなく，さまざまなソフトとハードの技術に支えられているからである。

だが，組織にとっての随伴的結果は，組織の存続にプラスかマイナスかという観点でとらえられるにすぎない。たとえば，企業の廃棄物の処理や投棄でどれほど大きな被害を周囲にもたらしても，それで抗議や損害補償を要求されたり，活動の中止を求められるなど，当該企業の存立になんらかのかたちでマイナス的な影響を及ぼしているととらえられないかぎり，些細なものとして無視される。しかも，目的的結果があらかじめ計画され，また計画どおりに目的が達成されたかを正確に把握・測定されるものであるのに対して，随伴的結果は正確に把握されることはないし，またできない。そのうえ，目的的結果が限定的であるのに対して，随伴的結果は無限定的にどこまでも波及的に引き起こされる。現代社会が直面した地球規模の環境破壊はその典型である。

こうした随伴的結果の問題になんらかのかたちで注目し，言及した先駆者たちは，これまでにも存在した。有効性と能率の問題を論じたバーナードがその一人であり，彼に先立って，ウェーバーも20世紀の初頭に早くも，人間の目的的行為における機能性の追求が，官僚制による抑圧性の深化・拡大という随伴的結果をもたらすという問題をめぐって，優れた洞察を示していた。

しかし，バーナードは随伴的結果を重要なものととらえながらも，行為者個人の満足・不満足の主観的な問題として狭くとらえたために，随伴的結果の全体像をつかみ，これを個人・協働・組織の各レベルで十分に理論展開することはなかった。また，ウェーバーの提起した官僚制の機能性と抑圧性という目的的結果と随伴的結果の相即的把握の問題も，その後の論者たちによって，必ずしも積極的に論じられ，発展させられたとはいえない。むしろマートン，グールドナーからマーチ＝サイモンに至るウェーバーリアン，ネオ・ウェーバーリアンによって，この問題は解消の方向に向けられ，もっぱら目的的意思決定の追求，合目的的組織の形成のための理論構築がめざされたといってよい。第3節で学んだ管理論の展開は，そのような流れとして把握することができる。

だが，現代における最大の問題が地球環境破壊であり，これが企業の大量生産・大量流通とこれに基づく大量消費によって惹起されている状況のなかで，その組織・管理のあり方を論じようとするとき，随伴的結果の視点を欠くことはできないであろう。

Column ㉒ 科学的管理の系譜 (2)——管理論の主流と本流

テイラーの凄さは「経験から科学へ」と同時に「対立から協調へ」を科学的管理の柱として立てた点にある。どちらか一方のみでは科学的管理ではない，とテイラーは主張する。

「対立から協調へ」は科学的命題ではなく，信念・信条・規範を表白する価値的命題である。管理は科学的管理であれ，伝統的管理であれ，なんらかの価値的・規範的な要素なくしては成り立たない。「対立から協調へ」は「争いに代える心からなる兄弟のような協働」とも言い換えられる。科学は常に善のみではなく，悪にも用いられることをテイラーは自覚していた。それゆえ，科学的管理は単に機能を追求する方式，技術であるだけでなく，雇用者と従業員の両者に繁栄をもたらすものでなければならず，その二者を兼ね備えてはじめて科学的管理たりうるとテイラーは断言した。彼は機能性・合理性の追求だけでなく，同時に経営のあるべき方向・規範も追求したのである。

ここから人間とは何かを問い，人間が機能する場所としての企業・経営・組織とは何かを研究する存在論・規範論の上に，機能論を論じた管理論の展開がなされることになる。この流れが科学的管理の「本流」である。主流が「経験から科学へ」のみを軸とするのに対して，テイラーからフォレット，バーナード，ドラッカーに至る本流は「経験から科学へ」と「対立から協調へ」の2本柱によるものである。

主流が対象と方法を限定し，その上に有効性を追求する科学的接近をとるのに対して，本流は人間，あるいは組織・環境といった認識の対象を分化する方向ではなく，あくまで部分を全体との統合において把握しようとする哲学的接近をとる。フォレット理論は，こうした側面で，まさにテイラーを継ぐものである。フォレットにおいては，人間の行為ないし協働行為はコンフリクトの連続であり，それにいかに対応するかが人生であり，そこに管理の本質が存在すると把握され，「抑圧」や「妥協」ではなく，「統合」こそが最も機能的であると論じられた。統合は，言い換えれば全体状況の法則であり，これに従うことが管理の要諦だとフォレットは主張したのである。

こうしたフォレットに続いてバーナードは，人間とは何かの全人仮説を立て，それに基づいて個人行為と協働体系を論じ，組織の概念を構築し，組織と管理を論じた。彼は管理を組織維持機能と把握し，その中核としての意思決定を機会主義と道徳性の2要因からなると論じた。バーナード理論は自由論と決定論，個人主義と全体主義の統合をめざすものでもある。それ以降の管理論の主流はいずれもバーナードの組織論に依拠し，そこからサイモンは意思決定を科学化したが，バーナードが重視した道徳性の側面を積極的に論じていない。

さらにテイラー，フォレット，バーナードの延長線上に自らをおいたのがドラッカーである。ドラッカーはキリスト教の人間観に立ち，現代社会を企業および非営利経営などの組織体を構成的制度とする組織社会ととらえることにより，現代社会維持のガバナンス論としての管理論を展開した。その指導理念は人間の本性たる自由の確保と組織の機能の統合であり，それを実現する技法をめざした点にドラッカー理論の意義があった。

科学的手法により組織・管理を対象把握する機能論としての主流と，経営ないし協働体系を全体と部分の相即的な把握により理論化し，存在論・規範論に立脚する本流はいずれが優れているかというものではない。むしろ両者の成果を相互に位置づけ，意味づけることが必要であろう。

EXERCISES Chapter 4 演習問題

〈BASIC〉

1 官僚制の特徴を実際の組織に当てはめて考えてみよう。また，その合理的側面と非合理的な側面をそれぞれ列記してみよう。

2 組織における目的と手段の転倒の具体例をあげてみよう。

3 随伴的効果の具体例を列記してみよう。

〈ADVANCED〉

1 実際の企業に事業部制組織，マトリックス組織がどのように採用されているか調べてみよう。

2 アメリカ管理論の流れを整理してみよう。その際に，何が管理の基本的な問題と考えられていたかに注意してみよう。

REFERENCES Chapter 4 参考文献

飯野春樹編［1979］『バーナード 経営者の役割』有斐閣（有斐閣新書）。

ウェーバー，M.（阿閉吉男・脇圭平訳）［1987］『官僚制』恒星社厚生閣。

サイモン，H. A.（二村敏子・桑田耕太郎ほか訳）［2009］『経営行動――経営組織における意思決定過程の研究（新版）』，ダイヤモンド社。

高橋伸夫編［2000］『超企業・組織論――企業を超える組織のダイナミズム』有斐閣。

チャンドラー，A. D., Jr.（鳥羽欽一郎・小林袈裟治訳）［1979］『経営者の時代――アメリカ産業における近代企業の成立』上・下，東洋経済新報社。

ドラッカー, P. F.（上田惇生訳）［2008］『マネジメント――課題,責任，実践』上・中・下，ダイヤモンド社。
ドラッカー，P. F.（上田惇生訳）［2006］『現代の経営』上・下，ダイヤモンド社。
西山賢一［1985］『企業の適応戦略――生物に学ぶ』中央公論社（中公新書）。
日本経済新聞社編［2002］『やさしい経営学』日本経済新聞社（日経ビジネス人文庫）。
日本経済新聞社編［2010］『これからの経営学』日本経済新聞社（日経ビジネス人文庫）。
沼上幹［2003］『組織戦略の考え方――企業経営の健全性のために』筑摩書房（ちくま新書）。
野中郁次郎［1980］『経営管理』日本経済新聞社（日経文庫）。
バーナード，C. I.（山本安次郎・田杉競・飯野春樹訳）［1968］『新訳 経営者の役割』ダイヤモンド社。
マーチ，J. G.，H. A. サイモン（高島伸夫訳）［2014］『オーガニゼーションズ――現代組織論の原典（第2版）』ダイヤモンド社。
三戸公［1971］『ドラッカー――自由・社会・管理』未來社。
三戸公［1973］『官僚制――現代における論理と倫理』未來社。
三戸公［1994］『随伴的結果――管理の革命』文眞堂。
三戸公［1997］『現代の学としての経営学』文眞堂（文眞堂選書）。
三戸公［2002］『管理とは何か――テイラー，フォレット，バーナード，ドラッカーを超えて』文眞堂。
レン，D. A.（車戸實監訳）［1982］『現代経営管理思想――その進化の系譜』上・下，マグロウヒル好学社。

第5章 「家」としての日本企業

日本的経営の原理と構造

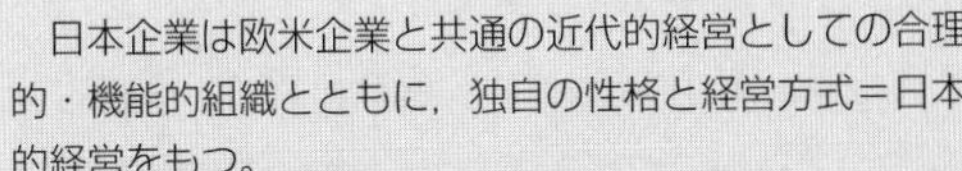

日本企業は欧米企業と共通の近代的経営としての合理的・機能的組織とともに，独自の性格と経営方式＝日本的経営をもつ。

日本企業の人事システムの内実は欧米（契約型）とはきわめて異なる所属型だが，若年優良労働力の吸収・定着，教育訓練，有効利用，不要労働力の排除のシステムとして有効である。日本型人事システムは日本的経営の特質の重要な側面を示しており，これなくしてわが国企業の強さは語れないが，同時に，日本的経営の独自性は，日本型株式会社制度・日本型企業結合様式など企業行動全般に及んでおり，これらに言及せずに日本経済の成長の秘密や貿易摩擦の原因を論じることはできない。通説となっている「終身雇用・年功制」だけでは，日本的経営の全貌は描き尽くせないのである。

1980年代に日本を経済大国に導いた日本的経営は，バブル崩壊以降，その限界が指摘され，改革が叫ばれている。だが，日本的経営の評価は，いまなお賛否相半ばする。本章では，家論の観点から，日本的経営の原理と構造を論じ，その全体像を理解する手がかりとしたい。

SUMMARY 本章のサマリー

KEYWORDS 本章で学ぶキーワード

日本的経営　契約型・所属型　運命共同体　日本型人事システム　新規学卒一括採用　企業規模別賃金　多就業形態（社員・非社員構造）　不要労働力の排除　階統制と能力主義の二本立て　日本型株式会社制度　企業集団・企業系列　親子関係　ワンセット主義　家の論理　維持繁栄　家族・非家族　滅私奉公

はじめに――日本の企業行動の特質

これまでわれわれは，企業についてさまざまな視点から論じてきた。とりわけ前章では，日本の大企業の実態を踏まえながらも，基本的には，現代企業のもつ普遍的な性格と構造を明らかにするために，欧米企業の組織との共通性（近代的経営としてのビューロクラティックな側面）が述べられた。

しかし，わが国の経営は，欧米にはない独自性・特殊性をもっており，そのユニークさが日本企業の優秀性の基礎となるとともに，さまざまな問題点を生んでいる。本章では，こうした日本企業の独自性を理解するために，日本的経営としての企業（「家」としての日本企業）について論じていくこととしよう。

日本的経営は，1970 年代の初め頃から，日本経済の驚異的な発展の原動力として，世界の注目を浴びはじめ，先進欧米の経営とは異なったものとして認識され，賞賛または非難の対象として議論・研究され，その動向に関心がもたれた。そして，わが国が経済大国となった 80 年代が過ぎ去り，90 年代のバブル崩壊以降の企業業績の悪化と，さらには 2000 年前後からの急速なグローバル化・IT 化のうねりのなかで，日本経済・日本企業の構造改革を求める声が国内外から沸き起こった。かつて優秀な経営システムとして賛美された日本的経営に疑問の目が向けられ，変革が叫ばれるようになったのである。はたして，日本的経営は限界を迎えたのであろうか。

本章の前半では，日本経済を繁栄に導いた 1980 年代までの日本的経営の全体像を描き（第 1～3 節），後半では，バブル崩壊以降，現在に至るまでの動向を論じたい（第 5 節）。両者にはさまれた第 4 節では，日本企業・日本的経営の独自性を説明する視点として「家の論理」を紹介し，日本の組織体に特有な経営原則の体系を示すことにしよう。

本章の出発点になるのは，まず，日本における会社と従業員の関係が企業行動にいかなる影響を与えているかである。終身雇用・年功制に代表される人事システムや，集団主義的といわれる意思決定システムの研究は，従来，経営管理論・組織論・人的資源管理論において進められてきた。だが，これらが日本企業の独自の性格・構造・行動と不可分に結びついている以上，企業論の観点から日本的経営を論じることも必要であり，それなくして日本企業の強さを語ることはできないであろう。

だが，日本企業の独自性は，人事システムにとどまらず，企業様式の全体に及んでいる。とりわけ，①株式会社制度本来の原則を逸脱した日本型株式会社の構造と，②他国に類をみない企業結合の様式（企業集団・企業系列）について論じなければ，日本の経済成長の秘密や貿易摩擦の原因を議論することはできないであろう。これらの一部はすでに，第2章・第3章でも述べられているが，日本的経営の観点から改めて整理するのが，本章の第2・3節である。

かつては，「終身雇用・年功制・企業別労働組合」の三本柱を，欧米にはみられない日本的経営の特質であり，三種の神器であるという見方が常識化されていたが，本章は，こうした従来型の把握には立っていない。むしろ，そこでの印象とは逆に，市場の動向や個別企業の事情に応じて柔軟な雇用調整を行っているのが日本企業の人事システムの実態である。そして，企業行動全体としても，会社の維持発展そのものを第一目標とし，その観点からあらゆるシステム（人事システム・株式会社のシステム・企業間結合システム）を構築・再構築するのが日本的経営なのである。

1 日本企業と従業員

●運命共同体としての企業と日本型人事システム

日本企業の従業員行動の現実

終身雇用・年功制が，一般にもたれているイメージどおり，一度入社した従業員の雇用を定年まで保証し，学歴と勤続年数に従って昇進・昇給させることを意味するのであれば，誰も一生懸命働くことはないであろう。だが，早出・残業・休日出勤や，手当なしのサービス残業を行い，残業が規制されれば仕事を自宅に持ち帰るのが日本のサラリーマンである。辞令一本での国内外への転勤や単身赴任，そして通勤地獄に過労死。さらに不況時には，会社の苦境をわが苦境として賃上げを見送り，ボーナス返上。契約の論理に立って，ギブ・アンド・テイクの原則のうえで，労働と賃金の交換関係を企業との間に結んでいる欧米の労働者には，決してみられない日本企業の従業員の行動である。

産業化の進展とともに労働時間の短縮が実現するのが先進諸国の一般的傾向であるにもかかわらず，日本は世界一の経済力を誇るといわれながら，逆に労働時間を無制限に延長していった。そこには，上司の命令のあるなしにかかわらず，従業員がおのずから働かざるをえない相互監視の体制すら成立している。

日本企業においては，なぜ，このような**滅私奉公**ともいえる従業員の行動がみられるのであろうか。それはまた，企業行動にいかなる影響を与えているのだろうか。

企業の共同体化と従業員——契約と所属

第3章で述べたように，現代大企業は経済的機能と同時に，社会的機能・統治的機能を果たす制度となっている。とりわけ従業員にとっては，企業は地位と機能と所得を得，人間関係を結ぶという社会的機能を果たす共同体である。こうした企業の共同体化は普遍的な傾向であり，日本においても例外ではない。だが，日本企業の場合，共同体としてのあり方に独自性があり，それが人事システムの体系と従業員の行動，ひいては企業行動そのものを大きく左右している。

企業と従業員の関係について欧米は契約型，日本は所属型と対比することができる。この対比は，近年ではジョブ型対メンバーシップ型として論じられている。

企業の共同体化といっても，欧米の企業と従業員の関係は **契約型** であり，個人の経営体への参加は契約に基づいた限定的・一時的なものにすぎない。従業員は契約の範囲内で職務遂行し，契約の終了とともに，よりよい条件を求めて他社に移ることも可能である。その点で，欧米企業の共同体化は部分的・限定的なものであり，企業の中核的な性格・機能にかかわるものではない。

これに対して，日本企業は **所属型** の組織である。従業員は特定の会社に所属し，その一員として会社と運命をともにする。会社の繁栄は従業員の利益に，会社の衰退は従業員の不利益につながるのである。その意味で，従業員は会社と盛衰を同じくする **運命共同体** の一員ということができる。運命共同体だからこそ，従業員は自社の繁栄を願い，他社との熾烈な競争（市場占有率や新規事業の拡大）に打ち勝つことを第一目標として行動する。欧米型において契約により職務が限定され，労働時間が制限されて

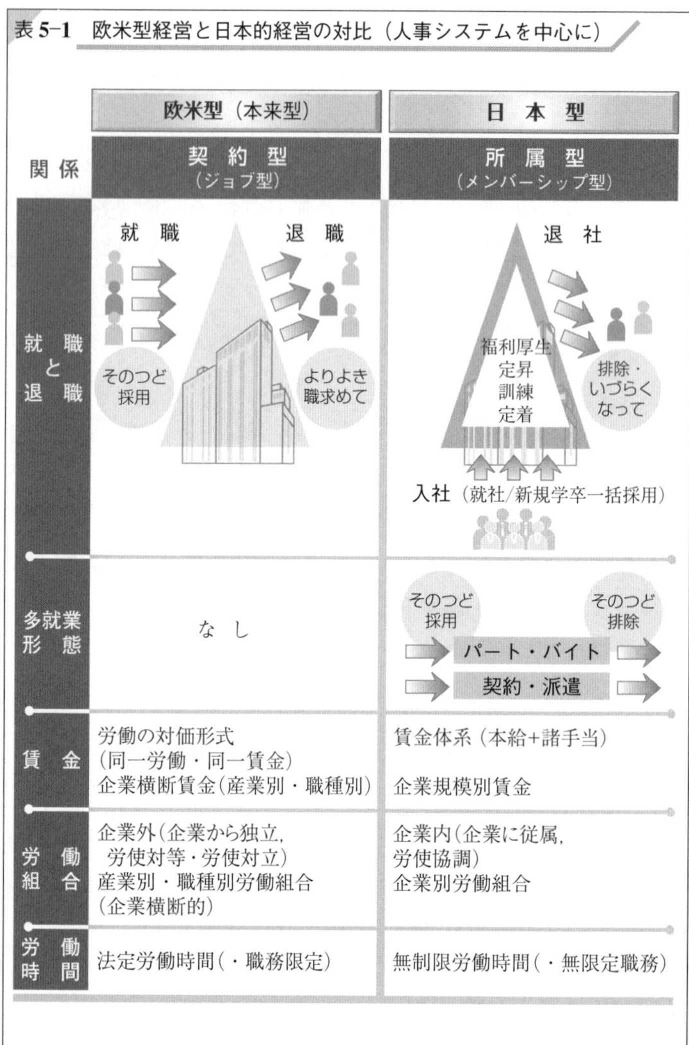

表 5-1　欧米型経営と日本的経営の対比（人事システムを中心に）

	欧米型（本来型）	日　本　型
関　係	契　約　型 （ジョブ型）	所　属　型 （メンバーシップ型）
就　職 と 退　職	就　職 退　職 そのつど採用 よりよき職求めて	退　社 福利厚生 定昇 訓練 定着 排除・いづらくなって 入社（就社/新規学卒一括採用）
多就業 形　態	な　し	そのつど採用 そのつど排除 パート・バイト 契約・派遣
賃　金	労働の対価形式 （同一労働・同一賃金） 企業横断賃金（産業別・職種別）	賃金体系（本給+諸手当） 企業規模別賃金
労　働 組　合	企業外（企業から独立， 労使対等・労使対立） 産業別・職種別労働組合 （企業横断的）	企業内（企業に従属， 労使協調） 企業別労働組合
労　働 時　間	法定労働時間（・職務限定）	無制限労働時間（・無限定職務）

いるのに対し，**無限定職務・無制限労働時間**が日本的な働き方の特質である。こうした所属型の労働のあり方は，滅私奉公的とすらいうことができる。

日本の会社に所属型の運命共同体的な性格を与える二大要因は，すぐ後で述べる新規学卒一括採用と企業規模別賃金であり，その上に打ち立てられているのが**日本型人事システム**である。これは会社の維持繁栄にきわめて適合的なシステムであり（**表 5-1**），それは後に述べる日本独自の企業様式についても同様である。

日本型人事システムの特質

日本型人事システムは，①若年優良労働力の吸収·定着，②教育訓練，③有効利用，④不要労働力の排除，に成功した優秀なシステムである（**表 5-2**）。もちろん，近代的な経営ならば，どこの国の経営であれ，採用・訓練・有効利用・解雇を効果的に行うことをめざしている。その典型であるアメリカの経営技術は，日本をはじめとする諸外国によって学ばれ，導入・摂取に努力が払われてきた。それにもかかわらず，日本の人事システムは以下のような独自の内容をもつ。

若年優良労働力の吸収・定着——新規学卒一括採用と企業規模別賃金

近代の経営体は官僚制的な組織形態（第4章）をもち，その点では欧米企業も日本企業も変わらない。だが組織構成員の採用方法が違えば，形態は同じでも，その内容は異なってくる。

欧米企業が特定職務の欠員の補充のために，適格者をそのつど採用するのに対して，日本企業は，毎年4月に大量の新卒者を会社の基幹社員として採用する。これを**新規学卒一括採用**という。不況時に新卒採用枠が狭められ，職種によっては専門的な知識・技術の必要性から中途採用（欧米的なそのつどの採用）が求め

表 5-2　日本型人事システム

人事システムの体系		
	①若年優良労働力の吸収・定着	1)　新規学卒一括採用が原則 2)　部分的に中途採用で対応 3)　随時，非社員従業員を吸収・放出　　1）2）3）の順に厚遇 4)　企業規模別賃金（＋新規学卒一括採用）⇒　大企業ほど優良労働力の吸収・定着に有利
	②労働力の教育訓練	1)　企業内教育訓練 2)　入社前から退職時まで（職種別・階層別にプログラム化） 3)　OJT 中心の各種技能・技術教育（Off-JT も併用） 4)　精神教育も（社是・社訓，上司によるしつけ）⇒　会社人としてのアイデンティティ
	③労働力の有効利用	1）定期昇給・定期昇進（定昇制） 2）ローテーション人事 3）厳しい人事考課 （1）〜3））（＋企業規模別賃金＋④不要労働力排除）⇒　業績＋忠誠心向上競争…「無限定職務・無制限労働時間」（残業・サービス残業・休日出勤，手伝い），単身赴任 4）多就業形態：社員・非社員構造（パート・バイト，契約・派遣）
	④不要労働力の排除	1）若年労働力中心の労働力形成（長期勤続化・高年齢化　⇒　排除） 2）肩たたき・窓際族・不利な人事考課による自発的退職（いづらくなって） 3）希望退職・選択定年制，関連会社への出向・配転 4）指名解雇（非常時） （3）4））専門部署の設置（第二人事課・能力開発課）

◎日本型人事システムにおける組織原則＝日本型能力主義　1）階統制（学歴・採用形式・性別・国籍などによる差別的な処遇）　2）能力主義（③＋④ ⇒ 熾烈な生き残り競争）（企業規模別賃金 ⇒ 他社との激しい競争）

◎日本企業の所属型的性格を生む２本の柱　1）新規学卒一括採用　2）企業別労働組合（⇒企業規模別賃金）

図 5-1　企業規模別賃金，性別・年齢階級別賃金

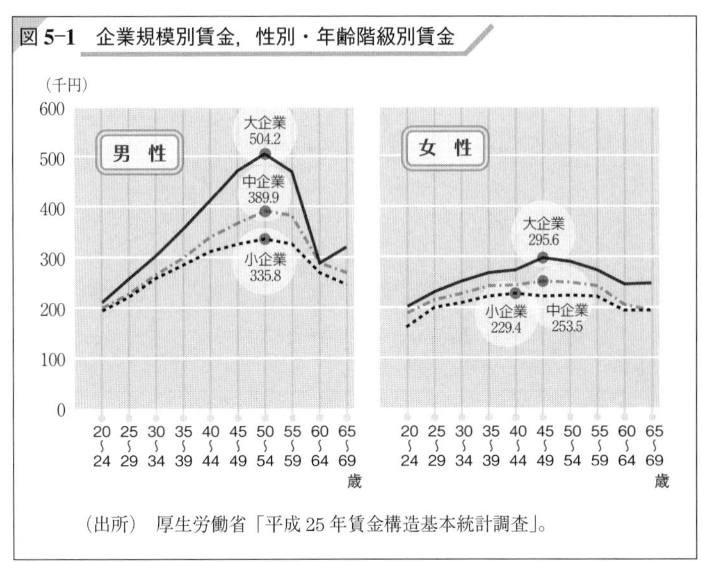

(出所)　厚生労働省「平成 25 年賃金構造基本統計調査」。

られることもあるが，新規学卒一括採用が日本的経営の基本であり，大企業ほどその傾向が強い。

欧米における採用が雇用される者には「就職」であるのに対して，日本では「入社」(就社) である。新入社員は入社式 (そのつど採用の欧米に入社式はない) によって会社に迎え入れられ，新入社員教育を施され，各部署に配属されて，一生の大半をその会社で過ごす。会社が繁栄すれば高い給与・賞与・退職金・福利厚生・社会的威信を享受する反面，業績が悪化すれば給与等は抑制される。欧米では賃金は労働力の対価として **同一労働・同一賃金** の原則に基づく産業別・職種別の企業横断賃率が成立しているのに対して，日本では「**基本給＋諸手当**」という **賃金体系** をとり，しかも企業の繁栄度に応じて給与の格差が存在するのである（企

図 5-2　標準労働者と中途採用者（初年度）の賃金カーブ（縦軸：対数）

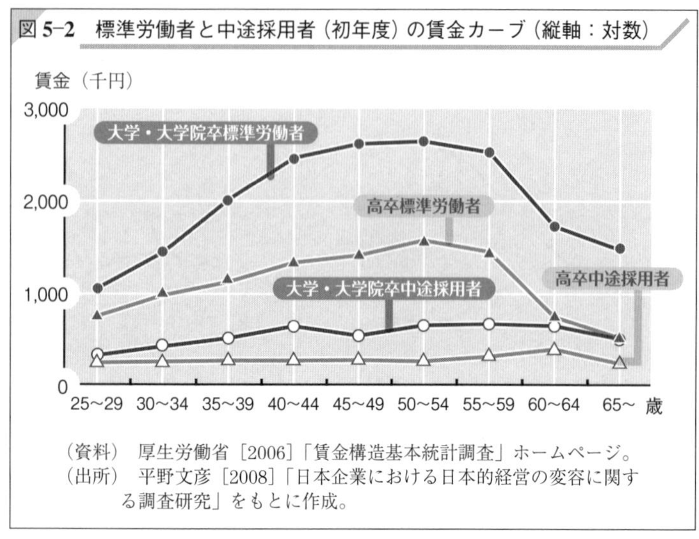

（資料）　厚生労働省［2006］「賃金構造基本統計調査」ホームページ。
（出所）　平野文彦［2008］「日本企業における日本的経営の変容に関する調査研究」をもとに作成。

業規模別賃金）。日本の賃金に関しては，一般に年功賃金といわれ，たしかにそういう性格があるのも事実だが，それよりもここでいう企業規模別賃金の側面のほうが重要であろう（図 **5-1**）。そして失職すれば，再就職先では中途採用者として不利な処遇を受けざるをえない（図 **5-2**。そのつど採用の欧米では，中途採用という言葉自体が存在しない）。それゆえ，従業員はひとたび入社した会社への帰属意識･所属意識を強め，これを運命共同体と考えるのである。

企業規模別賃金のもとで新規学卒一括採用が行われる状況では，新卒者に対して有利な雇用条件を提供できる大企業ほど，若年優良労働力の吸収・定着が容易となる。また，こうした独自の採用と賃金の形態が基礎にあるからこそ，次に述べるような労働力の教育訓練・有効利用，不要労働力排除の独自の人事システムが形成されることになる。

優良労働力の陶冶——企業内教育訓練

特定職務の適格者を雇用する欧米では，採用される者があらかじめ企業外で職務遂行能力を身につけていることが前提であるが，新規学卒一括採用の日本では **企業内教育訓練** が計画的に実施される。新卒者の採用に際しては，一般に学歴を目安とした潜在的能力が問われ，特定の職務遂行能力は必ずしも求められていないからである。

日本企業の教育訓練の一大特色は **OJT**（on-the-job training）であり，それ以外に Off-JT（off-the-job training）も併用されて，専門職種別技能教育および階層別教育がなされる。そこでは下級・中級・上級の管理者教育・経営者教育が集中的・分散的に綿密なプログラムとスケジュールのもとで，入社前から退職に至るまでの長期間にわたって施され，さらに社外教育の機会も与えられる。

企業内教育訓練においては，技術的・技能的訓練と並んで，会社の一員としてのアイデンティティを育む精神教育も重視される。そのために社是・社訓が制定され，そこに社風が形成される。上司・先輩による躾(しつけ)的な教育や生活指導も日常的に行われる。

労働力の有効利用

〈定昇制，ローテーション人事，人事考課〉 企業内で教育訓練を受け，能力が向上した従業員は，徹底的に有効利用される。日本の人事活用の特色の第1は，厳しい **人事考課** による **定昇制** と **ローテーション人事** であり，第2に，社員従業員とともに非社員従業員を抱える多就業形態である。さらに，後に述べる不要労働力排除のシステムが，従業員間に生き残りをかけた熾烈な競争を生むことになる。

欧米の従業員が特定の職務のスペシャリストとしてキャリアを重ねるのに対して，日本では各種の職務を次々にマスターしなが

表 5-3　多就業形態

（単位：万人〔全体に対する比率〕）

就業形態			2003年平均				2016年平均			
雇用	役員		395 (6.3)			5,343 (84.8)	348 (5.4)			5,729 (88.9)
雇用	正規雇用	正規の職員・従業員	3,444 (54.6)				3,364 (52.2)			
雇用	非正規雇用	パート	748 (11.9)	1,089 (17.3)	1,504 (23.9)		984 (15.3)	1,398 (21.7)	2,017 (31.3)	
雇用	非正規雇用	アルバイト	342 (5.4)				414 (6.4)			
雇用	非正規雇用	派遣労働者	50 (0.8)	415 (6.5)			133 (2.1)	619 (9.6)		
雇用	非正規雇用	契約社員・嘱託	236 (3.7)				405 (6.3)			
雇用	非正規雇用	その他	129 (2.0)				81 (1.3)			
全就業者			6,304 (100.0)				6,440 (100.0)			

【参考】

就業形態		2016年平均	
非雇用	自営業主	527 (8.2)	711 (11.0)
非雇用	内職者	31 (0.4)	
非雇用	家族従業員	153 (2.4)	

（出所）厚生労働省『労働経済白書（平成16年度版）』，総務省「労働力調査」（平成28年度），労働政策研究・研修機構「主要労働統計指標」をもとに作成。

ら，定期的に配置・再配置が繰り返され，しだいに上級の職務に上っていく。それは定期昇給･定期昇進の定昇制といい，ローテーション人事といわれる。定昇制は，低い初任給からスタートする賃金体系とセットになっている。

しかし，企業の職務体系はピラミッド型であり，新入社員の従事する最底辺の職務から上昇するに従ってポスト数は減少し，頂点は社長職ひとつとなる。そこに適材適所の人事考課が必要となる。人事考課では，従業員の能力・適性や実績とともに，会社への忠誠心や勤務態度も評価・序列化され，それが配置・再配置，昇格・降格ばかりでなく，給与・賞与の基礎資料となる。新規学卒一括採用のもとで大量の雇用がなされる日本企業では，人事考課がいっそう厳しい意味をもつことになる。

〈多就業形態：社員従業員と非社員従業員〉　以上のような処遇を受ける従業員が，日本的経営における基幹的な **社員（正規従業員）**

である。しかし，日本企業にはこのほかに中途採用の社員がおり，さらにさまざまなかたちの従業員（パート・アルバイト，契約社員・派遣社員，社外工・臨時工）が**非社員**（**非正規従業員**）として雇用されている。こうした**多就業形態**も日本的経営の特色である（**表5-3**）。必要なときにいつでも吸収・放出できる非社員従業員の存在により，景気変動や季節的繁忙，各社の個別的事情による労働力の需給の変化への弾力的な対応が可能となる（図**5-3**）。

社員従業員は，労働力市場から切り離されて会社に抱え込まれ，定期昇進・昇給の対象とされ，企業規模別賃金を享受する。これに対して，非社員従業員は，労働力市場の動向のなかにおかれ，そこに成立する職種別・産業別の企業横断賃率の適用を受ける。それは一般に社員従業員よりも低いだけでなく，その他すべての労働条件や福利厚生，労災の取扱いにも格差が認められる。

不要労働力の排除——終身雇用・年功制の実態

日本企業の組織上の特色は，①社長を頂点とした職位のピラミッドと，②新入社員を底辺とした年齢別・勤続年数別の人員構成が重なりあっている点にある。このような組織構造となっているのは，勤続年数が長期化し，年齢と職位が上がるに従い，**不要労働力の排除**（必ずしも「不良」労働力ではない）によって，従業員を減少させるシステムが存在しているからである。そこでは若年中心の労働力構成を実現するために，中高年層を対象とした雇用調整が行われている。

どの国の企業であれ，労働力の需給の変動に応じて，不要となった労働力を排除しなければ存続はできない。その点において，日本も欧米も違いはない。日本では終身雇用といわれながら，会社が成長を続けるかぎり大量解雇はないが，不況となり，会社が

図 5-3　正社員以外の労働者の活用理由

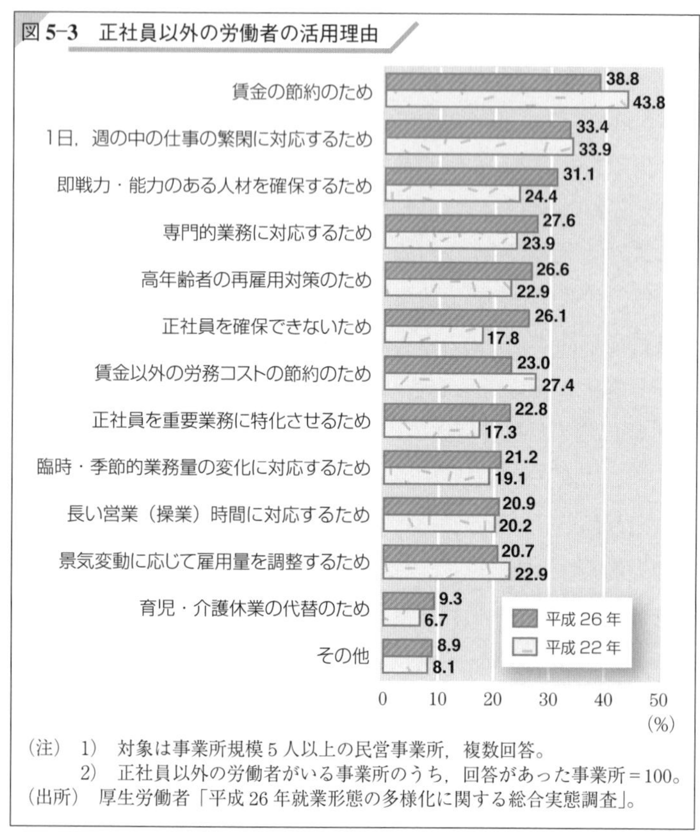

（注）1）対象は事業所規模 5 人以上の民営事業所，複数回答。
2）正社員以外の労働者がいる事業所のうち，回答があった事業所＝100。
（出所）厚生労働者「平成 26 年就業形態の多様化に関する総合実態調査」。

縮小状態にあるときは，余剰人員が整理される。この場合，まず非社員従業員が削減され，やがて社員従業員に及ぶ。窓際族や肩たたき，不当な配置転換や降格人事がなされ，いづらくなった従業員は自発的に退職する。さらに会社の存立が危うくなれば，希望退職が募られ，指名解雇が強行され，出向・転属・転職・退職にかかわる専門的な部署（能力開発課，第二人事課）が常設化され，選択定年制がとられる。本来，基幹的な社員従業員を採用する職

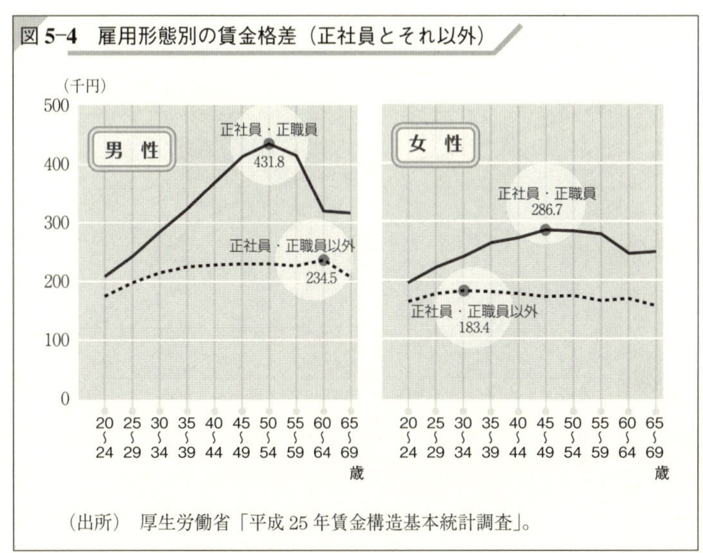

図 **5-4** 雇用形態別の賃金格差（正社員とそれ以外）

（出所） 厚生労働省「平成 25 年賃金構造基本統計調査」。

種ですら，これを非社員従業員におきかえる事態も起こる。

日本で実際に終身雇用の適用を受けるのは大企業の大卒男子の一部であり，中小企業ではその比率は低下する（図 **5-5**）。いわゆる年功的な賃金体系や職務配置も，不要労働力排除の現実の上にはじめて可能となる。

アメリカでは，不況の際にはレイオフ（一時帰休）による雇用調整がなされる。だが，先任権制度（seniority system）が法的に確立していることから，その内実は一種の年功制ともいうべき状況となっている。すなわち，解雇にあたっては，first-in last-out のルールに従って，先に採用された者ほど後に解雇され，新しく採用された者ほど先に解雇される。そして，一定の期間内に景気が回復して企業が労働力を必要としたときは，後に解雇された者から順次職場に復帰する。その結果，長期勤続者が優遇されるこ

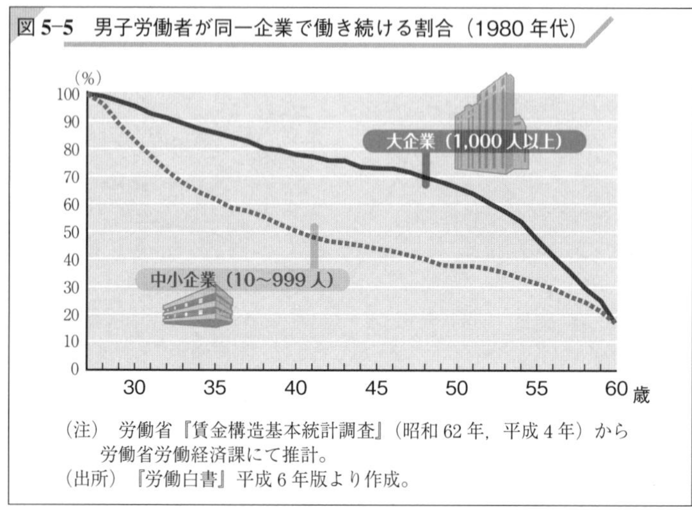

図 5-5　男子労働者が同一企業で働き続ける割合（1980 年代）

（注）労働省『賃金構造基本統計調査』（昭和 62 年，平成 4 年）から労働省労働経済課にて推計。
（出所）『労働白書』平成 6 年版より作成。

とになるのである。中高年層を雇用調整の主たる対象とする日本企業とは正反対である。かくして，従業員構成に占める長期勤続者の割合は，アメリカ企業のほうが日本よりも大きくなる。

日本型能力主義——階統制と能力主義

以上のように日本型人事システムをみてくると，その実態は終身雇用・年功制のイメージとは逆に，欧米以上の激しい競争をともなう能力主義的人事がなされていることがわかる。だが能力主義は近代的経営の一般的な原則であり，単純にこれを日本的経営の特徴とみることはできない。むしろ **階統制と能力主義の二本立て** を日本的経営の組織原則というべきであろう。

日本では，組織構成員が属す「統（すじ）」により，組織内での地位が決まる。これを階統制という。階統制における統とは，いかなる資格・条件・形式でその組織に参加したかによって決定される。具体的に，日本企業では学歴・採用形式（新卒採用・中途採用，社員・非社員，本社採用・現地採用）・性別・国籍などにより各人の属す統が異なり，そこから社内での地位・処遇の格差が生まれる。日本企業の秩序はこの階統制により維持される。他方，他社との競争のためには能力主義が不可欠とされる。

階統制と能力主義が実質的な意味で直結している会社こそが，真に競争力ある会社であろう。一般的にいえば，安定した環境下では前者が，そして成長途上にあるときや，困難な環境のもとで組織の存続が危ぶまれる場合には，後者が重視されることとなる。

企業別労働組合と企業規模別賃金

すでに述べたように，欧米とは異なる企業規模別賃金が日本企業に運命共同体的な性格を与える一因であった。こうした賃金制度の違いは，労働組合の形態の相違に起因している。

欧米の労働組合は産業別労働組合または職種別労働組合であり，これは労働組合の形態としては一般的なものである。この種の組合はさまざまな企業に勤務する組合員を抱え，企業横断的・企業外的な存在として，労使対等の姿勢を貫き，賃金その他の労働諸条件に関する団体交渉を行う。その結果，どこで働こうと同一労働・同一賃金の原則に立った職種別・産業別の企業横断賃率が成立するのである。

これに対して，日本の労働組合は **企業別労働組合** として組織されている。労働者は特定の会社の社員となってはじめて組合員となる。組合も会社あってのもの（企業内労働組合）だから労使協調路線をとらざるをえない。かくして，日本では企業横断的な賃率ではなく，どの会社の従業員であるかによって賃率の異なる企業規模別賃金が成立するのである。

日本と欧米の経営の著しい相違は，労働組合の形態に由来する

Column ㉓ 働き方改革「長時間労働の是正」と「同一労働・同一賃金の実現」を阻むもの

現代企業が果たしている社会的役割は，①財・サービスの提供，②人々の雇用，③税金の納付，④文化・スポーツ，研究・教育への援助の4つである。日本の雇用について，厚生労働省『平成27年度版 労働経済の分析』は，経済活力の維持・向上に向け，少子高齢化のなかでの労働力の減少という供給制約を克服し，さらに持続的な賃金の上昇を可能にするために，「労働生産性と雇用・労働問題への対応」と題した分析を行っている。

日本の雇用の問題のなかでも，政府をあげて取り組まれているのが「働き方改革」であり，安倍首相の私的諮問機関・働き方改革実現会議では2017年3月に「長時間労働の是正」と「同一労働・同一賃金の実現」を支柱とする実現計画が決議された。ILO（国際労働機関）統計によると，週49時間以上働く長時間労働者の比率が欧米諸国で10～16%程度に対し，日本は22%程度と高い。画一的な長時間労働は，女性や高齢者などの貴重な労働力の活用を困難にする。「健康経営」や，ワーク・ライフ・バランスにも支障をきたす。他方，同一労働・同一賃金の実現とは，正規従業員・非正規従業員の格差の是正にほかならない。

だが，その実現は容易ではない。経団連（日本経済団体連合会）と連合（日本労働組合総連合会）は，ひと月の残業を最大100時間未満とする時間外労働の上限規制に合意しているが，100時間は労災認定基準のひとつであり，俗に「過労死ライン」と呼ばれるものである。つまり，過労死寸前までの労働を容認しているのである。同一労働・同一賃金にしても，正規・非正規では労働時間の違いがあり，勤続年数による年功的な昇給の有無があることから，結局のところ同じ仕事をしても処遇の差は残ることとなる。

NHK「時論公論」（2017年11月23日）は，働き方改革が難しい原因として，日本企業における正社員の独自の性格をあげている。本章で述べた所属型の「無限定職務・無制限労働時間」

であり，これが過重労働ともいうべき長時間労働を生む要因となるのである。同一労働・同一賃金といっても，何をもって同一労働とするかが，日本では明確ではない。総務・営業・経理など会社の都合によりさまざまな部署に配置され，転勤もあり，他の従業員との職務との境界が曖昧で，同僚の手伝いや残業が当たり前とされている日本の正社員の働き方は，「雇用契約書」「職務記述書（Job Description）」によって職務限定・時間制限されている欧米企業（契約型）では考えられないことである（残業と手伝いは，契約違反・契約外の労働である）。

無限定・無制限の滅私奉公的な働き方をする日本の正社員は，日本の経済成長の原動力であり，経済環境の変化に応じた臨機応変の配置転換は，事業の拡大に好都合であった。その対価として，正社員も雇用の保証や昇進・昇給といった長期的な報酬を享受できた。しかし，本章第5節で述べるように，バブル崩壊と企業業績の悪化は会社から従業員を長期的に守る余力を奪い，ミレミアム以降のグローバル競争とIT化のうねりは，その動きに拍車をかけた。正社員の採用枠が狭められ、非正規従業員が増加した原因はここにある。それにもかかわらず，無制限労働時間・無限定職務は解消されていない。滅私奉公的な働き方と，これに対する報酬の乖離が生じたのである。*Column* ㉚で取り上げるブラック企業の問題も，こうした働き方と報酬の乖離・不均衡により生じることとなる。

とともに，組合の形態も経営のあり方に基礎づけられている。両者の間には相互作用の関係が認められるのである。

2 日本型株式会社制度の構造と実態

●日本の会社の性格と目標

前節で述べた日本企業の人事システムの内実は欧米のそれとはきわめて異なるものであり，若年優良労働力の吸収・定着，教育訓練，有効利用，不要労働力の排除のシステムとして有効である。こうした日本型人事システムは日本的経営の特質の重要な側面を示すものであり，これなくして日本企業の強さは語れない。

しかし，同時に，日本的経営の独自性は人事システム上の特徴にとどまらず，企業行動の全体に及んでおり，これらに言及せずに，日本経済の成長の秘密や貿易摩擦の原因を論じることはできない。本節と次節では，日本の企業様式の特徴と，それによってもたらされる企業行動の特質を取り上げよう。

日本の株主総会の実態

日本の株式会社においては株主総会が形骸化し，最高意思決定機関としての実質を有していないといわれる。たとえば，1996年の場合，3月決算の上場会社は，その94%にあたる1757社が6月27日にいっせいに株主総会を開催している。特定の日に株主総会が集中するのは，いわゆる「無風総会」をねらって特殊株主（総会屋）を排除するためであるが，そのために複数の会社の株式を保有する株主は，総会で経営陣に質問することができなくなる（同期決算の株主総会の開催は，2004年6月29日には63.9%にまで分散し，さらに17年6月29日には31%に低下しているが，それでも日本的な特定日同時開催は完全には解消されていない。前章でも述べたように，特定の3日間に全体の約7割が集中しているのである）。

こうした株主総会の横並びないし集中化に加えて，所要時間が短いことも，日本の株主総会の特徴である。1991年6月27日に開催された3月決算の上場企業1737社のうち，1716社（98.8%）の総会が1時間で終了している。出席者もほとんどが委任状出席で，実際に会場に足を運ぶのは全株主の1%未満にすぎない。しかもこの年は，証券大手4社の損失補塡問題をはじめとして，銀行・証券・企業スキャンダルが相次いでおり，各社が問題を抱えていたにもかかわらず，一部の例外を除いて，大きな混乱はみられなかった。このようなことは，株主総会が実質的な意思決定機関として，数時間をかけて行われるのが一般的なアメリカでは決して考えられないことであった。

日米株式会社のこうした違いを生んでいるものはいったい何だろうか。

株式会社の基本構造

日米の株式会社は，法的な制度としてみるかぎりは基本的に同一である。だが，日本の株式会社の内実は，株式会社本来の構造を逸脱した特異な体制となっている。しかし，それが会社そのものの成長に適した戦略をとることを可能にしている。

第2章で学んだように，株式会社は，法的には株式中心・株主中心の制度である。株式会社の所有者は株主であり，会社は彼らの財産という性格をもつ。したがって，株主総会が会社の最高意思決定機関であり，そこで株主に代わって会社の経営（資本の運用）を担当する取締役が選任される。取締役は取締役会を構成して，代表取締役社長を選任し，経営の執行者とする。株主は資本運用の成果としての利益を，配当として分配される。社長は株主の利益の実現（高配当・高株価）を第一目標としており，その行動は取締役会によってチェックされる。「株主総会→取締役会→社長」という構造になっているのである。株主は，株式を市場で自由に売却することにより株主をやめることができる。また，特定の会社の株式を買い占めることによる企業買収も，日常的な経済活動の一環として行われる。株式会社とは，このような制度であり，欧米ではこうした原則に立って運営されている。

日本型株式会社制度における社長と取締役

ところが日本の株式会社は，法的には以上のようなものでありながら，その内実は欧米型からみれば転倒したものになっており，その相違は**表 5-4** のようにまとめられる。

日本の株式会社においても，社長は形式的には取締役会で選任され，取締役会も株主総会の下部機関として，株主の代理によって構成されることになっている。ところが，事実上，社長は前社長が取締役のなかから自らの後継者（次期社長）を指名する。取締役も社長が自らの部下のなかから任命する。株主総会は，実質的にはこうした人事を追認するにすぎない。

欧米の取締役会が外部重役（弁護士，会計士，大学教授など）中心であるのに対して，日本の取締役会は内部重役中心であり，その実態は社長の部下であるから，株主総会に責任を負って社長の行動をチェックすることはできない。社長の行動は，事実上，株主総会からも，取締役会からも制約されないのと同然である。

日本では，社長や取締役は，株主の代理や受託経営層ではなく，一面で従業員の代表であり，彼らが出世したものとしての性格をもっている。そこから，社長から新入社員まで全員経営者的な意識が生まれ，OJT，TQC（total quality control），ジャスト・イン・タイム（just-in-time）などの経営技術がおのずと生み出される風

Column ㉔ 社長解任の「クーデター」

1982年，三越の岡田茂社長の突然の解任が日本中の注目を集め，彼の「なぜだ」の一言は流行語ともなった。岡田社長は，ワンマン体制による優秀なミドルの士気低下，古くからの顧客の離反，納入業者の締めつけ，公私混同による不良在庫の急増，偽物秘宝展の開催など，三越の信用を著しく失墜させていた。それにもかかわらず，何年もの間，誰も彼を辞めさせることができず，あげくの果てに陰謀のようなかたちでの解任となった。1994年の鹿内宏明フジ＝サンケイ・グループ議長の解任も，クーデターのように行われた。

株式会社なら，株主総会で株主の意向をおびた取締役が選出され，受託経営者である取締役が，執行経営者たる社長や専務を選任する仕組みとなっている。だから，社長が不適格なら，株主の代理によって構成される取締役会において，直ちに彼を解任できるはずである。

だが，日本では，社長が自ら辞めると言い出さないかぎり，これを辞めさせるのは至難の業である。大企業において任期や年齢により社長交代のルールや慣例を設けることはあっても，そのとおりにならないことが多い。三越やフジ＝サンケイ・グループのケースはむしろ例外なのである。そして，取締役会による社長の解任という，株式会社制度の原則からいえばきわめて当然のことが，クーデターとみなされる。これはいったい，何を意味しているのだろうか。日本の社長が株式会社制度の原則よりも，日本的な家の論理に立脚した「家長」の性格をもっているからである。本章第4節（266ページ）を読んでみよう。

土が醸成される。欧米で，株式会社の「社員」といえば株主を指すのに対して，日本では従業員を意味するのが象徴的である。

安定株主構造

日本の株式会社の大株主は，取締役会から依頼された**安定株主**が中心である。

表 5-4　日米の株式会社の相違

	アメリカ型（本来型）	日 本 型
会社の性格	株主の財産　致富手段	従業員の運命共同体
構 造	株主総会 ↓（選出） 取締役会 ↓（選出） 社 長	社 長 ↓（指名） 取締役会 ↓（依頼） 安定株主
株 主	会社の所有者	安定株主
株主総会	実質的な最高意思決定機関	形骸化
取締役会	株主の代理 社外重役中心 （弁護士・会計士が 社長をチェック）	社長の補佐 社内重役中心 （社長が従業員 ＝部下より任命）
社長の性格	経営の執行者	従業員の代表 （前社長より指名）
目 標	収益性増大⇒株主の利益 （高配当・高株価）	会社の成長 マーケット・シェアの拡大 新製品・新規事業の拡大
企業買収	日常的な企業行動の一環 （株主・経営者の利益に つながる場合）	友好的企業買収のみ可 （業界再編 or 同企業集団内）
配当性向	高い	低い
利益分配	社外分配（株主・経営者へ）	内部留保（設備投資・研究開発）
	⇩ **株主をはじめとする会社関係者の利益を志向** （株式中心・株主中心の体制）	⇩ **会社そのものの成長に適した体制** （社長中心の体制）

その内実としては，同一企業集団に属する金融機関や関係会社が相互に株式を持ち合うことが多く，株式の相互所有，あるいは相互持合いといわれている。

安定株主の行動は，本来の株式会社制度の原則に則ってはいない。通常の株主なら，利潤動機（高配当・高株価）か支配動機（経営権の掌握）のいずれか，または両方に基づいて，株式市場で自由に株式を売買するが，安定株主はこうした行動をとらない。彼らは長期にわたって株式を保有し，基本的に当該会社の経営陣に支援的な態度をとる。そして，安定株主として振る舞うことができず，株式を手放さざるをえない状況になったときでも，これを勝手に処分せずに，取締役会に相談して，しかるべく肩代わりしてくれる株主を探すのである。

株主と取締役会の関係がこのようなものである以上，株主総会は形骸化し，最高意思決定機関としての実質をもちえない。

日本型株式会社の目標

以上，日本の株式会社は，欧米型＝本来型とは逆に[社長→取締役会→安定株主]の構造となっている。そして，欧米型が株主の利益に直結する配当性向の増大，株価の上昇をめざして収益性の向上に努めるのに対して，日本の経営者は企業の成長・発展を求めて，マーケット・シェアや新製品比率・新規事業の拡大を優先する。そのために通常の利益を犠牲にしたり，配当を低く抑えて，利益を内部留保し，研究開発や設備投資にあてるのである。これは株式会社としての本来の行動を逸脱したものであり，欧米の株主や株主総会においては簡単には容認されないであろう。いわゆるエージェンシー理論によれば，最適規模を超えた企業成長は，経営者権力の増大につながるものとして警戒される。ところが，こうした低配当・高内部留保（高設備投資・高研究開発）の戦略こそが日本企業の成長にはきわめて有利だったのである。

さらに企業買収に対しても，日米では正反対の態度がとられてきた。欧米で株主の利益のために，通常の経済行為として行われる企業買収が，日本では，業界再編や同一企業集団内での合併など，あらかじめ合意されたもの以外は忌避される。企業買収そのものが会社の維持・拡大に反すると考えられているのである。この点でも，**日本型株式会社制度**は株主利益を最優先する株式会社本来の原則に立っていないが，それが会社そのものの成長には適しているといえよう。

日本型経営者支配の現実

欧米の株式中心・株主中心に対して，日本型株式会社は社長中心の体制といえる。しかし，これには留保が必要である。ここでいう株主中心と社長中心は同じニュアンスではない。

欧米型で株主中心といった場合，それは株式会社は株主の財産・致富手段であり，したがって，株主総会で一株一票の議決権をもつ株主が最終的な意思決定主体であり，その意思決定は株主の利益の実現のためになされているという意味が込められている。前章で述べた株主主権である。

ところが，日本の社長は，株主総会や取締役会の掣肘（せいちゅう）を受けない地位におり，その点で最終的な意思決定者・最高経営責任者でありながら，その権力を自らの利益のために行使することは基本的には許されない。これはきわめて重要な点である。

アメリカの社長なら，株主中心といいながら，株主利益を満たしたうえで，自らの利益も追求する。ストック・オプションやゴールデン・パラシュートがその手段である。だが，日本の経営者は

Column ㉕ ピケンズ＝小糸事件

日本でも，1970年の富士製鉄と八幡製鉄の合併（新日鉄）をはじめとして，第一銀行と日本勧業銀行（第一勧銀），日産自動車とプリンス自動車（日産自動車），日商と岩井産業（日商岩井），川崎重工業と川崎車輛（川崎重工業），トヨタ自動車工業とトヨタ自動車販売（トヨタ自動車）など，大型の合併・買収は珍しいものではない。1990年代になってからも，三井銀行と太陽神戸銀行（さくら銀行），三菱銀行と東京銀行（東京三菱銀行）などの例がある。しかし，これらはいずれも，あらかじめ合意がなされたうえでの合併であり，業界再編か同企業集団・系列内での合併である（2000年以降の6大企業集団を超えた金融機関や産業会社の合併・統合については，279ページを参照）。

そればかりか，トップ経営者同士の合意があったうえでなお，合併が実現しないこともある。住友銀行と関西相互銀行のケースがそれであり，関西相銀は戦前から住友銀行より社長や役員が送り込まれ，全役員の8割が住友出身者であり，株式も半数が住友系企業に保有されるなど，完全な子会社といってよい状況であった。それにもかかわらず，支店長クラスを中心とする関西相銀の従業員と預金者の猛烈な反対により，この合併は日の目をみなかったのである（1978年）。

以上とは逆に，事前の合意なしで株式市場において支配可能な株式を買い占める行為は，日本では「乗っ取り」として，まともな企業人のすることではないと忌避されてきた。白木屋事件，東洋製罐事件，三光汽船によるジャパン・ライン株買占め，宮入バルブ事件，秀和と忠実屋・いなげ屋の支配権争奪戦など，こうしたケースは時には「事件」とまで呼ばれ，乗っ取りにより事業を拡大した経営者はゴートー慶太，ピストル堤などと揶揄（やゆ）される。

1989年にはアメリカのグリーン・メーラー，ブーン・ピケンズがトヨタの系列会社である小糸製作所の全発行株式の20.2%を取得し，強引に経営への関与（3名の役員派遣）を要求したピケンズ＝小糸事件が起こった。ブーン社の取得株式は，それまでの筆頭株主のトヨタ（19.2%，役員3名派遣）や松下（5%，同1名）を上回るものであったが，小糸側はトヨタ・グループの安定株主が62%を保有していることから，ピケンズの要求を拒否。これに対して，ピケンズはトヨタ=小糸の系列支配批判を展開し，それは日米構造協議にも影響を与えたが，結局は撤退を余儀なくされた。

近年では，2005年のライブドアによるニッポン放送買収が大きな注目を集めた。社長のホリエモンこと堀江貴文の手腕は，新たな経営手法として脚光を浴びつつも，毀誉褒貶（きよほうへん）なかばし，企業買収をめぐる新たな問題提起をすることとなった。

それよりもはるかに低額の収入しか受け取っていない（第3章第4節)。また，株主利益に合致するかぎりにおいて，アメリカの経営者が会社財産を自由に処分することができるのに対して，日本の経営者はそうではない。彼の役割は，自らが経営権を継承した会社を維持繁栄させて，後継者に伝えることであって，個人的利害を志向した企業経営をすることではない。

その意味で，アメリカの経営者が，株主利益一般の制約はありながらも，会社財産に対する使用・収益・処分を掌握した「支配者」であるのに対し，日本の経営者は企業のさらなる発展のために会社財産と従業員を動かす「管理者」にすぎない。日本でもアメリカと同じく経営者支配が成立していることは第3章第2節・第4節で学んだが，その実態はこのとおりである。日本型株式会社のこうした側面も，企業そのものの成長にはきわめて好都合である。

3 日本型企業結合様式の独自性

●企業集団と企業系列

以上のような特異な株式会社の構造をもつ日本企業は，企業結合のあり方についても独自の様式をもっている。**企業集団** と **企業系列** がそれである。企業集団・企業系列はしばしば日本経済・日本企業の閉鎖性・封建性の証拠として指摘されるが，そこからもたらされる独自の企業行動は，むしろ日本企業の強さを支えており，それゆえに貿易摩擦の一因ともなっている。

親子関係の企業系列

企業集団・企業系列は，欧米に類をみない企業結合様式であり，市場の競争の原理と企業間の協調と結合の原理の両者をあわせもったものとして，ダイナミック・ネットワークとも呼ばれている。まず，企業系列からみていこう。

企業系列とは，有力な産業会社を頂点として，それに従属する諸企業の結合関係である（図**5-6**参照）。こうした大企業を頂点とした企業系列を形成しているのが，日本企業の大きな特徴である。欧米企業においては部品内製化率が高く，日本においては低いことからもうかがえるように，日本の大企業は部品をそれぞれ下請企業に発注している。そして，この関係が親会社・子会社のような緊密な関係として，長期持続的に形成されているのである。こうした独自の関係を示すものとして，系列はそのまま keiretsu と英語化している。

それでは企業系列の基本的な構造は，いかなるものであろうか。親会社と子会社の間には「**親子関係**」が成立している。この場合

図 5-6　わが国自動車産業の下請け構造

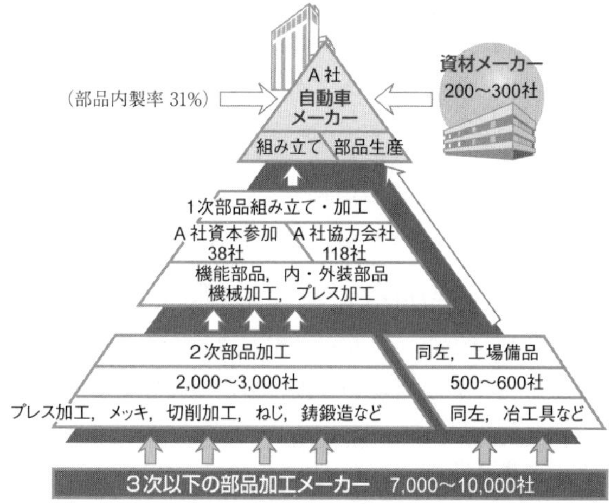

A 社
自動車
メーカー
（部品内製率 31%）
資材メーカー
200〜300社
組み立て
部品生産
1次部品組み立て・加工
A 社資本参加
38社
A 社協力会社
118社
機能部品，内・外装部品
機械加工，プレス加工
2次部品加工
2,000〜3,000社
プレス加工，メッキ，切削加工，ねじ，鋳鍛造など
同左，工場備品
500〜600社
同左，冶工具など
3次以下の部品加工メーカー　7,000〜10,000社

（出所）　中小企業事業団中小企業大学校中小企業研究所［1984］『欧米諸国の中小企業に関する研究』。

図 5-7　企業系列（親子関係）

庇　護
統　制
支援・育成
人材
資金
技術
取引
納期
納品価格
納品数
品質
絶対服従

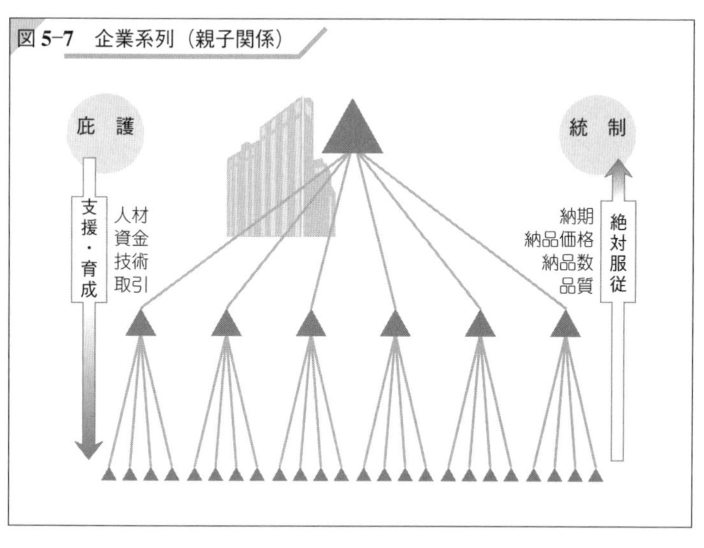

の親子関係とは，恩情と専制，庇護と絶対服従の支配・従属関係を表す語である。親会社は，多数の下請け・子会社・孫会社を階層的に従え，これらの会社に対して，企業存立のあらゆる側面で支援し，庇護・育成する。具体的には，資金提供・人的交流・技術の支援や共同開発，そして何よりも取引の継続である。同時に，その見返りとして，子会社は親会社の専制的な支配に対して絶対服従する。子会社から納入される部品の品質の確保と向上，納品価格の切下げ（プライスダウン），販売価格の維持，納期・納品数量の厳守などがそれである（図**5-7**参照）。親会社が低価格・高品質の製品を安定的に生産し，他社との競争に打ち勝つためには，こうした安価で高品質の部品の安定供給が不可欠なのである。

欧米では，大企業であろうと中小企業であろうと，独立した企業として存在し，それぞれに自由な市場原理に基づいた競争と相互依存の関係が成立している。もちろんそこには，市場におけるごく一般的な原理として，独占的な大資本が優位な位置にあり，中小の資本は弱者の立場に立たされるという関係もある。ところが，日本の企業系列においては，下請けの子会社・孫会社の企業としての独立性を実質的に失わせるほど強い支配・服従関係が成立しており，それが部品の供給関係，原材料の供給関係にある大企業と中小企業との特定の結合関係として，長期にわたって持続しているのである。

企業系列とオイル・ショック

さて，日本企業が先進諸国を追い越し，経済大国になったのは，1970年代のオイル・ショック以降のことである。欧米諸国の場合，原油価格の上昇はそのまま製品価格の上昇につながった。しかし，日本では，原油価格の上昇分を吸収する装置がはたらき，その結果，製品価格を据えおくことが可能となった。価格上昇分の吸収装置とは，部品のプライスダウンと品質の確保・向上を実現する親子関係の企業系列と，そして第1節で述べた日本型人事システムの独自性である。これらによりオイル・ショックは克服され，欧米諸国の経済が足踏みしていたときに，日本だけが成長を続けることができたのである。1980年代後半の急激な円高による経営環境の悪化に際しても同様のことが行われた。

しかし，企業系列においては，欧米で一般的にみられる企業競争と相互依存の関係とはまったく異なる親会社・子会社の関係が成立していることから，それが批判の的となり，貿易摩擦の一因ともなっている。

ワンセット主義の企業集団

大企業を頂点とする企業系列をいくつか抱えながら，銀行・保険の金融機関と商社を中核とする企業集団（企業グループ）が形成されている。典型的には，かつての三井・三菱・住友・芙蓉・三和・一勧の旧6大企業集団がそれである（**表5-5**参照）。企業集団は，企業系列とともに欧米にはみられない日本独自の企業結合の様式である。

旧6大企業集団のうち，三井・三菱・住友の各グループは，戦前の財閥が解体され，持株会社が禁止された戦後において，グループの諸企業が再結集し，形成されたものである（旧財閥系企業集団）。これに対して，後三者は，富士・三和・第一勧銀の各都市銀行が中核となり，それぞれメインバンクであった有力融資先企業を集めた企業集団である（銀行系企業集団）。前者に比べて，後者は結束が弱いといわれるが，いずれも中核的な金融機関とグループ諸企業の株式相互持合い（とくに前者）という，自己資本と他人資本との結合を媒介とした結合形態である点において同じであった。

企業系列が，大企業に同業種・関連業種の大中小の企業を従属させたタテの関係であるのに対して，企業集団は異業種の有力な大企業が相互に支援しあうヨコの関係である。企業集団にみられる相互支援の体制はヒト・モノ・カネ・情報のあらゆる局面に及び，金融的支援や融資ばかりでなく，株式の相互持合い，役員の相互派遣，社長会，各級レベルの相互研修会，情報交換，企業集団それぞれのイメージアップ戦略など，各種の施策がなされている。さらに，新規事業の開発・発起が企業集団ごとに行われる。何よりも重要なことは，各集団がそれぞれ主要業種に有力企業を抱える戦略を展開していたことである。これを**ワンセット主義**という。ワンセット主義は日本の企業集団を語る際のキーワードである。

企業集団と貿易摩擦

ワンセット主義に基づく各企業集団の行動は，企業競争の局面において独自の展開をみせた。これにより，欧米にみられる企業競争と日本におけるそれはまったく異なったものとなる。通常，企業競争が行われる場合には，当初は多数存在していた企業が競争により淘汰され，しだいに少数になっていくのに対して，ワンセット主義的な企業集団の業種展開は，各業種の有力企業の数を増やしこそすれ，減少させることはないのである。

欧米の一般的な競争においては，競争の激化にともない，有力企業が競争に打ち勝って企業数が減少し，さらには業種ごとにカルテル，トラストが形成され，最後には最有力企業1社の独占が成立する。しかし，独占は競争を排除し，独占価格を設定し，消

表 5-5　旧6大企業集団の主な社長会メンバー

1994年10月現在。【　】内は2017年7月現在

	三井系	三菱系	住友系	芙蓉系	三和系	一勧系
銀行・保険	さくら銀行 【三井住友FG】 中央三井信託銀行 【三井住友トラスト・HD】 三井生命【退会】 三井海上火災 【三井住友海上火災】	東京三菱銀行 【三菱東京UFJ銀行】 三菱信託銀行 【三菱UFJ信託銀行】 明治生命 【明治安田生命】 東京海上火災 【東京海上日動火災】	住友銀行 【三井住友銀行】 住友信託銀行 住友生命 住友海上火災 【三井住友海上火災】	富士銀行 【みずほFG】 安田信託銀行 【みずほ信託銀行】 安田生命 【明治安田生命】 安田火災海上 【損保ジャパン日本興亜】	三和銀行 【三菱東京UFJ銀行】 東洋信託銀行 【退会（三菱UFJ信託銀行）】 日本生命	第一勧業銀行 【みずほFG】 朝日生命 日産火災海上 【損保ジャパン日本興亜】
商社	三井物産	三菱商事	住友商事	丸紅	ニチメン【双日】 日商岩井【双日】	伊藤忠商事 日商岩井【双日】 川鉄商事【JFE商事】
機械 （一般機器・電器機器・輸送用機器・精密機器）	東芝 石川島播磨工業 【IHI】 三井造船 トヨタ自動車	三菱電機 三菱重工業 三菱自動車 ニコン	NEC 住友重機械工業	日立製作所 沖電気工業 横河電機 クボタ 日本精工 日産自動車 キヤノン	日立製作所 シャープ【退会】 京セラ ダイハツ工業 日立造船 HOYA	日立製作所 富士電機 富士通 石川島播磨工業 【IHI】 川崎重工業 いすゞ自動車
鉄鋼 非鉄金属 鉱業	日本製鋼所 三井金属 三井鉱山 【三井コークス】	三菱製鋼 三菱マテリアル	住友金属工業 【退会（新日鉄住金）】 住友金属鉱山 住友電気工業	日本鋼管 【JFE HD】	神戸製鋼所 日新製鋼 日立金属	神戸製鋼所 川崎製鉄【JFEスチール】 古河機械金属 古河電気工業 日本軽金属 【日本軽金属HD】
化学・石油 繊維 窯業・土石	三井化学 電気化学工業 【デンカ】 東レ	三菱化学 【三菱ケミカル】 三菱ガス化学 三菱レイヨン	住友化学工業 住友ベークライト 日本板硝子 住友大阪セメント	呉羽化学工業 【クレハ】 昭和電工 日清紡【日清紡HD】	徳山曹達【トクヤマ】 積水化学工業 宇部興産 藤沢薬品工業	旭化成工業 協和醗酵工業 【協和発酵キリン】 三共【第一三共】

	太平洋セメント	【三菱ケミカル】 日石三菱【JXTGHD】 旭硝子		太平洋セメント	【アステラス製薬】 コスモ石油 【コスモエネルギー】 東洋ゴム 帝人 ユニチカ	資生堂 ライオン 昭和シェル石油 横浜ゴム 太平洋セメント
食品 紙パ・建設	日本製粉 王子製紙【王子HD】 日本製紙 三井建設 【三井住友建設】	キリンビール 【キリンHD】 三菱製紙 三菱建設 【ピーエス三菱】	住友建設 【三井住友建設】 住友林業	日清製粉【日本製粉グループ本社】 サッポロビール 【サッポロHD】 日本製紙 【日本ユニパック】 大成建設	伊藤ハム 【伊藤ハム米久HD】 サントリー 【サントリーHD】 大林組 積水ハウス	王子製紙【王子HD】 清水建設
百貨店・ 不動産 運輸・倉庫 他	三越 【三越伊勢丹HD】 三井不動産 商船三井 三井倉庫 【三井倉庫HD】	三菱地所 日本郵船 三菱倉庫	住友不動産 住友倉庫	東京建物 東武鉄道 京浜急行電鉄	高島屋 阪急電鉄【阪急阪神HD】 日本通運 商船三井 オリックス 大阪ガス	西武百貨店 日本通運 川崎汽船 オリエントコーポレイション
社長会[設立] 社数	**二木会**[1961年] **20社**【27社】	**金曜会**[1954年] **20社**【28社】	**白水会**[1951年] **20社**【19社】	**芙蓉会**[1966年] **29社**【26社】	**三水会**【水曜会】[1967年] **45社**【43社】	**三金会**[1978年] **48社**【43社】
株式持合比率 1993年 【2017年】	16.77% 【5.25%】	26.11% 【13.0%】	24.45% 【5.71%】	14.00% 【2.21%】	16.41% 【4.96%】	11.92% 【4.53%】

（注）複数の社長会のメンバー企業を含む。2001年現在，(1)三菱系銀行は三菱東京フィナンシャル・グループに，(2)三井系・住友系銀行は三井・住友フィナンシャル・グループ，(3)芙蓉系・一勧系は日本興業銀行を含めて，みずほフィナンシャル・グループに，(4)三和系は東海銀行を含めてUFJホールディングスとして，4大金融グループに再編されていた。2006年1月には，さらに三菱UFJフィナンシャル・グループの誕生により，3大メガバンク体制となった。企業集団としては三井住友・三菱UFG・みずほ（3集団）ではなく，三井・三菱・住友・芙蓉の4グループが残り，三和と一勧は実質的に解消したと思われる（菊地浩之 2017）。

（出所）『週刊東洋経済 臨時増刊 企業系列総覧'95』1994年11月30日，『週刊ダイヤモンド』2017年7月29日号。

費者を圧迫し不利に陥れ，さらに業界の進歩・発展を阻害することから，独占禁止法が施行され，企業分割その他によって複数の企業の競争を導入し，最終的には寡占体制となる。

ところが，各企業集団がワンセット主義をとる日本では，主要業種に有力企業が揃えられるために，同業種の大企業の多数並立状態となる。自動車でいえば，アメリカのビッグ・スリー，すなわちGM（ゼネラル・モーターズ），フォード，クライスラーに対して，日本ではトヨタ，日産，三菱，ホンダ，マツダ，ダイハツ，スズキ，日野，いすゞなど，組立メーカーは十数社を数える。そこにシェアをめぐっての苛烈な過当競争が展開され，欧米からみれば異常な，利潤を度外視した競争が繰り広げられる。そして，国内の市場が飽和に達したとき，各企業は雪崩を打って外国へ進出し，集中豪雨型輸出となったのが1980年代の貿易摩擦である。

独自の優秀な人事システムをもち，低配当・高内部留保（高設備投資・高研究開発費）の特異な日本型株式会社制度の上に立ち，製品のプライスダウンと品質の確保を厳守する下請系列企業群を従えながら，有力な同業他社と熾烈な国内シェアを争ってきた日本企業は，進出された側の企業・産業にとっては大きな脅威となる。相手国の経済・産業は衰退し，貿易摩擦が引き起こされる。

企業と政府各省庁

企業系列を抱えた大企業同士の結合形態＝企業集団はそれぞれ銀行や保険会社を中核としていたが，これら金融機関の上には大蔵省（現，内閣府金融庁）・日銀がある。またそのほかの企業の上にも，通産・農水・運輸・建設・郵政・厚生・文部（現，経済産業・農水・国土交通・総務・厚生労働・文部科学）の各省庁があり，その統制下におかれている。政府の法的規制・補助金・行政指導・許認可により，日本企業は統制されるとともに，保護・支援される体制をもっているのである。こうした体制が，戦後の日本の復興・高度経済成長・経済大国化を推進してきたのである。

4 日本企業をみる視点

●「家」としての日本企業

以上，日本の企業行動の独自性を明らかにするために，日本型の企業様式（日本型株式会社制度，企業集団・企業系列）と人事システムについて述べてきた。これらに支えられた日本的経営は，会社そのものの成長をめざすシステムとしては優秀なものであると同時に，その独自性は欧米からはしばしば，アンフェア・異質とみられている。そこで問われるのは，こうした独自性がなぜ生み出されたのかという問題である。こうした問いに答えるひとつの仮説として，ここでは三戸公教授の家論（1991）を紹介しよう。

家とは何か

三戸教授は，日本的経営の独自性を家の論理の観点から論じている。日本的経営が欧米にみられない特質を示すのは，**家の論理** によって動かされているからである。

それでは **家** とは何か。家は経済集団であり，**維持繁栄** を第一目標とする「経営体」である。ここでいう家とは「ファミリー」ではなく，特定の目的を達成するために組織された人々の協働体系である。

家は(1)「家の盛衰＝家族の盛衰」となる運命共同体であるとともに，(2) 恩情と専制，庇護と絶対服従の「親子関係」を基軸とする経営体である。とりわけ日本の家は超血縁集団であるところに特徴があり，中国・韓国の家とはこの点で大きく異なる。

家は決して日本独自のものではない。資本制生産に先行する家共同体は普遍的なものであり，日本の家はその一種（日本的特殊）である。家共同体は経営と家計の合体物（生産単位と消費単位の合体物）であり，資本制生産は家の解体（経営と家計の分離）によって成立する。それまで家に包摂されていた生産単位（経営）は自立してビューロクラティックな経営体となり，利潤追求体として合理的な発展を遂げる。他方，大家族は分裂して核家族となり，家共同体の成員は賃金労働者として経営体と契約を結び，家庭は住居と消費のみの場となる。

家の論理

もちろん，家共同体（家父長制のもとにある伝統的支配）と企業（規則・専門化・階層制の官僚制的支配）はまったく異なるものである。それにもかかわらず，現代の日本においては家と大企業の間に多くの共通点が認められる。資本制生産の成立・発展にもかかわらず，企業のなかに家の論理が貫いているのである。

家の論理は日本的な経営原則の体系であり，運命共同体としての家の維持繁栄をめざす論理である。それは**表 5-6** のようにまとめることができよう。

目的——維持繁栄

家の第一目標は組織・経営体そのものの維持繁栄である。家はその盛衰が家族の盛衰となる運命共同体である。だが，家の維持繁栄のために家族が犠牲となることもある。

日本で投資収益率や株価の上昇よりも，マーケット・シェアや新規事業の拡大が求められるのは，日本企業が何よりも維持繁栄を求める家だからである。そしてまた会社の繁栄は従業員の繁栄

表 5-6　家の論理と日本的経営

	家の論理	日本的経営
① 目　的	維持繁栄 家＝運命共同体（家の盛衰→家族の盛衰）	1)　シェア・新規事業の拡大 2)　企業規模別賃金 3)　会社人間・無制限労働・不要労働力排除のシステム 4)　企業買収はタブー
② 成　員	家族（直系・傍系）と非家族	多就業形態（社員従業員と非社員従業員）
③ 構　造	家長・家族・家産・家業・家名	1)　欧米とは正反対の株式会社の構造 2)　社長・取締役の独自の性格 3)　事業の維持・拡大の手段としての会社財産
④ 支　配	親子関係（恩情と専制，庇護と統制）	1)　会社と従業員，上司と部下 2)　企業間（親会社・子会社） 3)　政府と企業
⑤ 組織原則	階統制と能力主義	1)　学歴・採用形式・性別・国籍などによる処遇の差 2)　生き残りをかけた熾烈な競争
⑥ 訓　育	躾（しつけ）と訓育	企業内教育訓練
⑦ アイデンティティ	家憲・家訓・家風	社是・社訓・社風
⑧ 発展形態	本家・分家・別家的展開，同族団の形成	企業集団・企業系列
⑨ 組織意識	ウチとソト，格と分	運命共同体としての意識，会社の格・従業員の格
⑩ 行動規範	滅私奉公	会社の維持繁栄のための 社長・社員の無制限労働時間・無限定職務

に直結する（企業規模別賃金）。同時に，会社の繁栄のために若年優良労働力を吸収・定着させ，教育訓練し，有効利用するとともに，不要労働力を排除するシステムが形成されている。

成員――家族と非家族

家の成員は **家族** と **非家族** に分けられる。家族は家の盛衰をわが盛衰とする運命共同体の一員である。非家族は長期・短期において家経営体に参加しながら，家族としての処遇を受けない者，すなわち「家の盛衰＝家族の盛衰」という関係にない者である。非家族は家族の補完であり，身分的にも低位におかれている（ここでいう家族・非家族は，必ずしも血縁・非血縁により区別されるものではない）。

日本企業で，新規学卒一括採用により企業内に囲い込まれ，「基本給＋諸手当」の企業規模別賃金を受け取る社員従業員は家族成員である。これに対して，外部労働市場から必要に応じて採用・解雇され，市場で成立する産業別・職種別の企業横断賃率（欧米的）の適用を受けるパート・アルバイト，契約社員・派遣社員，社外工・臨時工などの非社員従業員は，非家族成員である。

構造――家長・家族・家産・家業・家名

家は維持繁栄のために **家長** を必要とする。家長は前家長より **家督** を相続し，**家産** と家族を統督して家業を営む。家は家業の発展により **家名** を高める。家の維持繁栄とは家名の存続と，後に述べる同族団の形成（271ページ）である。

家長は家の維持繁栄のために **滅私奉公** するのであり，家が大きくなれば番頭をおいて補佐を受け，可能なかぎり権限を委譲する。家産は家そのものに属す財産であり，家長の個人的財産ではない。家産は家業を営み，家を繁栄に導くための手段であり，家長はそのかぎりにおいて家産に対する管理権をもつにすぎない。

家産の所有者は家長もしくは創業者一族でありうるが，いずれにせよ，彼らは自らの持分を自由に処分することはできず，家の維持・繁栄を妨げない範囲で利益配分を受けるにすぎない。

日本の株式会社の社長は，実質的には株主総会や取締役会で選任されるのではなく，前社長より指名され，補佐役として従業員のなかから取締役を指名する。社長は会社の維持繁栄のため，低配当・高内部留保（高設備投資・高研究開発）の戦略をとって，シェアと新規事業の拡大をめざす。会社はそれにより業界最大手，あるいは大手○社入りをめざす。大株主は取締役会に依頼され，株式を長期にわたって保有するが，利潤動機・支配動機を第一としない安定株主であり，株式を自由に処分しない点で，かつての家産の所有者に酷似した性格をもっている。株式会社制度をとっているにもかかわらず，企業買収がタブーとされてきたのも家の論理のゆえである。安定株主中心の株主総会と内部重役中心の取締役会に行動を制約されないにもかかわらず，欧米の経営者よりも低い報酬で日本の社長が滅私奉公するのも，彼が家の維持繁栄のために存在する家長だからである。取締役会が社長の意に反して彼を解任しようとすれば，クーデター的な様相を呈せざるをえないのも，家の論理のゆえである。

支配――親子関係

家長と家族の間には親子関係がある。ここでいう親子関係とは血縁関係ではなく，支配関係を意味する言葉である。その内容は恩情と専制の性格をもつ命令に対する絶対服従であり，その見返りとしての恩情・庇護である。こうした親子関係を基軸とする経営体が家なのである。家は運命共同体であるから，親は家の維持繁栄を最優先して意思決定しなければならない。そして，子はそれに絶対服従することがわが身の繁栄につながることになる。

現代の日本企業においてもこうした庇護と絶対服従の関係は貫いており，それは上司と部下，企業と従業員の間だけでなく，企業系列における親会社・子会社の関係，さらには政府各省庁と各企業との間にも認められる。

組織原則——階統制と能力主義

家の組織原則は，階統制と能力主義の二本立てである。家族はいかなる統(すじ)に属すかにより異なる処遇を受け（階統制），それにより家の秩序は維持される。同時に，家の維持繁栄のためには能力主義が不可欠とされる。

現代企業でも，学歴・採用形式・性別・国籍などによる階統制が存在する。社員・非社員の区別も階統制による。しかし，新規学卒一括採用の上に，年齢別・勤続年数別のピラミッド構造，厳しい人事考課による定昇制・ローテーション人事と，不要労働力排除のシステムが形成された日本企業は，従業員に生き残りをかけた熾烈な競争を強いる能力主義的な人事も同時に行っている。会社が何よりも維持繁栄を第一目標としてシェアの拡大をめざし，その盛衰が従業員の盛衰となる運命共同体的な状況のもとでは，他社との競争に勝つための能力主義が求められるのである。

訓育——躾と訓育

家は，家族に対して，家の一員としての行動規範を与え，家業を営むことができるように躾(しつけ)と訓育を施す。日本企業が，新規学卒一括採用された優良労働力の能力を全面的に高めるために，企業内教育訓練を行うのはこれにあたる。そこではOJT中心の各種技術・技能教育とともに，社是・社訓による精神教育もなされる。従業員に対する日本企業の教育訓練は世界一といわれるが，それは次に述べる企業のアイデンティティの確立においても決定的な意味をもつ。

アイデンティティ──家憲・家訓・家風

家は維持繁栄のための精神的な支柱を必要とする。そのために制定されるのが家憲と家訓であり，そこに家風が形成される。家憲は家経営体の所有・支配・管理の基本を定め，家訓は家族が守るべき行動規範を表す。そして，家風に合わない者はたとえ血縁者であっても家族扱いされず，放逐される。

家憲・家訓は，企業においては社是・社訓となる。そして，まっさらな新規採用者を社風に染めるのが企業内教育訓練であり，入社式は会社の繁栄を担う新たな社員（家族）を迎える日本独自の儀式である。昇進においては能力以前にどれほど社風に染まっているかが評価され，他方，他社の社風に染まった中途採用者は不利な処遇を受ける。新規学卒一括採用が重視される所似である。

発展形態──本家・分家・別家的展開，同族団の形成

家は拡大すると，家産を家族に分けて新たな家を興す。血縁者が立てた家を分家，非血縁者のそれを別家といい，もとの家を **本家** という。**分家・別家** も大きくなると，さらに新しい家を興し，本家は宗本家となる。これまで関係のなかった家が強力な家を頼って本家とする場合もあり，これを寄親・寄子という。かくして，家は同族団を形成する。このような本家・分家・別家的展開，同族団の形成・拡大が家の維持繁栄である。本家と分家・別家の間には親子関係が貫いている。

こうした家の増殖・展開の論理は，現代日本企業にそのまま貫いている。企業集団・企業系列がそれにあたる。

Column ㉖ 日本的経営をどうとらえるか

日本的経営は変化したのか，していないのか。限界を迎えたのか，有効な経営システムであり続けているのか。日本的経営をめぐる議論はさまざまにある。だが，そもそも日本的経営とは何かについて，通説はあったにせよ，共通の理解が得られていたわけではない。日本的経営をめぐる議論は，これまで多彩な展開をみせてきた。

(1) まずは，日本的経営は存在するかという問題がある。①欧米にはみられない日本独自の経営を「日本的経営」ととらえ，欧米産の理論では把握不能という認識のもとに日本社会・日本企業の現実に立った理論化をめざす試みに対して，②日本的経営の独自性など存在せず，普遍的な近代化・合理化の遅早があるにすぎないとする主張があった。②は「日本的経営」ではなく，「日本の経営」としてその後進性をとらえ，日本の企業・経営の近代化のために欧米の理論の研究・導入に努めた。これらに対して，③他国の社会・経営にも移植可能な普遍性をもった経営・管理の技法に注目するものとして，80年代以降「日本型経営」の語も用いられている（ただし本章では，「日本的」「日本型」の語を，このようなものとしては使い分けていない）。(2) 日本的経営の評価についても，肯定・否定，礼賛・批判，改革，再建，不変と論者により多様であり，(3) 日本的経営論を普遍論・特殊論のいずれとして論じるかの違いもある。

(4) 日本的経営論の研究対象・領域も多彩である。①かつての定説であった終身雇用・年功制・企業別労働組合のいわゆる日本的経営の三本柱・三種の神器など，日本型の人事システムを中心に論じるもの，②新・三種の神器といわれたJIT，TQC，LRPなどの日本的な管理技法に注目するもの，③コーポレート・ガバナンスなど日本型の株式会社制度を論じるもの，④企業集団・系列など日本型の企業結合様式を論じるもの，⑤企業目標や企業買収などをめぐっての，日本的な企業行動の独自性を論じたもの。

(5) さらには，バブル以降の日本企業の動向に注目して，日本的経営は変わったか否かについても議論は分かれる。もちろん，日本的経営の変化を論じるためには，それに先立って，何をもって日本的経営とするかという理解が前提となる。①果たして終身雇用・年功制は日本的経営の特質か。その実態はいかなるものか。近年の雇用流動化の施策と成果主義の導入は，どう評価されるか。②あるいはまた，JIT，TQC など，新たな管理技術をおのずと生み出す体制の現状を，どうとらえるか。③さらにはまた，アメリカ型コーポレート・ガバナンスの導入などの動向や，企業集団・企業系列の再編をどうとらえるか。

(6) 以上に対する答えは，日本的経営をどのレベルで把握するかで異なるものとなる。日本的経営は，①制度・慣行のレベル（雇用制度や生産システム，統治制度など）において論じることができるし，②構造レベル（会社機関の構造や，会社と従業員の関係性），③原理レベル（家の論理，集団主義経営，生活共同体，人本主義など）にまで遡ってとらえることもできる。そこから得られるインプリケーションも，また別のものとなる。本章では，まず日本的経営の制度・慣行に注目して，その全貌を描きながら（第 1 ～ 3 節），結論部分においては，原理・構造の観点から（第 4 節），日本的経営の現状と展望を述べている（第 5 節）。

組織意識——ウチとソト，格と分

運命共同体としての家はウチとソトの意識を生む。家は維持繁栄の度合いにより格付けされ（家格），家格により規制される（分）。家族の間にも格は存在し，階統制は格意識を生む。格に基づく秩序を維持しようとするとき，分を守る，分際を知るということが重視され，分に過ぎた行動は非難される。先に述べた家族に対する訓育も，家格に応じてなされる。

日本企業も維持繁栄の度合いにより格付けされ，また親会社・子会社・孫会社の格付けがあり，会社内部にも学歴が格となり，それに応じた昇進のコースがある。役員の給与・賞与も，能力・業績ではなく会社の格によってほぼ決定され，各種寄付金も会社の格に応じて出される。

行動規範——滅私奉公

運命共同体としての家において求められる行動規範は，滅私奉公である。家の維持繁栄のための滅私奉公は家族にとって「美と倫理」であり，それは「利と論理」にも重なる。家における職位が高くなるほど，より厳しい滅私奉公が求められ，公正･無私が家長の条件とされる。

早出・残業・休日出勤・サービス残業・単身赴任・過労死に象徴される勤務態度や，会社の危機にあたって賃金カットに甘んじる日本のサラリーマンの行動はまさに滅私奉公（所属型の無限定職務・無制限労働時間）である。欧米の経営者よりも低い報酬で，新規事業とシェアの拡大のために内部留保に努める社長も同様であり，後継者の指名においても，血縁よりも維持繁栄のための能力が重視されることは少なくない。

家の論理と日本社会

以上，日本的経営の根底に流れるのが家の論理である。家の論理は日本的な経営原則の体系であり，企業に限らず，官庁・政党・学校・病院などのあらゆる日本の組織体・経営体を動かしている。この家の論理が，日本の組織体・経営体に所属型の運命共同体的な性格を与えるとともに，日本社会全体を近代社会の論理とは相克する構造につくりあげているのである。

日本企業は，その盛衰が従業員の盛衰に直結する運命共同体として，維持繁栄をかけ他社と熾烈なシェア獲得競争を展開する。

家的な日本企業は恩情と専制，庇護と統制の親子関係を基軸とする経営体であり，この親子関係は会社と従業員，上司と部下，親会社と子会社の間にみられるとともに，各企業と関係官庁との間にもみられる。さらに企業以外の経営体（学校・病院・各種機関）とこれらを統括する政府各省庁との間にもみられる。日本は政府を最上位の家として，その家（政府）が従属する家々（企業·団体）と家族（その成員）を親子関係的に支配服属させる構造となっているのであり，その手段が許認可権・補助金・行政指導といわれるものである。かくして，日本は憲法上，主権在民の議会制民主主義国家でありながら，その実，家的社会・家的国家の実質をもつ。各企業・団体は，有利な立法措置・許認可を受けるために政官業の癒着構造のもとにおかれることとなる。こうした体制のもとで，日本は経済大国となったのである。

だが，優秀な人事システムと低配当・高内部留保を可能とする特異な株式会社の構造，プライスダウンと品質の確保を厳守する系列会社をもった日本企業が，主要な業種にそれぞれ有力企業を抱えた企業集団を形成し，政府の支援のもとに競争しながら行う集中豪雨型輸出は相手国にとって大きな脅威であり，深刻な摩擦が引き起こされた。オイル・ショックや円高は，他国ならそのまま製品価格高騰となるところを，日本は政府と企業の家的な構造により，切り抜けてきた。だが，アメリカをはじめとする諸外国は，このような日本をそのまま許しておけば，自国の存亡にかかわる。かくして，1980年代以降，諸外国から日本異質論が叫ばれ，日本社会・日本経済・日本企業そのものの構造を改革する対日要求が突きつけられ，それは日増しに大きくなっていったのである。

こうした諸外国からの構造改革要求に続くバブル経済の崩壊と

Column ㉗ 日本的経営の原理と構造

三戸公教授は，家の論理の内容として，目的・成員・構造・支配・組織原則・躾と訓育・アイデンティティ・発展形態・組織意識の 9 項目を挙げ，別の箇所では行動規範についても論じている。だが，これを整理すれば，家の論理の第 1 原則は経営体そのものの維持繁栄であり，第 2 原則は，経営体の基軸としての親子関係であるといえよう。結論を先にいえば，この維持繁栄と親子関係こそが，日本的経営の原理と構造をなすものであり，日本企業に独自の制度と行動を選択させているのである。

日本的経営の原理は，経営体そのものの維持繁栄にほかならない。日本企業は，会社そのものの成長・発展を第一目標とするとともに，会社の盛衰が従業員の盛衰に直結する運命共同体的な経営体であり，その現れが企業規模別賃金である。会社の維持繁栄を第一目標として，その観点から，人事システム，株式会社制度，企業結合様式など，企業の存立をめぐるあらゆるシステムを構築・再構築するのが，日本的経営の原理である。

だが，維持繁栄の原理は組織の維持拡大の論理であり，近代的な組織一般の普遍的原理として，必ずしも日本に独自のものではない。それは，資本の論理（マルクス），官僚制の永続性（M. ウェーバー），協働体系の維持・拡大（バーナード），さらにはゴーイング・コンサーンとしての産業企業体の永続性（ドラッカー）などの論理をみても明らかであろう。

これに対して，日本企業に独自の性格を与えているのが，日本的経営の構造としての親子関係である。「要素と要素の関係性」を構造という。恩情と専制の性格をもった命令に対する絶対服従と，その見返りとしての庇護を内容とする親子関係が，日本企業においては，会社と従業員，上司と部下，親会社・子会社など組織間・成員間のあらゆる局面や，政府と企業の関係においても認められるのである。

こうした原理と構造の上に立って日本企業が構築してきた制度と行動が，第 3 節までに述べてきた人事システムと企業様式であり，その結果が 1980 年代の経済大国・日本だったのである。そしてそれは，近年の日本企業の動向をみるうえでも，有効な視点となる（281 ページ）。

その後の長期的な経済の低迷のなかで，家的な性格と構造をもつ日本的経営はどのように変わったであろうか。あるいは変わっていないであろうか。日本企業，そしてまた日本社会の将来は，どのように展望されるであろうか。

5 揺らぐ日本的経営

●家の論理のゆくえ

家の論理のもとで，1970 年代のオイル・ショックを克服し，80 年代後半の急激な円高を乗り越えた日本経済・日本企業は，90 年代初頭のバブル経済の崩壊後，「失われた 10 年」「失われた 20 年」とも呼ばれる景気低迷期を迎えた。かつて日本の経済大国化の原動力として賛美された日本的経営はいまや疑問視され，揺らいでいる。新規学卒一括採用を柱とする日本型人事システムの見直しがはかられ，日本型株式会社制度や企業結合様式の変革が求められているのである。こうした動きは，21 世紀を迎え，メガ・コンペティション＝大競争時代におけるグローバル化とITC 化のさらなるうねりのなかで拍車がかけられている。はたして，日本的経営は限界を迎えたのであろうか。

日本型人事システムの動向

バブル経済崩壊による長期的な景気の低迷のなかで，新規学卒一括採用を柱とする所属型の日本型人事システムは見直しを余儀なくされた。バブル以降の人事システムの動向は，**雇用の流動化** と **成果主義** の導入と要約されるであろう。

第１節で述べたように，新規学卒一括採用は，企業規模別賃金と並んで，日本型人事システムの基礎をなす二大要因である。学歴を目安に潜在能力を期待される新規学卒者を基幹社員として大量に採用し，長年にわたる企業内教育訓練を施すとともに，生き残りをかけた熾烈な競争のもとにおく人事制度によって，日本の大企業は成長を遂げてきた。

だが，バブル期に需要の増加を見込んで巨額の設備投資を行った企業の多くは，バブルの崩壊とともに「事業の再構築」を強いられ，企業の固定費として大きな比重を占める人件費の抑制と，弾力的な雇用調整・賃金調整を行おうとした。具体的には，多くの企業がリストラの名のもとに，①中高年の解雇と，②新卒採用の抑制（採用枠の縮小と，将来の中核となる人材に絞り込んだ少数精鋭的採用）を行うとともに，他方では，③中途採用の拡大と，④非正規従業員の活用（雇用調整・賃金調整が容易な契約社員・派遣社員・フリーターなどの採用）によって，雇用の流動化をはかったのである。これまで正規従業員にやらせていた仕事に非正規従業員を従事させる動きが目立ち，新規学卒者ですら，契約社員として採用する企業がある。これらとともに，⑤成果主義的な人事考課と賃金制度，年俸制の導入をはかる企業も少なくない。

日本企業のこうした人事システムの動向は，「日本的経営＝終身雇用・年功制」とする立場からは，日本的経営の変容ないしは崩壊と映る。だが，第１節でみたように，これまで日本で終身雇用的な処遇を受けてきたのは，大企業の大卒男子の一部にすぎない。むしろ，(1)①新規学卒一括採用を柱としながらも，②他方では不要労働力の排除を行いながら，経営環境の変化に応じて両者のバランスをとり，(2)さらには社員従業員と非社員従業員を擁する多就業形態により，柔軟な雇用調整を行ってきたのが日本的経営である。その意味で，近年の雇用政策が日本的経営の変容といえるかどうかは議論の余地がある。いわゆる成果主義の導入も，厳しい人事考課によって，終身雇用・年功制の牧歌的なイメージとはほど遠いサバイバル競争のもとに従業員をおいてきた，従来の日本型の能力主義的人事と一線を画すものとはいえない。

しかし，不要労働力排除の構造をもちながらも，これまで雇用を守ろうとしてきた日本企業が，リストラを当然の手法と考えるようになった変化は大きい。

日本型株式会社のコーポレート・ガバナンス

日本企業の独自性は，株式会社本来の「株主総会→取締役会→社長」とは正反対の「社長→取締役→安定株主」という構造となっている点にもあった。株主総会の形骸化や株主利益の軽視（低配当），取締役会による社長のチェック機能の欠如，さらには相次ぐ企業の不祥事から，こうした日本型株式会社制度を変革すべきという議論が起こり，近年では統治機構の改革がみられることは，第3章第5節（159ページ）で詳しく学んだとおりである。バブル崩壊以降の株価低迷の長期化から，日本型株式会社制度を支えてきた株式持合いの解消が進展し，安定株主構造は大きな転換をみせている。

こうした問題は，コーポレート・ガバナンスの観点からは，しばしば「雇用優先の企業統治」対「株主優先の企業統治」という構図でとらえられる。後者に立って日本的経営を批判する論者が主張するのは，大量の余剰人員を抱えながら迅速な対応をしない「終身雇用的」な日本型システムからの脱却と，レイオフやリストラによって積極的に収益の改善に着手し，株主資本の効率性と株主への利益還元をめざすアメリカ型への転換である。彼らは，こうした株主重視の経営をグローバル・スタンダードという。他方，日本的経営を擁護する論者は前者を重視して，日本企業の強みは安定的な人的ネットワークをつくる点にあり，長期雇用や人材育成は重要な戦略であると主張する。

本章で述べてきた，(1)①終身雇用といわれる状況の実態（第1節）や，②株式会社の原則を逸脱した日本型株式会社の構造（第2節）が，その実，企業成長を支えてきたことと，(2)③株主利益のみを志向するのではなく，広範なステークホルダーの利益にかかわる社会的な制度として運営されねばならないのが現代大企業の現実となっていること（第3章・第6章）は，日本企業のガバナンスを考えるうえで軽視できないであろう。

しかし，近年のガバナンス改革を通じて完全に株主利益重視の経営に転換したとまではいえない日本企業であるが（164ページ），株主主権の主張が「会社＝家」「社員＝家族」という企業観を否定し，雇用のあり方を前項のように変質させたことには注意が必要である。

企業集団・企業系列のゆくえ

日本の企業は，欧米のようにカルテル，さらにはトラストといった資本結合を基礎として展開するより，家が本家－分家・別家と展開していくように，親会社－子会社－孫会社のような親子関係的な系列を形成していく。さらには，各種の業種を次々に取り込んでいくワンセット型の企業集団を形成し，これが国内における有力企業の多数並立状況と苛烈なシェア競争・集中豪雨型輸出を生んだことも，すでに述べた。こうした企業集団・企業系列が，優秀な人事システムや独自の日本型株式会社制度とともに日本企業の強さの秘密であり，貿易摩擦の要因でもあった。

だが，貿易摩擦解消のため生産の現地化が行われた結果，日本企業の進出先においては従来の系列関係を超えた取引が，組立メーカーと下請けの部品メーカーとの間でみられるようになった。そしてバブル崩壊以降の国内需要の落込みは，組立メーカーによる系列部品メーカーの選別・切捨てを生んだ。親会社が系列子会社を庇護・育成する余力を失ってきたのである。自動車産業などでは1990年代末以降，系列の負の側面が批判され，いったんは解消に向かったものの，2005年頃から再びその有効性が評価され，一部ではこれまで以上に系列を強化する動きもみられる。

他方，6大企業集団の結束力・組織力，株式の持合いはバブル崩壊とともに低下した。日本では金融機関が企業に資金を提供する間接金融の比率が高く，とくにメインバンクが株式の持合いや役員派遣などを通じて重要な役割を果たしてきたが，バブル崩壊による多額の不良債権の発生により，銀行の経営は悪化し，間接金融の機能も十分に果たせなくなってきた。こうした不良債権の処理と，国際的な金融自由化に対応した資金力の強化や，業種の垣根を越えた業務展開のため，従来の6大企業集団の枠にとどまらない金融業界の再編が行われ，まず4大金融グループが誕生した。三菱東京フィナンシャル・グループ，三井住友フィナンシャル・グループ（2001年4月，さくら銀行＋住友銀行），みずほフィナンシャル・グループ（02年4月，第一勧業銀行＋富士銀行＋日本興業銀行），UFJホールディングス（01年4月，三和銀行ほか）がそれであり，それぞれ都銀・信託などの金融機関を抱える金融グループとなったのである。さらに2006年1月には，三菱UFJフィナンシャル・グループが誕生し，3大メガバンク体制に移行した。6大企業集団の中核であった6大都市銀行（さくら・東京三菱・住友・富士・三和・一勧）が，3大メガバンクに集約されたのである。

だが，こうした動きが，そのまま6大企業集団の3大企業集団（三井住友・三菱UFJ・みずほ）への再編につながったわけではない。三井・住友系においては，一方で三井海上と住友海上，三井建設と住友建設の合併がなされたが，他方で三井化学と住友化学の統合は白紙撤回された。旧東京三菱系の明治生命と，みずほ系（旧芙蓉系）の安田生命のように，3大グループの枠を超える経営統合もみられた。企業側も企業集団の枠を超えて銀行と取引することが当たり前となり，株式相互持合いの解消も進んだ。

メガバンク再編により，6大企業集団の幹事を務めてきた中核都市銀行の多くが、その座を降り，それぞれの集団内部の求心力も低下した。そうしたなかで，社長会は残っているものの，三和グループと一勧グループは実質的に解消され，三井・三菱・住友・芙蓉の4つが残ったとみるのが妥当であろう。株式持合いの解消はコーポレート・ガバナンス改革の流れのなかで進められたものであったが，他方で社外役員必置の要請から，役員兼任数は増加している。2000年から17年にかけての旧6大企業集団の主な社長会メンバーの変化と株式持合いの低下については**表5-5**（260ページ）で確認できる。

そもそも企業集団・企業系列は固定的なものではない。戦前，10大財閥といわれたものが，戦後は旧財閥系の3グループと銀行系3グループの6大企業集団に再編され，他方でトヨタ，ホンダ，松下などの多くの独立系企業集団（企業系列）が急成長したのが日本企業の状況である。そうしたなかで次世代の企業集団の動きもみられる。むしろ問題は，本章で述べた日本独自の企業結合様式の特徴（企業集団におけるワンセット主義，企業系列における親子関係）が保持されているかどうかであろう。

1990 年代以降の日本的経営改革の意味——日本的経営は崩壊したか

以上のような 1990 年代以降の諸改革のキーワードとして，とくに 2000 年代に入り強調されるのが，グローバル化や IT 革命であり，コーポレート・ガバナンスであった。すなわち，IT 化とグローバリゼーションに対応するために，大幅な規制緩和を行い，市場経済システムの自由化と，株主利益や M&A を実現しやすいガバナンス改革を行うことが主張されたのである。このとき，企業経営の重要な基準とされるのが，企業価値であった。こうしたバブル以降の企業の改革の動向は，「市場原理」と「株主主権」に志向したものであるが，それは，日本的経営の変容ないし崩壊ととらえられるべきものであろうか。

「制度」や慣行だけを問題とするなら，日本的経営は不変ではない。従来の議論において日本的経営の三本柱の筆頭にあげられてきた終身雇用は，実は高度経済成長期の一時的現象といわれる。企業別労働組合の成立は戦後のことであり，新規学卒一括採用をはじめとする日本型人事システムの諸制度の多くは，準戦時体制・戦時体制下において，国家総動員の諸立法のもとで形成された（*Column* ㉘参照）。他方，明治期においては想像を絶する労働力移動があった。

日本的経営の変質・変容を問題とするなら，制度・慣行よりも，その「原理」と「構造」（要素と要素の関係性）に注目しなければならないであろう（*Column*㉗参照）。「日本的経営＝終身雇用・年功制」という従来型の理解に立てば，雇用流動化や成果主義の導入は，日本型人事システムの崩壊ないし変容ととらえられるし，アメリカ型ガバナンス導入の動きも，日本型企業システムの転換とみられないわけではない。しかし，人事システムや企業統治の制度や慣行が変わっても，原理・構造をみることなしには，日本的経営の変容・崩壊は語れないのである。

日本的経営の原理は経営体そのものの維持繁栄であった。会社の維持繁栄の観点から，あらゆるシステムを構築・再構築する点に日本的経営の特徴があり，それが日本企業の強みでもある。この理解に立てば，バブル崩壊後の人事システムと企業様式の動向は，決して日本的経営の崩壊ではない。むしろ，日本的経営の原理に基づいた改革がめざされたのである。すでに述べたように，日本的経営の人事システム上の特質は，終身雇用・年功制ではなく，経営環境の変化に応じた柔軟な雇用調整であり，それは①新規学卒一括採用を原則とする長期雇用と不要労働力排除を均衡させるとともに，②社員従業員/非社員従業員構造を内容とする多就業形態の効果的な運用により実現される。成果主義の導入も，会社の維持繁栄の観点からの人事システムの再構築なのである。

一方でアメリカ型ガバナンス導入の動きが認められながらも，他方で日本独自のガバナンスのあり方が模索されている（第3章第5節）のも同様である。株主重視型の経営をグローバル・スタンダードといい，効率的だと主張されても，その方向への転換が容易になされないのは，日本の経営者の多くが，企業の維持存続や経営の効率性の点で，むしろ日本型のほうが優秀であると経験的に実感しているからであろう。新規学卒者を基幹社員として長期的に人材育成する日本の人事戦略も，安定的な人的ネットワークをめざし，高設備投資・高研究開発の戦略とも相まって，企業におけるイノベーションの創出の基盤を提供しているのである。

それでは，日本的経営の本質はまったく変わっていないといえるであろうか。ここで注目しなければならないのが，日本的経営の構造の問題である。日本的経営は，親子関係的な構造をもつ。新規学卒一括採用の抑制，中途採用と非社員従業員の増加，中高年のリストラなどの雇用の流動化と，成果主義の導入という近年の動向をもって，従来の多就業形態と不要労働力排除の延長線上とみるか，日本的経営の崩壊とみるかは，ひとつには日本企業が親子関係（＝恩情と専制の関係）を基軸とした家であり続けているか否かによって判断されよう。同様に，企業系列においては，下請企業に対する恩情がなくなり，専制ばかりが横行して，庇護がなされず，親だけが肥え太るような事態が生じるなら，それも子の存立を危うくする。日本的経営の原理＝維持繁栄に立脚した諸改革が，いまや日本的経営の構造である親子関係を変容せしめるに至ったのである。

「市場原理」と「株主主権」をキーワードとするバブル以降の激しい経営環境の変化に対して，日本的経営は，原理レベルでは，企業維持原則のいっそうの徹底がなされたが，その過程で生じたリストラ，非正規従業員の拡大，系列の切り捨ては親子関係を否定し崩壊させ，企業に家的性格を失わせ，従業員の家族意識の希薄化をもたらした。親子関係の一側面として専制や絶対服従はある。だが，他方の恩情や庇護・育成を欠いては親子関係ではない。企業という家の成員間・組織間の安定的なネットワークが脆弱となり，技術の継承や発展が危機に瀕し，運命共同体の一員として

Column ㉘ 日本の近代化・民主化と家の論理
——日本的経営の成立

家は本来，資本制生産に先行する前近代的な共同体であり，家計と経営の分離により解体し消滅する。だが，戦前の日本においては，明治維新を契機とする近代化，資本制生産の成立・発展にもかかわらず，家は消滅せず，家の論理が広汎に残り作用していた。また敗戦後の民主化改革にもかかわらず，家の論理は消えていない。なぜであろうか。

(1) 明治国家と家の論理

まず，戦前の問題についていえば，その理由は2つ考えられる。第1に，明治維新は，幕藩体制下で藩（お家）の財政窮乏化を救うために，下級武士層によって担われ進められていた洋式工業の導入による殖産興業政策を，新国家成立後，富国強兵の名のもとでそのまま国是とし，日本全体をひとつの家として維持繁栄させる路線をとるものであったこと。すなわち，日本では近代化・産業化そのものが家の論理により推進されたのである（家の倣い拡大）。

第2に，明治国家の秩序として制定された法体系は，近代的であるとともに，前近代的な家的側面をもっていたこと。大日本帝国憲法と明治民法に典型的にみられるように，日本においては天皇を親とし国民を子とした忠孝一如の天皇制国家としての法秩序・法体系がつくられた。そして，これが戦前の日本企業に家的秩序を与えることになった（家的法体系）。

資本主義の成立・発展は利潤をめぐる資本家間の競争と，賃労働と資本の対立・激化を生み，そこには必然的に企業横断的な職能別・産業別の全国的な労働組合運動が生まれてくる。だが，明治の家的法体系のもとでは，天皇と国民の関係と同じく，労使関係も親子関係とされた。したがって，企業に階級闘争はあってはならないものとされ，労働組合運動を禁止し弾圧する治安警察法や治安維持法が制定・施行された。また原生的労働関係の激しい収奪から健全な労働力を維持するための工場法，労働者保護立法は，日本では経営者の恩情的・慈恵的性格のものとして制定され，実質的罰則をともなわなかった。しかも，その適用は大企業に限られ，中小企業は除外された。そのため，大企業との労働条件の格差を生むとともに，欧米なら工場法により淘汰された劣弱な中小企業が，日本では逆に増大し，いわゆる大企業と中小企業の二重構造の原因をつくった。健康保険法・退職手当法などの社会諸立法についても同様である。

こうした法体系のもとで経営家族主義化の試みがなされ，定着しはじめた。制度的には年齢・勤続年数により昇給・昇格する年功制と手厚い福利厚生であり，これらは経営家族主義のイデオロギーによって染められた。それはまさに前近代的な家経営の近代資本制における再編であり，いわゆる日本的経営の成立である。

⑵ 準戦時・戦時体制と家の論理

昭和恐慌に続く準戦時体制下で，財閥系大企業を親会社とし，それに中小企業が親子関係的に支配される体制が完成した。さらに戦時下の国家総動員の諸立法があらゆる企業を戦時統制下に置いて，企業を一家とみる日本的経営が完成された。すなわち労働移動の禁止が新規学卒一括採用を制度化し，労働力の定着を余儀なくした。賃金統制令は低賃金に据えおかれた初任給に定期昇給を積み上げる年功制を制度化し，基本給プラス諸手当の賃金体系を生み，さらに福利厚生を企業ごとに充実しなければ，労働力の保全は不可能な状態となった。新規学卒一括採用のうえに，教育訓練・定昇制・賃金体系・福利厚生の日本的経営の仕組みが，戦時下において制度化されたのである。

⑶ 戦後の民主化と家の論理

日本は敗戦により壊滅的打撃を受け，アメリカ軍により占領され，民主化された。GHQ は日本の軍隊を消滅させ，明治憲法を基本的人権に立脚する主権在民の新憲法に変え，農地改革・財閥解体・労働組合運動解放の三大民主化措置が実施された。これは天皇と国民を親子関係とする家的国家の解体・民主化をめざしたものであり，その過程で前近代的な家的秩序は解体・消滅するはずであった。それにもかかわらず現代日本企業には家の論理が貫いている。なぜか。

財閥家族は追放され，財閥の企業支配の機構は解体されたが，戦時中に制度化された新規学卒一括採用の上に構築された人事労務の家的システムが，そのまま残ったこと，および占領軍によって合法化された労働組合の組織形態は，1940（昭和15）年の大日本産業報国会の組織を引きずって企業別組合として組織され，企業横断的な職能別・産業別組合とはならなかったことが，その理由と考えられる。

さらに明治以来の行政組織も，敗戦・占領・民主化の過程でほとんどそのまま残存した。すなわち昭和恐慌脱出の方向を政府主導で展開した通産行政，戦時計画・統制の担い手となった行政組織と，企業に対する指導・統制の関係が戦後も残り，それによって経済復興がなされ，高度経済成長政策がとられたのである。労働行政もまた日本的経営秩序の温存・保護・育成（近代化・合理化と家的秩序維持の合体・統合）を推進した。企業における家的秩序はアメリカの管理技術の導入によっても消滅せず，それと融合・合体して世界に喧伝される日本的経営をつくりあげていったのである。

会社のために滅私奉公する基盤が失われる。日本人にとって「美と倫理」であった滅私奉公が，いまや企業においては「利と論理」と化している。しかも，現代の日本企業において，会社の繁栄による「利」を享受できるのは社員従業員の一部のみにすぎない。会社と繁栄をともにしない非正規従業員は，全体の4割近くを占めるに至った。そしていまや，会社の繁栄をわが繁栄とできるはずの正社員にも，ブラック企業に象徴される滅私奉公的な過重労働とその対価との均衡/乖離（*Column* ㉚）が生じているのである。

家社会の展望

そもそも，日本は企業＝家を構成要素とする家社会として，戦後の復興と経済成

Column ㉙ ドーアの日本的経営論

家の論理と無縁のところで日本的経営の未来を展望することはできるのだろうか。あるいは，日本的経営に貫徹する家の論理を変革することは可能であろうか。家の論理は良くも悪くも，日本の伝統に根ざした経営原則・組織原則の具体化である。1980年代にドーア（R. P. Dore）は「日本型資本主義なくして，何の日本か」と述べ，資本主義をA型（英米型，株主第一主義・金尊産卑・私尊公卑）とB型（日独型，社員第一主義・産尊金卑・公尊私卑）に分けたうえで，後者が経営効率において優れていると分析した。だが，日本異質論が叫ばれる状況のままで国際社会において日本が生き残れるとは思えないし，国内においても家社会・家国家の病理は深刻の度を増しつつある。ドーア自身も，日本的経営を評価しながらも，日本的なシステムが犠牲にしているものの大きさを指摘しているのである。そして世界経済の動向は，いまやA型の優位にある。そのうねりのなかで，家社会としての日本社会は揺らいでいる。家の論理の，そして日本的経営の何を変え，何を残すか。そのとき，日本社会および日本企業はいかなる様相を呈することになるのか。この問題についてはさらに考え続けることが必要であろう。

長を遂げてきた。各企業の維持繁栄がそのまま，一方における社員の繁栄と，他方における経済･社会の繁栄となってきた。それが，バブル期の地価急騰や単身赴任・過労死の問題に代表されるように，会社の繁栄が，そのまま個人や社会の繁栄には結びつかなくなり，さらに，1990年代以降の規制改革も含め，日本社会と日本企業は，フリーターやニート，高齢者の切り捨てを生み，ワーキングプアやホームレスに象徴される格差社会を生んだ。2008年のアメリカの金融不安に端を発した世界同時不況（リーマン・ショック）が，日本では凄まじい派遣切りの現実をもたらしたこ

Column ㉚ 1980年代「サービス残業・過労死」と2010年代「ブラック企業・ブラックアルバイト」

近年，急速に社会問題化しているのが「ブラック企業」である。この語は2010年頃はじめて新聞に登場し，13年から急増しはじめ14年の『朝日新聞』には279件の記事がみられる。ブラック企業とは狭義では「違法な労働を強い，労働者の心身を危険にさらす企業」であり，とくに「新興企業において若者を大量に採用し，過重労働・違法労働によって使いつぶし，次々と離職に追い込む成長大企業」(塚原英治［2014］「ブラック企業はなくせるか」) である。

本章では，日本的経営の大きな特徴として「職務の無限定」と「労働時間の無制限」をあげた。無制限労働・無限定職務はいまに始まったことではない。1980年代に問題になったサービス残業・過労死も，職務と労働時間の無限定・無制限という同じ構造によるものであり，「鬱病・過労自殺・過労死」に追い込まれるまで「過重労働」を強い，「残業代を支払わない」(今野晴貴［2012］『ブラック企業――日本を食いつぶす妖怪』) 点で、当時の日本的経営とブラック企業は共通している。それどころか，過剰労働と残業代不払いはそれ以前からもあった。

それなのになぜ，1980年代に「サービス残業・過労死」が社会問題となり，近年になって「ブラック企業」という言葉が生まれたのか。その背景には，日本的経営の変容がある。それは具体的には，過重労働と報酬の不均衡であり，「家」の否定・崩壊である (三戸浩［2016］「ブラック企業と日本内経営――なぜブラック化し，そしてなぜ辞めないのか？」)。

日本企業におけるサービス残業などの過剰労働は，会社に対する「滅私奉公」といえる。1970年代までは，こうした無限定職務・無制限労働に対して，終身雇用や年功的な昇進・昇給といった長期的な報酬があった。そこでは，欧米型＝契約型のように労働の対価を即時的・短期的に求めるのではなくて，長期にわたってトータルに，賃金以外にもボーナスや昇進，会社が大きくなることによる社会的地位の上昇という恩恵に浴することができた。会社の規模の拡大は，企業規模別賃金として現れる。その意味で，滅私奉公は経済合理性をもっているのである。大企業の大卒男子の正社員に限られるとはいえ，いわゆる終身雇用・年功制は，まさにこのような慣行であった。こうした「滅私奉公」は「日本的経営＝家の論理」における，家と家族の「論理と倫理」である。滅私奉公は「会社＝家」ととらえるところにはじめて成立する。

しかし，戦後日本の民主化・個人主義化は，「社員＝家族，会社（＝家）の一員として滅私奉公すること」を否定・拒否してきた。そして，1980 年代に会社（＝家）の維持繁栄を至上とする「会社中心主義」が否定されると，「サービス残業」「会社人間」などの言葉が登場し，「過労死」「単身赴任」が社会問題化した。世界第 2 位の豊かさの達成と戦後民主主義の流れのなかで，「滅私奉公」が懐疑・否定されるようになったのである。

さらに 1990 年代にバブルが崩壊し，企業がグローバル市場のなかで生き残りをかけたメガ・コンペティションの時代になると，「会社は株主のもの」と主張されるようになり，リストラも会社の生き残りのための当然の手法となった。従業員は，会社の存続のための「人的資源」として「有効利用」すべきものと扱われる。日本的経営の「従業員＝家族」という性格を失ったのである。

だが，それにもかかわらず，欧米型のように，従業員が一個人として会社と職務内容・労働条件などを明確にした契約関係を結ぶことで雇用関係に入ることにはならなかった。会社と従業員の関係は，本章で述べた「日本企業：所属型」であり続け，「グローバル・スタンダード：契約型」には変わっていないのである。日本型人事システムの根幹である新規学卒一括採用は，相変わらず健在であり，OJT とジョブ・ローテーションによりキャリアアップしていくやり方は，まったくといっていいほど変わっていない。すなわち，「職務の無限定と労働時間の無制限」は継続し，その一方で「雇用（昇進）の保証」という所属型の長期的な報酬は失われたのである。ブラック企業が社会問題化した背景には，こうした日本的経営の変容がある。ここでは詳述する余裕はないが，ブラック・アルバイトの問題も日本的経営抜きには考えられない。

とも，本章の議論からすれば，驚くことではない。維持繁栄の観点から，日本的経営の原理に立脚した企業存続のための行動が当然のことのようになされたのである。何より維持繁栄の目的が従業員の運命共同体としての会社＝家の存続発展から，株主価値の実現とグローバル市場での企業の生き残りへと転換していることが決定的である。そうした企業の維持繁栄のための戦略は，従業員の犠牲の上に立つものであり，長期的には，日本経済・日本社会にとって，重大なマイナスとなるものであろう。

バブル経済崩壊以降，日本的経営は経営環境の悪化に適応できない非効率的なものと考えられ，その改革が叫ばれてきた。しかし，実態はむしろ逆である。日本的経営は，維持繁栄の原理に基づいて，それ以後の環境変化に対応するためにあらゆるシステムの構築・再構築に努めてきた。日本的経営だからこそ，90 年代以降の不況下で，企業の存続がはかられ業績の回復がなされたのである。だが，維持繁栄の追求が，逆に日本的経営の構造である親子関係の脆弱化をもたらし，日本人と日本社会の現状と展望に，大きな影を投げかけていることを見逃してはなるまい。

〈BASIC〉

1 日本的経営のどのような側面が，日本企業の強さの秘密になっているだろうか。人事システムと企業様式（株式会社制度・企業結合様式）の両面から，考えてみよう。

2 日本的経営が優秀な経営といわれる反面，外国から非難されたり，異質といわれたりするのはなぜだろうか。「よい物を，安く，大量に」つくることはいけないことだろうか。それとも，何かほかに理由があるのだろうか。

3 家の論理とはどのようなものだろうか。それは日本人にとって，いかなる意味をもっているであろうか。

〈ADVANCED〉

1 近年の雇用の動向，企業集団・企業系列の再編について調べてみよう。それは，日本的経営の崩壊，家の崩壊といえるであろうか。

2 現在，日本では「働き方改革」として「長時間労働の抑制」と「同一労働・同一賃金の実現」が求められている。これらが問題とされるのは，なぜだろうか。また，その実現を阻むものは何だろうか。どうすればよいだろうか。これ以外に，どのような雇用の問題があるだろうか。

3 あなたが就職するなら，所属型の日本企業だろうか。契約型の欧米企業だろうか。それとも，もっと別のタイプの企業だろうか。企業の側，働く側，そして社会・地域のそれぞれの視点で考えてみよう。

4 日本における若者の雇用問題について，調べてみよう。女性の労働問題，中高年の雇用問題についても調べてみよう。

5 ブラック企業とは，「正社員」に違法な労働を強い，心身を危険にさらす企業（*Column* 30）であり，そこでは無制限・無限定労働が大きな問題となっている。それでは，「非社員」

に対するブラック・バイトでは何が問題なのだろうか。アルバイトなら，自分の意思で辞めることも可能であるはずだが，辞めないのはなぜか。考えてみよう。

REFERENCES Chapter 5 参考文献

アベグレン，J. C.（占部都美監訳）［1958］『日本の経営』ダイヤモンド社。

アベグレン，J. C.（占部都美監訳・森義昭共訳）［1974］『日本の経営から何を学ぶか――新版日本の経営』ダイヤモンド社。

伊丹敬之［2002］『人本主義企業――変わる経営変わらぬ原理』日本経済新聞社（日経ビジネス人文庫）。

岩田龍子［1977］『日本的経営の編成原理』文眞堂。

ヴォーゲル，E. F.（広中和歌子・木元彰子訳）［1979］『ジャパンアズナンバーワン――アメリカへの教訓』TBS ブリタニカ。

オオウチ，W. G.（徳山二郎監訳）［1981］『セオリー Z――日本に学び，日本を超える』CBS ソニー出版。

小池和男［1977］『職場の労働組合と参加――労使関係の日米比較』東洋経済新報社。

清水一行［1995］『系列』集英社（集英社文庫）。

津田真澂［1977］『日本的経営の論理』中央経済社。

ドーア，R. P.（山之内靖・永易浩一訳）［1993 年］『イギリスの工場・日本の工場――労使関係の比較社会学』上・下，筑摩書房（ちくま学芸文庫）。

間 宏［1971］『日本的経営――集団主義の功罪』日本経済新聞社（日経新書）。

間 宏［1989］『日本的経営の系譜』文眞堂。

パスカル，R. T.，A. G. エイソス（深田祐介訳）［1981］『ジャパニーズ・マネジメント――日本的経営に学ぶ』講談社。

三戸公［1991］『会社ってなんだ――日本人が一生すごす「家」』文眞堂（文眞堂選書）。

三戸公［1991］『家の論理』1・2，文眞堂。

三戸公［1994］『「家」としての日本社会』有斐閣。

村上泰亮・公文俊平・佐藤誠三郎［1979］『文明としてのイエ社会』中央公論社。

第6章 「社会的器官」としての企業

21世紀の企業像を求めて

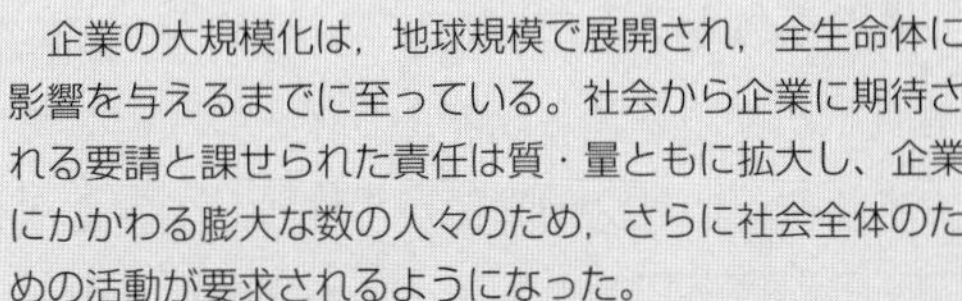

企業の大規模化は，地球規模で展開され，全生命体に影響を与えるまでに至っている。社会から企業に期待される要請と課せられた責任は質・量ともに拡大し、企業にかかわる膨大な数の人々のため，さらに社会全体のための活動が要求されるようになった。

企業の活動は基本的かつ伝統的な「(市場をとおしての) 財・サービスの提供」を大きく超え，「社会的貢献活動」という形で多種多様に行われるようになり、また従業員や取引先とのかかわり方も広く倫理性が要請されるようになってきている。利益の使い方，企業資産（ヒト，モノ，カネ，情報）の使い方も「企業市民」にふさわしいものであれ，などといわれるようになった。

その目的も「株主のための利潤追求」から「企業存続(=顧客の創造)」へ，さらに「社会（ステークホルダー）のために」と大きく変容した。20世紀後半から21世紀にかけて要請され，期待されるようになった企業の活動・あり方，その企業像を，ここでは「社会的器官」と呼ぶことにしよう。

本章では，その社会的器官を，企業の社会的責任・社会的貢献，企業市民，企業統治という概念から探っていくことする。

SUMMARY 本章のサマリー

KEYWORDS 本章で学ぶキーワード

環境問題　企業の社会的貢献　企業市民　利害関係者（ステークホルダー）　企業の社会的責任（CSR）　CSR指標・CSRランキング　CSV　企業統治　企業倫理・経営倫理　コンプライアンス　社会的企業・社会的事業

1 企業の社会的責任論

●企業と社会の緊張

近年，企業の社会的貢献が広く要請されるようになっている。なぜ，そのようなことがいわれるようになったのだろうか。この社会的貢献が要請される以前から存在し，そして，よく似ている概念である企業の社会的責任から検討してみよう。

企業の社会的責任論

企業に社会的責任を求める論議が出たのは，戦後何度かある。まず最初は，1950年代後半の消費者被害をめぐって提起された。続いて，1960年代前半に利潤追求の理念に関して問題にされた。だが，企業の社会的責任として最も大きく論議され，この言葉が広く認知され定着したのは，1970年代初めの公害と狂乱物価とまで称された価格高騰に対する企業批判であった。さらに，1980年代後半にも地価高騰と政経癒着スキャンダルにより，経営者のモラルを問う形で問題にされた。

ここでは，大きくクローズアップされた1970年代のようすをみることにしよう。1960年代の半ばまで，高度経済成長を成し遂げた企業と社会は，部分的には緊張をはらみながらも，それなりに良好な関係を維持していたといえよう。その関係が崩れた大きな契機となったのが公害であった。その代表的なものが，四大公害と呼ばれる熊本水俣病，新潟水俣病，神通川イタイイタイ病，四日市公害であった。また，大都市部では光化学スモッグが発生し，老人や子どもたちが倒れるという光景は，当時の人々に文明の終末かとまで思わせるほどであった。

公害自体は（その言葉があったかどうかは別として），古くは江戸・明治期から別子銅山や足尾銅山などで引き起こされてきていた。また，四大公害のうち四日市を除く3つまでは古くは大正時代から排出されてきた有害物質により生じたものであり，突然に起こった問題ではなかった。だが，そのような一地域に限定されるにとどまらず，排ガス・廃水・騒音などにより，広く全国にわたって急速に自然・環境が破壊され「公害列島」とまでいわれるに至り，人々が自分たちの健康・生命に大きな危機感をもつまでになったのである。それまでは企業も社会もまず豊かさが最優先され，生産第一であり，たとえ問題が生じても，取り上げることも対応することもまともに行われなかったのであるが，これをきっかけにして公害をめぐる企業と社会の関係は劇的に変容したといえよう。

また，企業と社会の摩擦は，この公害問題のほかに，欠陥車問題や食品添加物など，商品の安全性をめぐって生起した。企業の反社会的活動は，1973年の第1次オイル・ショックにおいてピークに達した。全国的にモノ不足が生じ，商品の買占め・売惜しみが発生し，闇カルテルによる灯油値上げ問題に代表されるような社会不安のなかでの利潤追求行為は猛烈な企業不信感を引き起こしたのであった。そのために，1972年には688であった消費者団体の数は75年には2373，81年には3712にまで増加したのである。

企業の対応

このような社会と消費者の反応に対して，企業は一転してすばやい対応をみせた。公害問題に対しては，公害防止のための設備投資額は年率数十％の伸びをみせ，自動車の排気ガス規制もアメリカを上回って世界一厳しいといえるほどの基準をクリアするに至った。また，消費者問題への対応も，消費者窓口などの消費者部門の設置を急速に進めた。1970年代中に行われたこのような企業の対応により，企業に対する不信感は急速に払拭されていったのであった。

環境問題

企業の対応や低成長により，企業への批判はいったん沈静化したが，1980年代後半になり再燃した。石油・石炭などの化石燃料の大量燃焼や森林破壊などによる地球の温暖化現象，フロンによるオゾン層の破壊，そして，産業廃棄物問題などという**環境問題**が突きつけられたのであった。

この環境問題は，1960年代の公害問題の拡大版のようにみえながらも，大きく異なる側面を有している。

(1) 公害は特定地域の住民だけが被害者であったのに対して，環境問題は地球規模で発生し，全人類・全生命体に対する危機である。

(2) 公害は加害者が特定しやすかったのに対して，環境問題は企業活動全体によるだけでなく，便利さや快適さを求めて資源，エネルギー，モノを大量消費するわれわれ先進国の生活のあり方自体から生じている。

(3) 公害では，商品（goods）とともに汚染（bads）が生まれていた。これに対して，環境問題は，地球・地域という閉鎖された生態系を超えた生産活動・消費活動であるかぎり，個人的・直接的にはgoodsであるものも全体的にはbadsになるところから生じている。そのため，フロンの使用の制限や，電気自動車などの低汚染自動車の開発，部品のリサイクルなどの対応を企業は始めているが，個別企業の個別製品の生産改善だけでは問題の解決にはほど遠いといわざるをえない。

企業の社会的貢献論

1980 年代に企業に突きつけられたもうひとつの要求は，**企業の社会的貢献** と呼ばれるものである。世界的な低成長時代のなかで，ひとり日本企業だけが経済的繁栄を謳歌し，多大の貿易黒字を得るようになった。だが，その繁栄は企業だけであり，人々の豊かさにはつながっていないという批判が噴出し，企業は広く社会に利益を還元すべきであるという声が高まった。

何をもって企業の社会的貢献活動とするかは，意見の一致をみているわけではないが，おおよそ次の 7 分野に分類されるものが含まれていると考えてよいだろう（**表 6-1** 参照)。

(1) 地球環境問題——資源・商品のリサイクル化，環境保護団体への寄付など
(2) 国際問題——留学生の支援，海外との交流，日本理解のための広報活動
(3) 地域問題——施設の開放，人員・金銭・情報の提供による地域行事に対する支援
(4) 福祉問題——福祉施設への援助，ボランティア休暇など
(5) 教育・研究——学校への寄付，奨学金，研究助成金など
(6) 文化・芸術——芸術家・芸術団体に対する支援，冠コンサートなど
(7) スポーツ——スポーツ活動に対する支援，大会の開催など

社会的責任論と社会的貢献論

企業の社会的責任と社会的貢献は，それぞれ公害問題や環境問題とほぼ同時期の 1970 年前後と 90 年前後に提起された問

表 6-1　企業行動憲章（2006 年 9 月 14 日改定）

企業は，公正な競争を通じて付加価値を創出し，雇用を生み出すなど経済社会の発展を担うとともに，広く社会にとって有用な存在でなければならない。そのため企業は，次の 10 原則に基づき，国の内外において，人権を尊重し，関係法令，国際ルールおよびその精神を遵守しつつ，持続可能な社会の創造に向けて，高い倫理観をもって社会的責任を果たしていく。

1. 社会的に有用で安全な商品・サービスを開発，提供し，消費者・顧客の満足と信頼を獲得する。
2. 公正，透明，自由な競争ならびに適正な取引を行う。また，政治，行政との健全かつ正常な関係を保つ。
3. 株主はもとより，広く社会とのコミュニケーションを行い，企業情報を積極的かつ公正に開示する。また，個人情報・顧客情報をはじめとする各種情報の保護・管理を徹底する。
4. 従業員の多様性，人格，個性を尊重するとともに，安全で働きやすい環境を確保し，ゆとりと豊かさを実現する。
5. 環境問題への取り組みは人類共通の課題であり，企業の存在と活動に必須の要件として，主体的に行動する。

題であった。

この社会的責任論と社会的貢献論は，ともに公害問題や環境問題を大きなきっかけにしており，その対応策が中心におかれていた。企業の主たる活動である生産以外の，そして，主たる場である市場以外の活動・影響が問題にされた。このような点において，両者は共通しており，基本的に同一のものといえよう。

しかし，要請された時代の差により両者には違いもある。責任論は，公害という反社会的活動に対する償いから発したように，企業活動に直接かかわることに対する受動的対応という性格が強

❻ 「良き企業市民」として，積極的に社会貢献活動を行う。

❼ 市民社会の秩序や安全に脅威を与える反社会的勢力および団体とは断固として対決し，関係遮断を徹底する。

❽ 事業活動のグローバル化に対応し，各国・地域の法律の遵守，人権を含む各種の国際規範の尊重はもとより，文化や慣習，ステークホルダーの関心に配慮した経営を行い，当該国・地域の経済社会の発展に貢献する。

❾ 経営トップは，本憲章の精神の実現が自らの役割であることを認識し，率先垂範の上，社内ならびにグループ企業にその徹底を図るとともに，取引先にも促す。また，社内外の声を常時把握し，実効ある社内体制を確立する。

❿ 本憲章に反するような事態が発生したときには，経営トップ自らが問題解決にあたる姿勢を内外に明らかにし，原因究明，再発防止に努める。また，社会への迅速かつ的確な情報の公開と説明責任を遂行し，権限と責任を明確にした上，自らを含めて厳正な処分を行う。

（注） この憲章は世界的に企業倫理や企業の社会的責任が問われるなかで，日本企業が自主的に「社会の信頼と共感を得るため」の行動指針として日本経団連が1991年に制定し，以後4回にわたって改定してきたもの。
（出所） 社団法人日本経済団体連合会。

い。これに対して貢献論は，文化・教育・福祉など直接企業とはかかわりをもたない領域に対するアクションとして，積極的に社会をよくしていくという能動的な性格をもっている，と対比的にとらえることができよう。

企業の社会的責任では，当初から内包しつつもいまだ明確には要請されなかった問題・領域への対応が，社会的貢献という言葉の登場により要請されるに至っている。その内容は多岐にわたっているが，大別すると次の3つのカテゴリーに分類できるだろう。

(1) 第1のカテゴリー――通常の企業活動の外部への負のインパクト（例：公害・環境破壊，商品の安全性，工場閉鎖による地域への影響など）

(2) 第2のカテゴリー――企業内部の通常の活動に本質的に結びつくもの（例：職場の安全性・快適性，労働の人間化など）

(3) 第3のカテゴリー――企業が直接引き起こしたものではない，あるいは，仮に企業活動によるものであっても（たとえば人種差別に基づく職場差別などのように），社会の欠陥が反映されたもの（例：貧困，地域の荒廃，フィランソロピー〔企業のさまざまな社会的貢献活動や慈善的な寄付行為の総称〕など）

社会的責任論に対する反論

企業に生産活動以外の活動を求める社会的責任論・貢献論は，時代の変遷のなかで，巨大な社会的影響力をもつ大企業に求められるべくして求められたものといってよいだろう。また，社会的にも当然のことと受け止められているようにみえる。しかし，公害・欠陥商品などは当然のこととしても，一般的に伝統的企業活動たる財・サービスの提供を超えた活動＝企業の社会的責任論に対する反論が存在していたこともまた事実である。

その反論をまとめてみると次のように整理できるだろう。

(1) 株式会社の観点からの批判

① 企業は法制度的に所有者・株主のものであり，利益は所有者・株主に帰属する。その利益を経営者が勝手に他の用途に使用することは許されない。

② 経営者はあくまでも経営のプロフェッショナルであり，経営以外の領域に関しては他の専門家に委ねるべきである。

(2) 自由経済の観点からの批判

① 社会的責任として要求されている公益活動は，本来，政府など公的機関が行うべきものである。企業がその公益活動を行うことにより，政府・国家権力の介入を招き，企業の自由な活動が拘束されかねない。

② ただで享受できると思えても，社会的貢献活動の費用は結局価格に転嫁される。それは市場のもつメカニズムを阻害し，消費者に不利益を与えることとなる。

③ 寄付などという，個人の価値観に関することは，あくまで個人によりなされるべきことである。経営者が恣意的に寄付の対象を選定することは，企業による文化・教育・福祉などの支配につながりかねない。

以上のような社会的責任論に対する反論は，伝統的・古典的企業観に立脚していることが理解できるだろう。企業の責任の範囲を，あくまで財・サービスの提供と株主の私的利益の追求に限定しているのである。

2 企業市民

●企業と地域社会

企業市民という考え方の登場

1980年代あたりからであろうか，アメリカにおいて「**企業市民**」(corporate citizenship) という考え方が急速にクローズアップされ，企業にも個人と同様に，市民としての意識・活動が要求されるようになってきており，日本でもよく聞く言葉となってきている。そこには次のような背景がある。

⑴　企業活動の規模が大きくなり，企業の社会に与える影響が大きくなった。

⑵　教育・福祉・文化などのさまざまな領域で，政府の活動だけでは不十分になっている。

⑶　伝統的に市民・住民の手により，コミュニティ・地域社会をつくりだし，守ってきた。

これまでは「よい質の製品・サービスを安く消費者に提供し，労働者によい職場を提供し，政府に税金を納める」企業がよい企業だったが，それ以外に，そして，それ以上に，広範囲のさまざまな社会的貢献も要求されるようになってきた。それが，「企業もよき市民でなければならない」という企業市民の考え方である。

企業の社会的貢献活動

現在，アメリカの多くのコミュニティは，犯罪の増加，麻薬・アルコールの乱用，教育の荒廃，失業，貧困など実に多くの問題を抱えている。

これらの社会的問題の解決や，上述した芸術・文化などへの積極的な社会的貢献を行うことは，単なる慈善にとどまるのではない。企業が行うのには十分な理由が存在している。

企業が社会的貢献活動を行う理由は，企業規模の巨大化による社会的影響力の増大による「株主（shareholder）から**利害関係者**（**ステークホルダー**：stakeholder）へ」という流れや，企業市民という思想，すなわち，義務的・規範的理由によることは確かであろう。だが，それ以外にも以下のような「啓発された（もしくは見識ある）自己利益」（enlightened self-interest）という経済的・功利的な考え方も存在するのである。

⑴　寄付などの社会的貢献活動は，それ自体としては直接的には企業に利益をもたらさないだろう。しかし，労働者の意識・誇

Column ㉛ BP社が教えるもの

2010年4月20日，メキシコ湾の1500メートルの海底で採掘していたイギリスBP社の石油掘削基地が爆発して大量の原油が漏れ出した。1日当たりの原油流出量は5600〜9500キロリットル（200リットルのドラム缶で2万8000本から4万7500本分）と推計され，アメリカ史上最悪の原油流出事故となった。事故原因は，経費削減のために安全対策を十分にとらなかったことといわれている。

被害の出たフロリダ沿岸は400種の生物が生息し，漁獲高も数十億ドルにのぼっていた。また，観光業も年570億ドル規模といわれていた。そのため，漁師など地元住民や観光業者・企業から，約5万6000件の補償要求があり，被害者に対する補償基金200億ドル（これ以上になることもありうる）を出すこととなる。また，流出した原油に対して約200億ドルの罰金が課せられる予測もあった。原油流出が止まった後も，原因究明，環境保護・原状回復対策費，相次ぐであろう訴訟，賠償費用などが予想され，最終的な負担額は140億ドルを超えるといわれていた。

損害はそれだけにとどまらない。株価の下落，時価総額の減少額が1000億ドル（八十数兆円）にもなり，BP社の2009年の配当支払額は105億ドル（約9600億円）であったが，10年は株主に対する配当を見送ると表明した。

BP社は，売上高世界第4位，総資産は2000億ドルを超え，税引後利益額は2008年には212億ドル，09年は166億ドルという超巨大企業であり，被害補償の支払いに耐えられる企業体力を有しているといわれている。だが，イギリスの年金基金はBP社の株式を大量保有しており，配当が支払われないことで年金生活者の生活に大きな影響を及ぼすため，イギリス政府も憂慮している。アメリカも同様に，カリフォルニア州・テキサス州の退職年金基金がBP社の株式を大量保有している。

流出防止対策費用，原状回復費用，罰金・補償金などは，巨額ではあるものの支払いは可能であるといわれる。だが，低下した株価や支払われなくなった配当による年金生活者たちの損害，失われた資源，破壊された環境など，その影響は計りしれないほど大きい。巨大企業の「社会的衝撃」(social impact) はあまりにも大きく，その責任をどこまでとることができるか，企業は自らの力の巨大さが引き起こす結果の重大さに対してこれまで以上に謙虚かつ慎重であらねばならないことを，今回の事故は教えてくれるのである。

そして，この「とりきれない（社会的）責任」は，2011 年 3 月 11 日の東京電力福島第一原子力発電所事故で，日本にも起こったのである。振り返れば水俣病をはじめとする公害も「想定外」であり，いまなお癒えぬ傷が残る「取り切れない（社会的）責任」である。CSR という略号になり，「攻めの CSR」などが持て囃（はや）されているが，社会的責任は軽くなりすぎていないだろうか。

り等の上昇・低下防止などが企業にとって大きなメリットになる。このことに代表されるように，社会的貢献活動は，長期的に社会をよくすることにより，最終的には企業のメリットとなるだろう。

(2) 環境問題に配慮し，取り組んでいる企業や，社会的貢献活動を行っている企業は，雑誌・レポートなどのメディアにより，消費者にその社名と評価が知らされる。その評価により購買活動をする消費者も多い。

(3) 「よい会社」であるという評価・評判は，従業員のモラールアップをもたらしたり，優れた人材を招き寄せたりする。

(4) 環境保護団体などで組織された環境保全グループが，環境保全のための行動原則＝セリーズ原則を打ち出しているように，社会的貢献活動を積極的に行っている企業は，社会性を重視する投資家・投資顧問会社に投資先として好感をもたれる。

3 日本企業の社会的貢献活動

●社会の一員としての企業

アメリカに進出した日本企業の経験は，企業市民としての企業の社会的貢献活動の必要性を日本でも意識させるようになった。もちろん，アメリカで要求されたから，あるいは，アメリカでやっているからという理由で社会的貢献活動を始めたわけではけっしてない。日本企業も社会的貢献活動をそれ以前から行っていたのではあるが，近年，社会的に要求される声が強くなったこともあり，意識して積極的に取り組むようになったのである。

経済団体連合会の調査でも，社会的貢献活動に対して積極的であるかという質問に対して，40%以上の企業がイエスと答えており，ノーの20%弱を大きく上回っている（図**6–1**参照）。

そして，社会的貢献活動に取り組む理由としては，「直接的利益につながるから行う」という面もみられるが，「社会の一員としての責任」など「市民」的な意識から取り組んでいるという理由が目立つ（図**6–2**参照）。

また，この社会的貢献活動は，バブル経済の破綻の後の経済不況の時代になっても，それほど大きな落込みや後退をみせていない。ジャーナリズムではあまり取り上げられなくなったが，単なる一時的な流行現象ではけっしてないのである（表**6–2**，図**6–3**参照）。

ただし，日本企業の活動内容は，アメリカ社会と日本社会が抱えている問題が異なること，また，企業のあり方や社会からの要

図 6-1　社会貢献活動に積極的に取り組んでいるか

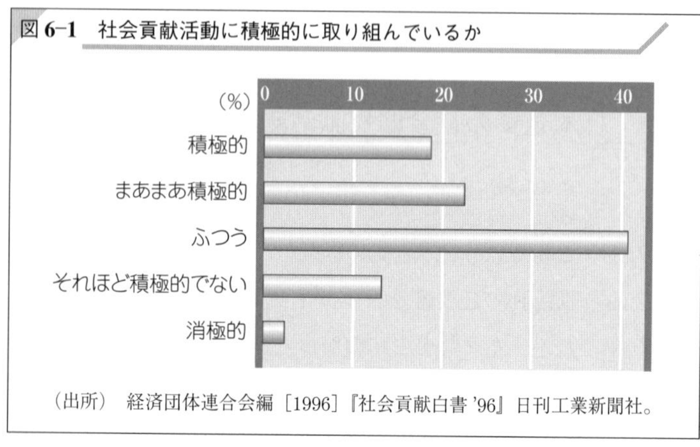

(%)
0
10
20
30
40
積極的
まあまあ積極的
ふつう
それほど積極的でない
消極的

（出所）　経済団体連合会編［1996］『社会貢献白書 '96』日刊工業新聞社。

図 6-2　社会貢献活動に取り組む理由

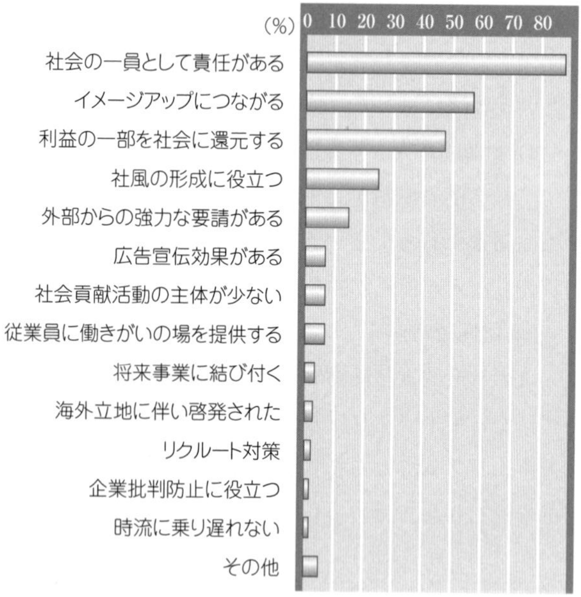

(%)
0 10 20 30 40 50 60 70 80
社会の一員として責任がある
イメージアップにつながる
利益の一部を社会に還元する
社風の形成に役立つ
外部からの強力な要請がある
広告宣伝効果がある
社会貢献活動の主体が少ない
従業員に働きがいの場を提供する
将来事業に結び付く
海外立地に伴い啓発された
リクルート対策
企業批判防止に役立つ
時流に乗り遅れない
その他

（出所）　経済団体連合会編［1996］『社会貢献白書 '96』日刊工業新聞社。

表 6-2　日本における寄付金支出額の累年比較

（単位：億円，％）

年	寄付支出額	伸び率	指定寄付金	伸び率	特定公益増進法人への寄付金	伸び率	その他の寄付金	伸び率
1981	2,444	6.0	681	14.3	316	14.4	1,447	1.0
82	2,106	−13.8	460	−32.5	336	6.2	1,311	−9.4
83	2,535	20.4	505	9.8	352	4.7	1,679	28.1
84	2,675	5.5	563	11.7	438	24.6	1,674	−0.3
85	2,850	6.5	531	−5.8	454	3.7	1,864	11.4
86	3,064	7.5	603	13.6	411	−9.5	2,049	9.9
87	3,559	16.2	641	6.2	550	33.9	2,368	15.6
88	3,937	10.6	782	22.1	578	5.1	2,577	8.8
89	4,223	7.2	884	13.0	666	15.1	2,673	3.7
90	5,491	30.0	1,276	44.3	697	4.7	3,518	31.6

（出所）　島田晴雄編［1993］『開花するフィランソロピー』TBS ブリタニカ。

図 6-3　社会貢献活動支出額（1 社平均）

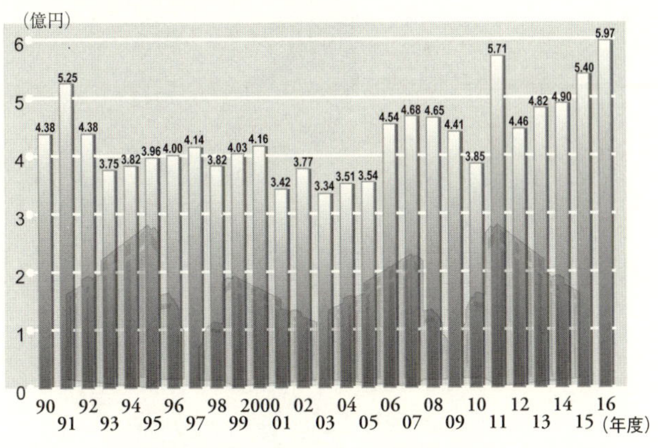

（注）　1）　日本経済団体連合会会員企業および 1％クラブ法人会員企業等（計 1380 社）中 343 社（2016 年度）からの回答。
　　　2）　2011~16 年度の数値は，災害被災地支援関連支出を含む。
（出所）　日本経済団体連合会会員ホームページ。

Column ㉜ フェア・トレード

図 **6-4** は，コーヒーを楽しむ国と生産する国が異なることを表している。

コーヒー豆を輸入する国は，主にアメリカ，ドイツ，日本などの先進国で，反対に輸出をする国は，ブラジル，ベトナム，コロンビアなどの開発途上国である。

世界のコーヒー生産の半分以上は小規模経営の個人農民たちによるもので，貧しい彼らは市場への物流・販売ルートをもたない。生産者が仲買人から受け取るのは，消費国のコーヒー1杯の値段の100分の1以下ともいわれている。

図 6-4 コーヒー豆（生豆）の主要輸入国および生産国（2017 年）

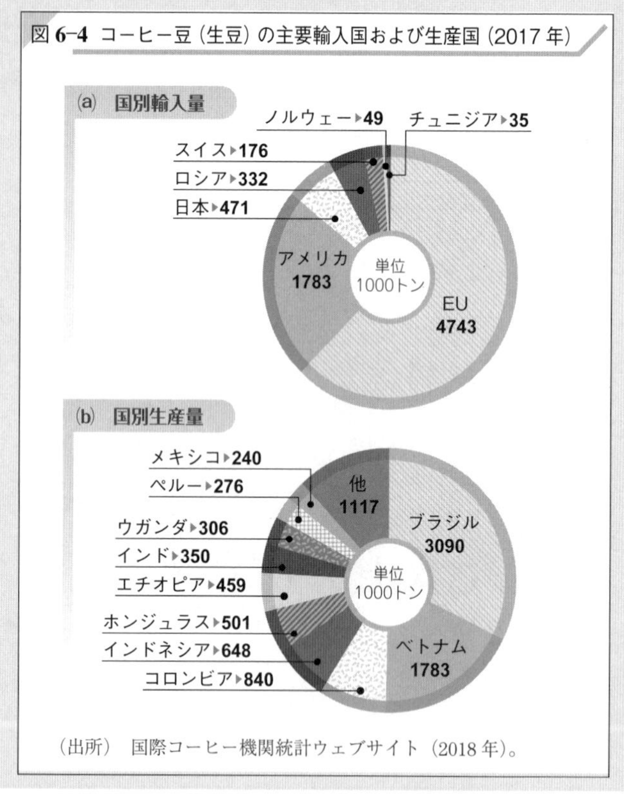

（出所）国際コーヒー機関統計ウェブサイト（2018 年）。

このように，現在のグローバルな国際貿易の仕組みは経済的にも社会的にも弱い立場の開発途上国の人々にとってときに「アンフェア」で貧困を拡大させるものだという問題意識から，南北の経済格差を解消するための運動が，公正な対価を支払う公平な貿易という意味の，「フェア・トレード」である。

日本で売られているいくつかのコーヒー豆も，この「フェア・トレード」製品である。

あなたの飲んでいるコーヒーは，どのようなルートであなたの元に届いたのだろうか。缶や瓶のラベルに，「フェア・トレード」ということが記されているだろうか。

表 6-3 企業フィランソロピーの対象分野①

分野	件数	国内	海外
教育	238	158	80
芸術・文化	205	152	53
社会福祉	178	143	35
学術	172	146	26
地域社会	168	146	22
スポーツ	143	124	19
環境	138	122	16
健康・医学	130	108	22
史跡保存	62	53	9
その他	93	74	19

（出所）島田晴雄編［1993］『開花するフィランソロピー』TBSブリタニカ。

表 6-4　企業フィランソロピーの対象分野②

（単位：%）

	1995 年	2005 年	2014 年
1. 社会福祉，社会的包容力	6.0	5.4	5.6
2. 健康・医学，スポーツ	14.4	13.6	13.5
3. 学術・研究	13.1	14.2	13.8
4. 教育・社会教育	11.1	16.1	15.5
5. 文化・芸術	20.8	16.1	13.1
6. 環　境	8.8	10.8	7.3
7. 地域社会の活動，史跡・伝統文化保全	9.0	10.9	9.3
8. 国際交流	4.6	2.6	2.5
9. 災害被災地支援	2.4	1.9	7.3
10. 防災まちづくり，防犯	—	0.3	0.6
11. 人権，ヒューマン・セキュリティ	—	0.1	0.3
12. NPO の基盤形成	—	0.3	1.1
13. 雇用創出及び技能開発，就労支援	—	—	0.8
14. 政治寄付	—	1.4	1.1
15. その他	10.0	6.3	8.3

（出所）日本経済団体連合会ウェブサイト。

請も異なるため，1990 年代では文化・芸術の分野に偏っていたが，近年では教育の 1 位は変わらないが，芸術・文化，社会福祉から学術・研究や健康・医学，スポーツ，また環境等にウェイトが移ってきている（**表 6-3**，**表 6-4** 参照）。社会的貢献の方法も，金銭の寄付が中心であることは事実である。しかし，ボランティア休暇制度の導入など，徐々にではあるが，より多様な貢献活動へと広がっていく傾向にあるといえるだろう（**表 6-5** 参照）。

表 6-5 社会的貢献の分野と方法

（単位：社数）

	金銭などの寄付	モノの寄付	施設の利用	ソフト提供	従業員出向	ボランティア支援
地域住民との交流	113 (61.1)	43 (23.2)	50 (27.0)	21 (11.4)	17 (9.2)	20 (10.8)
心身障害者の支援	83 (65.4)	15 (11.8)	3 (2.4)	7 (5.5)	9 (7.1)	8 (6.3)
学校教育の支援	67 (63.2)	33 (31.1)	8 (7.5)	10 (9.4)	7 (6.6)	4 (3.8)
芸術文化の振興	60 (63.8)	22 (23.4)	15 (16.0)	12 (12.8)	10 (10.6)	5 (5.3)

（出所） 島田晴雄編［1993］『開花するフィランソロピー』TBS ブリタニカ。

4 近年の CSR 活動と CSR 指標・CSR ランキング

● CSR の定着とその評価・計測

定着した CSR 活動と性格の変容

企業の社会的責任 が問われるようになってから，およそ 40 年以上の月日が流れている。当初あった反対論も影を潜めて，CSR（corporate social responsibility）は行って当たり前のこととなり，近年では数多くの大企業が「CSR レポート」を毎年出すようになってきている。

社会的認知を得たことと連動するかのように，企業の社会的責任は「CSR」と略して表記され，呼ばれるようになってきている。このことは単に表現上の問題にとどまらず，その内実の変化をともなっている。もともとは，企業が社会に対して与えた負の影響・結果に対する対応・償いとして問われ，本来ならしなくてもよいがやむなくといった，いわば受動的な性格をもっていた企業の社会的責任であるが，近年では，「戦略的CSR」という用語にもみられるように，取り組むことが企業にとって得になる，利益に結びつくものとして積極的に受け止められるようになってきている。すなわち，CSR→企業イメージ・企業ブランド向上→売上げや雇用・モチベーションに寄与→利益の増大，という図式でとらえられ，積極的に取り組むべし，となってきているのである。

それにともなうように，「**CSR指標**」が作成され，「よい会社」のランキングに利用されるようになってきているのである。その指標は，数カ所で考案・作成されており，十分なものと評価できるであろう。だが，このCSR指標，**CSRランキング**には，企業に社会的責任を認知・認識させ，取り組ませるためには意味があろうが，一抹の危惧をも抱かざるをえない。それは，企業の社会的責任を功利的な動機により意味づけ，取り組ませることについての当否である。「責任」は，得だから引き受ける，またそもそも「とる」ものであろうか。責任は，「ある」ものであり，それなしには社会は成り立たぬものである。とくに，大企業はその力・影響力の大きさから，その責任はきわめて大きく，重大である。損得勘定でCSRに取り組み，「自社の社会的責任は何か」を問わずに「(社会受けする) CSR活動」にばかり目が向くようになったとき，はたして企業はきちんと「企業の社会的責任」を果たすようになるのであろうか。

CSR指標・CSRランキング

CSRに対する賛否の議論は前述したとおりだが，現実の企業活動においてはもはや（大企業では）当たり前のこととなっており，「よい会社」の指標としていくつもの「CSR指標」

表 6-6 日本企業 CSR ランキング（2015 年度）

	東洋経済 CSR ランキング	日経 NICES
1位	富士フィルム HD	セブン＆アイ HD
2位	NTT ドコモ	味の素
3位	デンソー	村田製作所
4位	富士ゼロックス	東　レ
5位	日産自動車 コマツ	ファーストリテイリング
6位	—	NTT ドコモ
7位	キヤノン	KDDI
8位	トヨタ自動車	花王
9位	ブリヂストン	TOTO 三菱商事
10位	リコー	—

（出所） 東洋経済 Online「最新版！『CSR 総合ランキング』」，『日本経済新聞』2015 年 11 月 27 日付。

「CSR ランキング」が出てきている。**表 6-6** には，その一例として 2 つを取り上げてみたが，2 つの指標でトップ 10 に入っているのは NTT ドコモただ 1 社である。その理由は，CSR の指標・ランキングを作成するにあたり，どのような活動を取り上げるか，また各項目を評価するウェイトづけをどうするかが，それぞれ違っているからである。

CSR 指標の例

東洋経済新報社が採用している評価項目は，以下のとおりである。

(1) 雇用——女性社員比率，女性管理職比率，障害者雇用率，残業時間，介護休暇取得者，など 24 項目

(2) 環境——環境担当部署・役員，環境会計，環境監査，

ISO 14001，グリーン購入体制，など21項目

(3) 企業統治——CSR担当部署・役員，内部告発窓口設置，プライバシー・ポリシー，倫理行動規定・マニュアル，など

(4) 社会性——消費者対応部署，社会貢献担当部署，社会貢献活動支出額，NPO・NGOとの連携，ISO 9000S，地域社会参加活動，教育・学術支援活動，文化・芸術・スポーツ活動，国際交流活動，ボランティア休暇，など19項目

以上の4領域にわたるCSR評価と，次の3領域に関する財務評価との総合により，ランキングが決定される。

(1) 収益性——ROE，ROA，など5項目

(2) 安全性——総資産回転率，株主持分比率，利益剰余金，など6項目

(3) 規模——売上高，当期利益，総資産，有利子負債，など5項目

（これ以外にも，日本財団が，2006年度よりCSR優良企業を決める「CANPANCSR大賞」を実施しており，そこでは「世間良し，売り手良し，買い手良し」という3点の各4領域につき，全48項目を評価対象としている。）

CSRからCSVへ？

2011年にポーター（M. Porter）が，CSV（Creating Shared Value：共有価値創造）という概念を打ち出した。社会的課題を事業の対象として解決することにより，社会（公共性）と企業（収益性）の同時満足をはかろうとするものである。

企業が一時的な利益の最大化をめざし，その活動が社会，環境，経済の諸問題や危機を招いているという認識から，事業を通じて

経済的な成果と社会的イノベーションを長期的に結びつけ，「事業の正当性」を取り戻そうというのである。だが，CSV 賛同者たちのなかには，これまでの CSR を「任意・外圧による」とし，それを「守り・受け身」の CSR と呼び，否定する流れが出てきているのである。

なぜ，このような変化が生じてきたのだろうか。

CSR が当たり前となり，多くの企業が CSR を考慮した経営・企業活動をするようになったこと，CSR を「コンプライアンス」と「ビジネス・エシックス」としてとらえるようになってきている，という CSR そのものの変化もあるだろうが，またそれ以上に，企業活動，経済状況の変化も大きいと思われる。

バブル崩壊後の日本経済が復調せず，また「(勝利したはずの) 資本主義の“終焉”，行き詰まり」が世界的にみられるようになってきており，新しい成長分野，新しい事業，イノベーションが要請されているのである。企業の存続と社会の存続が連動する社会となってきているとみることができよう。

だが，「責任」とは「自らの言動に対する“応答”」であり，「主体的に引き受けるもの」であり，CSV は CSR に取って代わるものではないであろう。

5 企業統治，企業倫理

●企業は誰のために？ 望ましいあり方を求めて

「株式会社革命」に立った企業統治と CSR

近年，欧米諸国だけでなく，日本においても「**企業統治**」(corporate governance) の問題が取り上げられるようになってきている。企業統治については，第3章で論じているが，ここでも簡単に述べておきたい。

企業統治の内容は，企業は誰のものか，誰のために存在するのかという問題と，企業経営者をどのように監視し，評価し，コントロールするかという2つの問題が焦点である。この企業統治問題が急速に関心を集めるに至った理由として，英米においては，経営者が株主の利益のために適切な経営を行っているか，どのようにすれば適切に経営者をコントロールできるか，ということが問題になってきたことがあげられる。また，日本やドイツ，フランスでは，大企業の業績低迷，経営者のスキャンダルや違法行為などがその背景となっている。さらに，とくに日本ではこれまでの株主利益の軽視もその理由の一因となっているといえよう。

直接的な理由は上述のとおりであるが，この企業統治はより広範，かつ，基本的な問題であり，次のような多くの問題を含んでいる。

(1) （経営者支配化した）大企業経営者の権力行使の監視・コントロール
(2) 経営者の経営の誤り，違法行為，反倫理的活動のチェック
(3) 企業統治制度の違いによる国際競争力への影響
(4) 国ごとの企業統治制度の相違による国際的企業活動に対する障害

日本において，近年，よく話題になっている企業統治論は，上記した諸点を含まないわけではないが，そのほとんどは株主のためにいかに経営者を統治するか，ということが主たる内容になっている。

しかし，企業統治の問題は企業の大規模化によって生じた2

つの革命，すなわち，「経営者革命」(所有者支配から経営者支配へ）と「株式会社革命」（所有者の私的致富手段から準公的会社・社会的器官へ）にどう対応するかの問題であるといってよい。この点からすると，日本の株主主権論的企業統治論はきわめて奇妙なものといわざるをえない。ここでは前者の，経営者をどうコントロールしていくかという問題が中心に論じられており，しかも，株主の利益のためにという議論となっている。しかし，株式会社革命論の観点，すなわち企業という巨大なパワーをもつ制度体を誰のためにどのようにコントロールしていくかということこそが，環境問題や社会的貢献論，企業市民論などから突きつけられている，現代大企業の統治における緊急課題であるといえよう。

企業倫理とCSR

雪印乳業，雪印食品，日本ハム，東京電力，三菱自動車等々の反社会的行為はこれら企業に大きなダメージを与えた。雪印乳業，三菱自動車などのケースを除けば，必ずしも直接に人体に危害が加わったものではないにもかかわらず，消費者の反発は大きく，その会社の製品は店頭から姿を消したものも多く，雪印食品はついに消滅するに至った。

消費者は企業を信頼して，その商品を購入している。その信頼につけ込んで，不当な利益を得ようとすることは，まさに反社会的であり，非倫理的行為である。これら諸事件は，みな内部告発により明らかになった。すなわち，それまでは内部でおかしいと思っても発言ができないか，発言が無視される状態であったのである。こうした企業では，違法行為，反社会的なことをしてはならないという当たり前のことが通用しなくなっていたのである。これに対して，**企業倫理・経営倫理**（business ethics）の欠如が指摘され，その確立が求められるようになってきている。

企業倫理・経営倫理とは，「企業が企業活動を行っていくうえで守るべき道徳や価値規範」と定義されよう（「企業倫理」『経済辞典〔第5版〕』有斐閣）。そして，近年のケースは，そのなかでも基本中の基本である**コンプライアンス**（compliance），「企業が遵守すべき法的，内部管理的基準」に反するものであった。

企業の社会的責任が問題とされ，企業統治に関心が集まっているが，ここで重要なのが，経営理念とこの企業倫理である。他者・外部から監視・統制される前に，まず，自分で自分を律し，社会からの信頼に応えることこそが大切であり，そうしてこそコーポレート・ブランドを確立し，守ることができるのである。

6 社会のための企業

●その目的と役割

株主の私的致富手段であった株式会社は，その目的を利潤追求においていた。だが，規模の巨大化は企業の所有構造＝支配構造や組織構造を変容させ，企業の性格をも大きく変えた。大企業ではその社会的影響力・責任の大きさから，自己の存続こそが何よりも重視されるようになった。それにともない企業目的も「顧客の創造」が「利潤追求」に取って代わった。利潤もまた「顧客の創造」という新目的の原資であると同時に，その新目的の達成度を計るバロメーターとなったのである。以上のことは，第3章，第4章でみてきたとおりである。

しかし，**企業の目的**に関しては，いまだ多くの異見もまた存在していることも指摘しておく必要があるだろう。これには大別して次の５つの説がある。

(1) 利潤極大化説

(2) 経営者効用最大化説（売上高最大化説，長期利潤極大化説）

(3) 共同利益目的説（企業に利害関係を有するものの共同利益の追求）

(4) 社会的責任説

(5) 顧客の創造説

このように多様な企業目的説が唱えられるに至った理由をあらためて整理すると，次の５点である。

(a) 大規模化により所有者の支配力が低下した。

(b) 企業の性格が財産から組織へと変わった。

(c) 利害関係者の数と種類が増大した。

(d) 人々が経済的・金銭的なものだけでなく，地位・名誉・自己実現など非経済的なものまで企業に求めるようになった。

(e) 企業の存続・発展が何よりも要請されるようになった。

この５点から前述した５つの企業目的説の検討をしてみよう。

(1)の利潤極大化説は，前述した点から採用できないし，現実の企業活動を十分に説明できない。

(2)の経営者効用最大化説は，企業の支配者が所有者から経営者に代わったことを受けての主張であるが，企業を経営者のために動かす正当性は存在しない。また，上記のうち３点にしか該当しない。

(3)は(c)から生まれてきた共同利益目的説であり，その範囲を拡大したものが(4)の社会的責任説であるが，上の(e)以外の４点を満たしている。これに対して，(e)の観点，すなわち，ゴー

Column ㉝ 社会的企業

企業活動と利潤を切り離すことはできないが，近年，利潤を得ることを目的としない企業や事業が登場してきている。先進国において人々が豊かな生活ができるのは，企業活動と政府の福祉行政による。だが，税金による福祉行政の限界が先進国では顕在化してきており，さまざまな領域で，企業にその事業を委ねる「民営化」が行われているが，福祉社会が十分に達成されたから民営化が行われているわけではない。まだまだ，福祉の手を必要とする領域や人々は多い。

その社会の隙間を埋める役割を果たすものとして登場してきたのが，**社会的企業**（social enterprise）と社会的事業（Column ㉞参照）である。

社会的企業とは，環境，福祉，教育など，いまある社会的課題に多様な形態で取り組む事業体のことである。企業形態は，NPO，営利企業，組合などさまざまで，各企業がもつ社会的課題や国・地域による制度の違いにより，それぞれに相応しい形態がとられている。

社会的企業の要件は，社会的問題に取り組むことを事業活動の任務とし，その任務をビジネスとしてわかりやすく示し，継続的に事業活動を進めていくことである。加えて，社会的商品やサービスなどを革新的に開発していくことなどがあげられる。

イギリスでは，「社会的企業」を政府レベルで推進し，社会問題の解決に向けた取組みを行っている。政府は，社会的企業に対して補助金を出し，その補助金は実地職業研修を行う研修生の賃金に充当される。貧困の連鎖を断ち切るため，早い段階から低所得者層に向けた所得の援助，学校での放課後学習の援助などを実施し，総額 15 兆円を投入している。これにより犯罪防止や失業手当が削減できるため，結果的にはコスト削減にもつながるのである。イギリス国内には現在，5 万 5000 人の社会的企業家がおり，総額 270 億ポンドの利益を生み出している。

こういった取組みが，これからの日本に取り入れられれば，社会全体の活性化と社会問題の改善にもつながるだろう。

Column ㉞ 社会的事業

社会的事業（social business）とは，地球環境問題，貧困，介護などの社会的課題をビジネスの手法を通じて解決していこうとするもので，バングラデシュでマイクロファイナンスを行うグラミン銀行の事業などが世界的に有名である。マイクロファイナンスは，主に貧困層の女性に少額の事業資金を無担保融資し経済的な自立を支援するもので，創業者のムハマド・ユヌス氏とグラミン銀行は，2006 年にノーベル平和賞を受賞した。

谷本寛治教授によれば，企業が事業活動を離れ，コミュニティが抱えるさまざまな課題の解決のために経営資源を活用（金銭寄付や製品・施設・人材・技術などの活用）して支援することを，「社会貢献活動」という。

一方，いま社会的に解決が求められている課題（環境問題，貧困問題など）に対して，企業がその知識や技術力を活用し，事業として新たな商品やサービスを開発するもの（たとえば障害者支援の商品・サービスの開発など）を，「社会的事業」という（図 **6-5** 参照）。慈善事業ではなく，採算のとれるビジネスとして展開できているかどうかが，その分かれ目となる。

図 **6-5** 企業の社会貢献活動と社会的事業

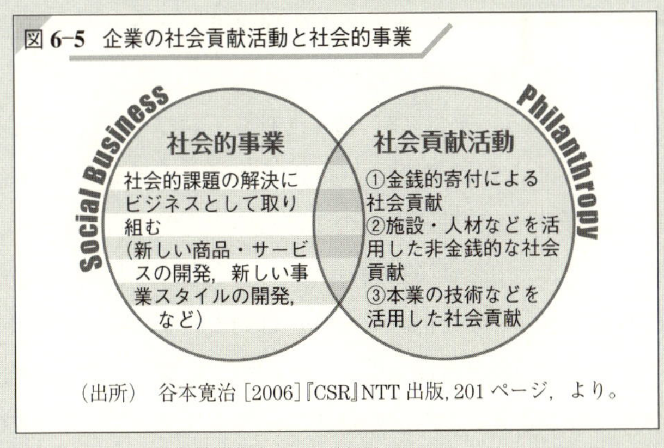
Social Business
社会的事業
社会的課題の解決にビジネスとして取り組む
（新しい商品・サービスの開発，新しい事業スタイルの開発，など）
Philanthropy
社会貢献活動
①金銭的寄付による社会貢献
②施設・人材などを活用した非金銭的な社会貢献
③本業の技術などを活用した社会貢献

（出所） 谷本寛治［2006］『CSR』NTT 出版，201 ページ，より。

イング・コンサーンがあってこそ，(c) 多様かつ多数の利害関係者の (d) 経済的・非経済的満足を可能にする，というのが (5) の「顧客の創造説」である。

現代の大企業は巨大化し，社会からのさまざまな要請に応えなくてはならなくなっている。言い換えると，以下のような社会的責任を負っているわけである。

① 生産や生活に必要な財・サービスの提供
② 雇用の安定・拡大
③ 労働者の能力を発揮させ，満足を与える
④ 出資者の富の増大
⑤ 福祉・医療・教育・警察など社会的サービスの原資の獲得
⑥ 社会的貢献（フィランソロピーなど）

企業にこのような社会的責任が要求され，また，企業がそれを果たしているからこそ，われわれの現在の生活があることは疑いのない事実である。

では，企業の目的は (4) の社会的責任説がよいのか，それとも (5) の顧客の創造説がよいのだろうか。

「目的」という言葉は，「行為・活動」と結びつく言葉といえよう。その意味で，「企業活動」の目的は何かは問えても，「企業」の目的は何か，とは問えないのではないだろうか。それは人間の行動のそれぞれには目的があっても，人間そのものに目的を問うことができないのと同じである。目的の背景には必ず動機が存在する。その動機は人間はもつことができても，企業・組織にはもつことができない。企業がいまだ小規模で個人・所有者の延長線上にあったときには，所有者の目的＝企業の目的であり，企業の目的を問うことができた。だが，大規模化した現代企業は，も

はや所有者のものでもなければ，誰か特定の人間のものでもない。多数のさまざまな人間に決定的ともいうべき影響力を与えるようになった大企業は，その社会から要請されたことを「**企業の役割**」として受け入れ，活動するのである。企業が社会的器官となったとき，企業の目的は自らが設定するものではなく，社会から期待され，要請されたものを企業の役割として受け入れるようになる。

7 個人・社会・自然と調和した企業

●21 世紀の企業像

組織＝大企業の時代

企業が大規模化し，個人的存在であったものから組織となった20 世紀，企業の盛衰が社会の運命を決めるに至った。20 世紀前半に起こった2つの世界大戦において，その国の生産力・工業力と軍隊システムの優劣により勝敗が決定したのは，そのよき証左である。かつては，気候・災害・疫病など，自然が人々の生活に決定的影響を与えていた。人間の生きる環境は自然であったが，企業は市場という環境に適応することにより生存するものである。そして，人間はこの企業を通じて自然環境の影響から逃れ，また，自分の都合に合わせて自然を改変するようになった。

企業が小規模で個人の所有物であったときは，市場の動向が直ちに企業に影響し，その行動・存続を左右した。企業の大規模化は，この市場の影響を可能なかぎり吸収し，市場の盛衰が企業の盛衰とはならないようにする環境適応の過程であった。そしてついには，企業は市場の変化を先取りするどころか，市場自体をつくりだす力をもつに至ったのである。顧客の創造とはまさにこのことを意味している。人間は市場に生きる企業によって自然環境からの脱却をはかり，そして，企業はその市場という環境を自らつくりだすことにより，いかなる環境にも左右されず永遠の命を獲得することをめざした。日本企業はその「家」という性格により，目的を企業の維持・発展におき，その観点からあらゆるシステムを構築し，他の国の企業との競争に次々と打ち勝ってきた。

現代企業の構造的問題

だが，21 世紀を迎えた今日，企業の環境適応から生まれた顧客の創造＝環境創造は，その成功のゆえに予想もしなかった事態を引き起こすに至った。企業は市場の外から資源・エネルギーを取り込み，生産過程から生じた廃熱・廃水・排ガスや廃棄物を市場の外に排出する。その量はエネルギー資源をわずか数百年で食いつぶし，また，二酸化炭素，フロンガス，ダイオキシン，そして，産業廃棄物により自然環境を破壊するほどになった。このような事態を引き起こしたのは，次のような構造にほかならない。

(1) 企業は環境に適応しようとするが，その最も合理的な方法は，自らに都合のよい環境を創造することである。その環境とは市場である。

(2) 企業が生き残るためには，市場における競争に勝ち残らなければならない。そのためには，次々に消費者に商品を買わせていくことが必要である。ここにマーケティングとイノベーションによる無限の市場創造が要請される。消費者（人間）が必要なものだけを購入するなら，そのうちに市場は飽和化し，企業は存続できなくなる。次々に欲しいと思わせるものをつくりだしてこそ，企業の存続・発展が可能となる。

(3) 市場で交換されるのは商品であり，欲しい人がいるから価値があるとされ，“goods”（商品）と呼ばれる。誰も欲しくないもの，すなわち，価値のないものは市場の外に捨てられる。廃水・廃熱・排ガスなどの廃棄物がそうである。また，価値があったとしても，企業にとって利益をもたらさないのであれば廃棄される。新商品が出たときの旧モデルのスクラップ化などがこれに該当する。

市場と組織は優れたシステムである。「豊かさ＝財・サービスの提供」という観点からは，実に合理的システムといわざるをえない。だが，優れていればいるほど，合理的であればあるほど，引き起こす随伴的結果もまた実に大きなものとなってしまう。

転倒する企業と社会

環境破壊の問題はすでに述べたので繰り返さないが，地域社会の問題もまた無視しえない重大な問題である。ドラッカー（P. F. Drucker）のいうとおり，現代企業は人々に地位・収入・機能を与える。日本企業ではとくにその傾向が強い。しかし，収入は別として，人々が企業によってのみ地位と機能を得られるとしたら，企業以外に生きる多くの人々はどうなるのだろうか。たとえば，会社を辞め，家庭で育児・家事に専念するようになった女性や，定年退職したサラリーマンの毎日はどんな意味をもつのだろうか。あるいは，勤めているところが大企業か中小企業かで，さらに会社のポストだけで人々の社会的地位が決定する社会ははたして健全といえるだろうか。

また，マーケティングとイノベーションが企業の維持・発展のための主要手段であってよいのだろうか。いかなる社会をつくっていくのかというビジョンがまずあって，それに必要なものが生み出されるのではなく，企業の維持・発展のために携帯電話などの情報機器や食品添加物などが生み出され，われわれの生活を変えていく。その商品をつくりだす人々は，本当にその商品が欲しくてつくりだしたわけではあるまい。新しい技術が可能となったから，それを使って商品を生み出せないかと知恵を絞り，つくりだした商品を欲しいと思わせるようにマーケティング技法を駆使する。ここでは**企業と社会**，企業と人間が転倒しているといわざるをえない。

21 世紀の企業像

企業は市場で生まれた。その市場は，個々の人間が利己的に振る舞っても神の「みえざる手」で調和が保たれるものとされてきた。地域社会や自然環境を考慮に入れないかぎり，その考えは正しかったかもしれない。

20 世紀になると，企業は資本や技術を次々に取り込み，大企業へと成長した。個人のものであった時代の企業は，つぶれやすかったかもしれないが，その影響もまた，たかが知れていた。だが，大企業となり，個人の限界・制約を克服することにより，その性格を財産から組織へと変えた企業は，未曾有の繁栄をわれわれにもたらした。それゆえに社会主義体制の限界・欠陥をも明らかにし，崩壊させることになった。祖父母の代では夢にも考えられなかった生活をわれわれに提供してくれるこの現代大企業は，意図しなかったにせよ，同時に，われわれの生活・生命をも脅かす結果をもたらしたのも事実である。

では，21 世紀の企業像はどうなるだろうか，あるいは，どうあるべきであろうか。ここまで本書で検討してきたことからまとめてみると，以下のようにいえるだろう。

(1) 個人のレベルを大きく超えない。大人数，大規模は必ずしも望ましいものではない。

(2) 地域を手段とするのではなく，地域・社会の一員として活動する。

(3) 自然環境と共存する。

すなわち，21 世紀の企業は，市場と地域社会の両者の上に立つことにより，機能性を残しつつ，社会から要請される役割を果たし，かつ，自然環境と共存を可能にすることが求められているのである。

EXERCISES Chapter 6 演習問題

〈BASIC〉

1 東洋経済新報社，日本経済新聞社，日本財団などの CSR 指標が，どういった項目から，どのように算定されているか調べてみよう。

2 企業がスポーツ活動にお金を出すことについてどう思うだろうか。また，業績の悪化や新事業への投資などの理由で企業が資金を出せなくなることで，スポーツ・チームが解散しなくてはならなくなることについて，どうあるべきか議論してみよう。

〈ADVANCED〉

1 企業が，実際にどのような社会的貢献活動をしているか，具体的に調べてみよう（いつ頃から始めているか，どれくらいの資金や人員を投入しているか，どのような動機・理由で始めたか，など。できたら，CSR レポート，サステナビリティ・レポートで調べてみよう）。

2 CSV と社会的企業と事業 NPO の違いをまとめてみよう。

企業の社会的責任

伊吹英子［2014］『CSR 経営戦略――「社会的責任」で競争力を高める〔新版〕』新版，東洋経済新報社。

企業メセナ協議会編［2013］『「メセナ」を知る本』公益社団法人企業メセナ協議会。

経団連／1% クラブ［2016］「社会貢献活動実績調査」（http://andomitsunobu.net/?p=12916）。

坂本光司［2008～2016］『日本でいちばん大切にしたい会社 1～5』あさ出版。

谷本寛治［2014］『日本企業の CSR 経営』千倉書房。

東京財団ＣＳＲ研究プロジェクト編［2015］『CSR 白書 2015――社会に応えるしなやかな会社のかたち』東京財団。

ポーター，M. E., M. R. クラマー［2011］「共通価値の戦略 経済的価値と社会的価値を同時実現する」『Diamond ハーバード・ビジネス・レビュー』第 36 巻第 6 号，8～31 頁。

森本三男［1994］『企業社会責任の経営学的研究』白桃書房。

Carroll, A. B., J. Brown, and A. K. Buchholtz［2017］*Business & Society: Ethics, Sustainability & Stakeholder Management*, 10th ed., South-Western College Pub.

企業市民，NPO，社会的企業

駒崎弘樹［2011］『「社会を変える」を仕事にする――社会起業家という生き方』筑摩書房（ちくま文庫）。

谷本寛治・田尾雅夫編［2002］『NPO と事業』ミネルヴァ書房。

日本政策金融公庫総合研究所編［2015］『日本のソーシャルビジネス』同友館。

葉山彩蘭［2008］『企業市民モデルの構築――新しい企業と社会の関係』白桃書房。

ユヌス，M.（岡田昌治監修，千葉敏生訳）［2010］『ソーシャル・ビジネス革命――世界の課題を解決する新たな経済システム』早川書房。

ビジネス・エシックス，SRI，フェア・トレード

小林俊治・高橋浩夫編，日本経営倫理学会監修〔2013〕『グローバル企業の経営倫理・CSR』白桃書房。

スティグリッツ，J.，A. チャールトン（浦田秀次郎監訳・解説，高遠裕子訳）［2007］『フェア・トレード――格差を生まない経済システム』日本経済新聞出版社。

谷本寛治編［2003］『SRI 社会的責任投資入門――市場が企業に迫る新たな規律』日本経済新聞社。

ディジョージ，R. T.（永安幸正・山田經三監訳，麗澤大学ビジネス・エシックス研究会訳）［1995］『ビジネス・エシックス――グローバル経済の倫理的要請』明石書店。

フリーマン，R. E.，D. R. ギルバート，Jr.（笠原清志監訳，沢井敦・細萱信子・庄司貴行・井上良介訳）［1998］『企業戦略と倫理の探求』文眞堂。

環境問題

石弘之［1998］『地球環境報告 II』岩波書店（岩波新書）。

井田徹治・末吉竹二郎［2012］『グリーン経済最前線』岩波書店（岩波新書）。

環境省［2016］「平成 28 年版 環境白書・循環型社会白書・生物多様性白書」（http://www.env.go.jp/press/files/jp/102988.pdf）。

鬼頭昭雄［2015］『異常気象と地球温暖化――未来に何が待っているか』岩波書店（岩波新書）。

索　引　INDEX

事項索引

か　行

さ　行

た　行

◐ な　行

◐ は　行

◐ ま　行

◐ や　行

ら　行

わ　行

索　引　INDEX

人名索引

ヤ　行

ラ　行

ワ　行

企業論（第4版）
New Concept of the Corporation: Six Aspects of Modern Corporation
〔4th ed.〕

有斐閣アルマ

1999年5月10日　初　版第1刷発行
2004年10月10日　新　版第1刷発行
2006年3月10日　新版補訂版第1刷発行
2011年4月10日　第3版第1刷発行
2018年3月30日　第4版第1刷発行
2021年6月15日　第4版第7刷発行

著　者　三戸（みと）浩（ひろし）
池内（いけのうち）秀己（ひでき）
勝部（かつべ）伸夫（のぶお）

発行者　江草貞治
発行所　株式会社 有斐閣
郵便番号 101-0051
東京都千代田区神田神保町 2-17
電話（03）3264-1315〔編集〕
（03）3265-6811〔営業〕
http://www.yuhikaku.co.jp/

組版・田中あゆみ
印刷・大日本法令印刷株式会社／製本・大口製本印刷株式会社

ISBN 978-4-641-22119-2